L'ÂNE D'OR

Collection fondée

par

Alain Segonds

COMME UN NOUVEL ATLAS

DU MÊME AUTEUR

Aux éditions Les Belles Lettres

Critique de la destruction créatrice. Humanisme et production, Paris, Les Belles Lettres, 2015.

Chez d'autres éditeurs

Le Savoir de Palladio : architecture, métaphysique et politique dans la Venise du Cinquecento, Paris, Klincksieck, 1995. (Prix Eugène Carrière de l'Académie française.)

Empire et décor : le vitruvianisme et la question de la technique à l'âge humaniste et classique, Paris, J. Vrin, 1999.

Morale et chaos. Principes d'un agir sans fondement, Paris, Le Cerf, 2008. (Prix Gegner de l'Académie des sciences morales et politiques.)

Pierre Caye

COMME UN NOUVEL ATLAS

D'un état meilleur que la puissance

PARIS
LES BELLES LETTRES
2017

www.lesbelleslettres.com
Retrouvez Les Belles Lettres sur Facebook et Twitter.

ISBN : 978-2-251-44732-2

À Flore, Suzanne et Ferdinand
sur qui commence déjà
à reposer le poids du monde.

Chapitre I

Unité, totalité, multiplicité

La métaphysique est d'abord une langue composée de noms simples et premiers (*prōta*), ce que la philosophie antique appelle les *mégista génē*[1], les « genres majeurs » : la substance, le même et l'autre (identité et différence), le mouvement et le repos ; mais sont aussi, d'une certaine façon, premiers et majeurs l'un et le multiple, la limite et l'illimité, le tout et les parties, etc. : autant de noms tirés de la langue et de l'expérience ordinaires, du sens commun et de l'usage qu'impliquent le vivre ensemble et les mœurs partagées. Il fut un temps où les hommes n'eurent d'autres instruments pour comprendre et transformer le monde que des mots. Ce sont sur les mots, leur statut, leurs fonctions, leur rapport à la pensée et au réel que s'affrontèrent durablement philosophes, sophistes et rhéteurs. Au départ, les termes métaphysiques nomment moins des instances transcendantes, des puissances souveraines ou des divinités abstraites que des façons simples de répondre à des questions évidentes : « pourquoi y a-t-il de l'être plutôt que rien ? » (question de l'être) ; « pourquoi y a-t-il de la cohérence plutôt que du chaos ? » (question de l'un) ; ou encore « qu'est-ce qui pense quand on pense ? » (question de l'intellect). Ces questions fondamentales à leur tour engendrent

1. Plotin, *Traité 43* [VI, 2] (*Sur les genres de l'être* II), 8, 43 ; 2, 11.

d'autres noms qui engendrent d'autres questions selon une véritable sémantique générative. Ainsi, la question « qu'est-ce que l'être ? » ou mieux encore « pourquoi y a-t-il de l'être plutôt que rien ? », en appelle aux notions d'acte (*enérgeia*) et de puissance (*dýnamis*) qui finissent par constituer, dans l'histoire de la philosophie, le couple directeur de l'ontologie.

Ces termes et ces questions partagent un point commun : ils engagent à chaque fois la totalité du réel. Autrement dit, on ne peut les employer ou y répondre qu'en supposant que les noms que l'on donne valent à la fois pour tout et pour le tout.

Or, la question de la totalité se pose aujourd'hui d'une façon radicalement contraire par rapport à la tradition philosophique, renversement qui nous éclaire sur la tâche actuelle de la métaphysique. La philosophie se construit, depuis l'origine, comme une critique et une réfutation de l'opinion, de ce que la philosophie antique appelle la *doxa*. Or, en ce qui concerne le tout, le rapport de la philosophie et de l'opinion s'est radicalement renversé. Pour la philosophie traditionnelle, l'opinion équivaut au petit trou de la lorgnette, au partiel, au particulier qui exprime l'impossibilité pour l'intelligence d'accéder à l'universel et au tout. Le vulgaire, note ainsi le philosophe néoplatonicien Proclus, ne peut comprendre comment la multiplicité peut former un tout unifié[2]. Cette impossibilité sert de point de départ au questionnement philosophique. Il revient à la métaphysique d'expliquer l'articulation et l'exhaussement du particulier au général, de la partie au tout.

Or le rapport du particulier à l'universel et au tout se présente aujourd'hui bien différemment. La métaphysique est victime de son succès, de sa diffusion latente dans la culture, dans les modes de pensée contemporains aussi bien que dans les savoirs classiques, victime de sa dissolution dans les pratiques techniques et sociales, en ce sens que l'opinion se présente aujourd'hui

2. *Procli in Platonis Parmenidem Commentaria*, t. I, éd. C. Steel, I, 706, 3-5, Clarendon Press, Oxford, 2007, p. 103-104 (désormais Proclus, *In Parm.* I 706.3-5 Steel).

comme une pensée du tout, et je dirais même comme une pensée *construite* du tout, non plus certes par la métaphysique, mais par les sciences sociales. L'opinion comme pensée du tout définit la mondialisation ou *globalization*. L'ère de la technique, les nouvelles technologies de l'information et de la communication permettent à l'opinion d'accéder à la totalité, ou en tout cas à une certaine *image* de la totalité, et par conséquent soumettent la totalité au régime de l'opinion, ce qu'organise de façon systématique et productive l'ordre économique.

Arrivée à ce point, la philosophie peut suivre deux voies.

Elle peut aller jusqu'au bout de ce renversement, en affirmant que prétendre dire la vérité du tout est le propre de l'illusion métaphysique, que le tout ne peut être qu'objet d'opinion et qu'il relève des « conceptions » ou des « images du monde », de l'idéologie, tandis que la pensée ne peut accéder en vérité qu'à des singularités, comme le proposent la philosophie analytique et l'« atomisme logique ». Tout est dit par ce terme d'« atomisme » qui ne conçoit le monde, sous la forme d'atomes, que morcelé. Le renversement est complet : nous avons vu dans un premier temps que désormais l'opinion et non plus la philosophie prenait en charge le tout ; nous apprenons maintenant – c'est le deuxième moment de ce renversement – qu'il revient non plus à l'opinion mais à la philosophie d'assumer les particularités avec leurs événements, leurs circonstances et leurs accidents. Sans revenir sur la pertinence de ce renversement, on peut cependant regretter l'innocence de l'approche atomistique à l'égard du réel, c'est-à-dire l'incapacité où l'atomisme logique nous place de rendre raison des effets de pouvoir qu'engendre le tout, sous la forme que lui donne l'opinion aussi bien que la métaphysique. Il ne suffit pas de dire que le tout est une fiction et une construction idéologique de l'opinion pour effacer, comme par magie, les effets de pouvoir, quant à eux bien réels, de cette fiction.

Je propose pour ma part une autre approche, car il n'est pas de philosophie qui me semble digne d'être pensée et exercée aujourd'hui si celle-ci se montre incapable de se confronter à la puissance de la mondialisation et, par cette confrontation, de se constituer en tant que métaphysique dans sa double fonction de compréhension du réel et de libération par rapport à son inertie. Ce qui est de l'ordre de l'opinion dans la mondialisation, c'est le fait que le tout apparaisse comme une entité harmonieuse, parfaitement close, autonome, autosubsistante, et mieux encore autorégulée, comme si la connectivité généralisée de l'ensemble des opérations pragmatiques des sociétés humaines au moyen du marché et des nouvelles technologies de l'information et de la communication suffisait à faire monde. Le type de discours qualifié de « correct » (qui assurément fait partie des jeux de langage) vise en tout cas à nous persuader de cette autosuffisance.

La mondialisation modifie le rapport de l'opinion et de la philosophie. Ce n'est plus la distinction de la partie et du tout qui désormais distingue philosophie et opinion (et peu importe de savoir alors qui s'occupe de la partie et qui s'occupe du tout) mais, au sein du tout, l'opposition de l'ouvert et du fermé, en ce sens que la métaphysique est, depuis l'origine, pensée non seulement du tout, mais aussi de l'ouverture à son autre, de la différence et de l'altérité plus ou moins radicale par rapport au tout, ce qu'a, par exemple, mis si fortement en lumière la différence néoplatonicienne entre l'être et l'un. Or, ce sont cette différence et cette altérité du tout au sein du tout que dénie la mondialisation, et c'est en quoi la mondialisation, ainsi que les sciences économiques et sociales qui contribuent à sa constitution, restent nécessairement de l'ordre de l'opinion dans ce qu'elle a de plus dogmatique.

Faire de la métaphysique, c'est avoir un coup d'avance, échapper aux forces de normalisation productive, aux processus de constitution des totalités de la mondialisation, être en quelque sorte insaisissable et indicible ; par indicible, j'entends ici être insoluble dans le procès de l'être et intraduisible par les jeux de langage qu'il déploie pour se mettre en œuvre. Tel est mon apophatisme. Avoir un coup d'avance, c'est se donner les moyens d'échapper à l'embâcle de la mondialisation, et favoriser la prise de distance de la pensée par la pensée à l'égard de toutes les opérations de transformation de la métaphysique par les sciences sociales en processus de normalisation de la mondialisation, d'autorégulation de la machine productive et sociale, ce qu'on appelle la gouvernance. Mais qu'en est-il de cette pensée antérieure, de l'antériorité de la pensée à la constitution de toute totalité ? Le néoplatonisme a un mot pour définir ce singulier type de pensée qu'autorise l'exercice de la métaphysique : la *prónoia* (πρόνοια).

La notion de *prónoia* est double comme est double la signification du préfixe grec *pro-*, qui signifie « devant » mais aussi « avant », et ici, mieux encore, devant parce qu'avant[3]. *Prónoia* signifie donc usuellement « la providence », le fait pour la pensée de se projeter devant. Mais *prónoia* revêt aussi un tout autre sens dans le néoplatonisme : la *prónoia* est la pensée d'avant l'intellect ou *noûs* (νοῦς), c'est-à-dire d'avant la constitution même de l'intelligibilité du réel. On connaît la fameuse formule de la *République* de Platon qui inspire le néoplatonisme : l'un au-delà de l'être (*epékeina tês ousías*), mais l'un au-delà de l'être implique aussi l'un au-delà de l'intellect et donc de l'intelligibilité : *epékeina toû noû*, qui est aussi présent et important dans le néoplatonisme que la formule de la *République*[4] .

Pour comprendre cette antériorité au *noûs*, il faut d'abord définir l'intellect : l'intellect conjoint l'un et l'être, c'est la première forme de la totalité comme unité, sa forme absolue et totale, l'unitotalité première selon la leçon du poème de Parménide. Être avant le *noûs* consiste donc à se placer avant les processus de constitution de l'unitotalité première et absolue qui conditionnent l'intelligibilité du réel. Mais alors, objectera-t-on, qu'en est-il de cette intelligence antérieure à l'intelligibilité, qu'en est-il de la racine *-noia* du terme *prónoia*, et est-il possible de poser ainsi une intelligibilité qui ne passerait pas par la communion totale des formes intelligibles ou, dans le cadre de la totalité d'opinion, par

3. Jean Trouillard, « Note sur προούσιος et πρόνοια chez Proclus », *Revue des études grecques*, 73/344-346, janvier-juin 1960, p. 80-87.

4. La première utilisation par Plotin de la notion d'*epékeina* se formule comme *noû epékeina* (νοῦ ἐπέκεινα) (*Traité 5* [V, 9] (*Sur l'intellect, les idées et ce qui est*), 2, 24) et non comme *epékeina tês ousias* (ἐπέκεινα τῆς οὐσίας) ; voir aussi Plotin, *Traité 54* [I, 7] (*Sur le souverain bien et les autres biens*), 1, 20. Sur ce point, John Whittaker, « Epekeina nou kai ousias », *Vigiliae Christianae*, 23, 1969, p. 91-104.

l'ensemble des connectivités économiques et sociales, autrement dit qui ne passerait pas par une interprétation globale du réel ?

Il importe ici de revenir au deuxième sens de la *prónoia*, celui de providence, passant ainsi de ce qui est avant à ce qui est devant. La providence, dans la philosophie antique, se présente essentiellement comme une façon d'ordonner le fonctionnement de la totalité pour mieux y inscrire la réalité. La providence que requiert notre temps doit se penser autrement : non pas comme l'inscription ordonnée du réel dans la totalité, mais au contraire comme sa désinscription, comme une façon de devancer la totalité, c'est-à-dire de sauter par-dessus celle-ci, de prévoir ses processus de défaisance aussi bien que ceux de sa constitution, de comprendre par avance, dans sa constitution même, les logiques de ses défaites à venir, et cela pour mieux échapper aussi bien aux débâcles de l'unitotalité qu'à ses embâcles. C'est désormais de cette façon, et de cette façon seulement, que la providence peut correspondre pleinement à sa définition, qu'elle peut vraiment être providentielle, *c'est-à-dire qu'elle peut pourvoir à la garde du réel*. Dans la métaphysique traditionnelle, la totalité est la garantie du réel et de son maintien ; la défaite de la totalité est toujours due ici à un manque de totalisation, de cohérence, d'intégration, d'unification, et non, comme aujourd'hui, aux processus d'hypertotalisation et d'hyperintégration propres à la modernité, à sa mobilisation totale et à sa computation universelle ; c'est pourquoi il importe, pour assurer la garde du réel, de jouer à saute-mouton, de sauter par-dessus la totalité, saut par lequel le coup d'avance est aussi nécessairement le coup d'avant, et où donc se réconcilient les deux significations du *pro-*. Ce que seul nous permet l'exercice de la métaphysique pensée comme langue de l'antériorité au savoir, ou mieux encore de l'antériorité du savoir par rapport à lui-même et à l'ensemble de ses constitutions.

La « fin de l'histoire », les avertissements de l'écologie, les tribulations du « nouvel ordre mondial », qui illustrent surtout l'impuissance de ses promoteurs, et nombre d'autres mots d'ordre de la mondialisation contemporaine et de sa *doxa* apparaissent comme autant de symptômes de l'épuisement de l'être, aussi bien matériel que symbolique : épuisement matériel des ressources naturelles qui apparaissent de moins en moins régénérables, épuisement symbolique d'une société qui n'arrive plus à transformer sa richesse matérielle en dignité humaine. On assiste ainsi à une remise en cause de la « royauté indétrônable » de l'être[5] ou, pour parler de façon moins métaphorique, de son « autosubsistance ». Il faut entendre l'« autosubsistance » de l'être, mais aussi l'impossibilité de celle-ci, de façon inédite, voire inouïe, telle que, jusqu'à aujourd'hui, cette notion n'avait jamais été conçue, c'est-à-dire de façon non pas spéculative comme si nous avions à déplorer l'incapacité de l'être d'être à la hauteur de son devoir-être, mais empirique, de l'ordre du simple constat, exprimant l'incertitude où nous sommes de la survie de la Terre, ou plus exactement la certitude écologique, à court terme, de la fragilité de son écosystème et de l'épuisement de ses ressources, et la certitude astrophysique, à long terme, de l'extinction du Soleil au prix de la disparition de toute vie sur Terre : l'être en tant que tel, sous quelque forme qu'il se présente, n'est plus maître des conditions de sa régénération et de sa perpétuation. Un tel constat empirique nous conduit à la remise en cause non apocalyptique de l'autosubsistance de l'être, le principe fondamental de l'ontologie à travers toute son histoire. D'où la nécessité d'en appeler à un nouvel Atlas, plus solide et plus durable.

La tradition philosophique s'est préparée depuis longtemps à cette crise de l'ontologie, avant même que tout constat puisse en être dressé. Elle y a essentiellement répondu par une surenchère ontologique, c'est-à-dire par une ontologie du surêtre (*Übersein*) ou de la surpuissance (*Übermacht*) de Schelling jusqu'à Heidegger ou Deleuze, en passant par Nietzsche, voire par Marx, une surenchère qui, quelle que soit la signification qu'il faut prêter au *sur-* du surêtre, de la surpuissance ou du surhomme, vise à conjurer l'épuisement de l'être, son inertie et son entropie par une incessante relance métaphysique de sa potentialité, quelle

5. Emmanuel Levinas, *Autrement qu'être, ou au-delà de l'essence*, Martinus Nijhoff, La Haye, 1974, p. 4.

que soit aussi la signification qu'il faut prêter à la fois au possible et à la puissance en jeu dans ce qu'on appelle « potentialité ». Cette surenchère et cette relance ne sont pas sans danger ; elles se font toujours aux limites de ce que peut le réel, en son point de basculement du possible à l'impossible, de la sagesse à la folie. Il n'est pas sûr qu'à leur tour celles-ci ne contribuent pas à accentuer l'épuisement de l'être dont elles seraient l'ultime symptôme.

Il existe une autre voie pour affronter la crise de l'ontologie, une voie moins eschatologique qui ne cherche pas à la surmonter, mais commence par en constater la nature d'un point de vue non plus empirique, mais métaphysique. De fait, on constate que l'impossibilité de l'autosubsistance de l'être implique nécessairement un dédoublement du principe ou, plus exactement, de la principialité, c'est-à-dire de ce qui fait que le principe principie. Ce dédoublement conduit à une métaphysique dilemmatique. De fait, tout principe est censé remplir une double fonction : 1) la fonction de production, d'engendrement, de déploiement du réel, ce que la philosophie antique appelle la *poíēsis,* qui transcende l'opposition entre le naturel et l'artificiel ; 2) la fonction de sauvegarde, de maintien et de conservation du réel, ce que Platon appelle la *sōtēría.* Toute l'histoire de la métaphysique, à l'exception notable du néoplatonisme original, c'est-à-dire grec, a cherché à réduire ces deux fonctions à une seule fonction commune, à la fois productrice et conservatrice, garantissant la durée des étants par la seule autosubsistance de l'être. Et c'est au nom de cette unification des fonctions principielles que le primat de l'être ainsi que son autosubsistance ont pu être si longtemps postulés, au point que le règne de l'être a pu apparaître indétrônable. Il est clair qu'à partir du moment où l'autosubsistance de l'être n'est plus assurée, ces deux fonctions principielles sont amenées à diverger jusqu'à ce qu'il nous faille distinguer radicalement les conditions de la conservation du réel par rapport à celles de sa production. Cette divergence des fonctions est telle qu'elle entraîne la dissociation même du principe, ce que le néoplatonisme a exprimé par la différence radicale entre l'un et l'être, que la métaphysique antérieure n'avait pourtant jamais cessé d'associer. Or la philosophie contemporaine tend à dénier cette différence de deux façons :

– soit par une surontologie, une philosophie du surêtre qui dénie la disjonction même, en cherchant à restaurer l'unification à un niveau supérieur d'autosubsistance et de dispensation de l'être jusqu'au point de rupture de la possibilité métaphysique ;

– soit par les philosophies de la multiplicité qui, pour leur part, dénient toute pertinence à la fonction même de garde et de conservation au profit de la pluralité infinie, voire transfinie, des modes de l'être et de leur dissémination.

S'il y a bien crise de l'être, c'est précisément parce que la convertibilité entre l'être et l'un n'est plus assumable aujourd'hui, d'un point de vue à la fois théorique et pratique. Mais cette situation de disjonction, loin de signifier la destruction et la mort de la métaphysique, s'inscrit au contraire dans sa provenance la plus essentielle, de sorte que la disjonction ne nous condamne pas nécessairement à une approche empirique, positiviste, parcellisée du réel, mais nous ouvre de nouvelles perspectives pour penser la globalité du monde, dont l'accès et la compréhension ne sont plus désormais un privilège réservé, comme dans l'Antiquité, aux rares *happy few* dotés de *megalopsychía*, de grandeur d'esprit et de vastitude de conception, mais qui s'impose à tous par sa brutalité.

La philosophie contemporaine a ainsi procédé au démantèlement de l'unitotalité et à la disjonction de l'être par rapport à l'un qui, conçu en tant que principe de rassemblement et d'unification du réel, apparaît comme un carcan ou un corset imposant à l'être une domination et un ordre étouffants et stériles. Cette dissociation conduit à l'émergence de multiplicités pures, affranchies de tout principe d'unification. Il s'agit d'une émergence générale qui touche tous les courants de la philosophie, l'atomisme logique aussi bien que la tradition matérialiste (de Spinoza à Deleuze en passant par Marx), ou encore phénoménologique, quels que soient l'écart existant entre ces différentes traditions et les divergences sur le caractère même de la multiplicité à chaque fois en jeu. La phénoménologie connaît elle aussi, sous l'action de la déconstruction, un processus de dissémination du réel sous le signe de la multiplicité pure. Pour Derrida par exemple, la faute politique d'Heidegger, son engagement dans le nazisme, est essentiellement due au fait que Heidegger reste un penseur de l'un, comme être qui unifie le réel, et de la convertibilité de l'être et de l'un qui le conduit à penser l'être comme *règne et domination* – toute la tâche de la déconstruction consistant à délier l'ontologie heideggérienne de l'un, à empêcher la puissance de l'être de faire règne.

De fait, notre siècle renouvelle le questionnement métaphysique par la remise en cause radicale de la convertibilité de l'être et de l'un, et donc du principe de toute unitotalité. En l'état, cette remise en cause implique aussi la mise en question de la subsistance de l'être, de sa capacité à tenir et à se maintenir en son procès, de sorte que se forment des multiplicités « inconsistantes », purement hétérogènes, impossibles à concevoir comme unité ou comme objet achevé, multiplicités qui assument l'existence simultanée d'éléments contradictoires selon une nécessité absolue et inquestionnée de la contingence rendant caduque l'idée même de subsistance du réel. L'illusion est de croire que l'inconsistance, le déni de la question de la subsistance de l'être, de sa tenue et de son maintien, l'impossibilité de concevoir la multiplicité comme une unité ou un objet achevé, nous libéreraient *de facto* de toute totalité, de tout fantasme d'unité ou d'unitotalité. Le phénomène de la mondialisation témoigne du contraire. On peut assurément assimiler, comme le fait Slavoj Žižek, le capitalisme à une multiplicité inconsistante et détotalisatrice sous prétexte « qu'il n'y a pas de civilisation capitaliste », que « le capitalisme coexiste avec toutes sortes de civilisation » et que « la leçon de la mondialisation est que le capitalisme peut s'adapter à toutes les civilisations »[6], sans doute parce que sa propagation se fait sans plan ni chef d'orchestre, sans règne organisé et déclaré. En réalité, si le capitalisme s'adapte à toutes les cultures, s'y dissout mais aussi les dissout, c'est parce que les lois du marché, par leur abstraction même, impliquent nécessairement une convergence et une unification non pas culturelles mais purement pratiques

6. Slavoj Žižek, *Parallaxe*, trad. F. Born, Fayard, Paris, 2008, p. 230.

et rationnelles de l'agir que l'économiste libéral Ludwig von Mises a formalisées dans son œuvre maîtresse *L'Action humaine* (1949) sous le terme de « praxéologie » (*praxeology*)[7] et qui est à l'origine de la marchandisation générale de nos sociétés. Les Anglo-Saxons ont un bien meilleur terme que notre « mondialisation » pour décrire ce processus : ils préfèrent parler de *globalization* qui définit précisément l'intégration de l'ensemble de l'action humaine à la logique à la fois unique et inconsistante de la praxis marchande, inconsistante en tant, comme le remarque justement Žižek, qu'elle ne vise pas à faire monde ou à instaurer un ordre. Si la mondialisation ou globalisation capitaliste (il n'en existe pas d'autre) a défait les grandes souverainetés politiques de l'époque moderne, c'est pour mieux instaurer de nouvelles totalisations : la totalité de la multiplicité pure intotalisable, la totalisation de l'inconsistance, sous l'action de la monnaie comme opérateur abstrait, mutique et insignifiant d'équivalence généralisée des biens et des actes. Ainsi, par le biais de la globalisation, totalité et unité reviennent sous le masque, comme des formes spectrales qui ne cessent de hanter le réel en son chaos, non pour lui servir de remède, mais au contraire comme l'expression de ses pathologies, de l'incapacité du multiple pur à proposer finalement d'autre monde que l'abstraction propre à l'unification et à la globalisation de la praxis par la monnaie.

S'il en est ainsi, c'est parce que les philosophies de la multiplicité pensent mal la disjonction de l'un et de l'être, ou plus exactement la postulent sans la penser. Elles opposent sans précaution l'un et le multiple selon une dichotomie brutale à forte connotation éthique : le multiple est le bien, la richesse, la liberté, la fécondité ou productivité infinie, la puissance heureuse, tandis que l'un est au contraire le mal, l'étouffement, l'épuisement, la domination stérile et aveugle, l'uniformisation et l'appauvrissement du monde. La plupart des discours culturels et sociaux dans l'Occident contemporain ne cessent d'exprimer ce dualisme. Mais une

7. Ludwig von Mises, *Human Action : a Treatise on Economics*, Yale University Press, New Haven, 1949, p. 3 ; trad. R. Audoin, *L'Action humaine. Un traité d'économie*, Puf, Paris, 1985, p. 4.

approche aussi schématique ne nous protège pas du retour spectral des métaphysiques de l'ordre et de l'unitotalité ; davantage, les multiplicités pures et inconsistantes ne permettent pas de faire la différence entre ouverture et fermeture du réel. L'ouverture du réel requiert plus que l'affirmation de la multiplicité et de son inconsistance. Il faut penser l'opération même de disjonction, de différenciation de l'un et de l'être, si l'on veut conduire une critique rigoureuse de l'unitotalité et de sa domination, de sorte que son démantèlement ne conduise pas au désétablissement du monde, au chaos et au hasard, mais offre au contraire la possibilité qu'existent tout de même, en dehors de son règne, un monde et un ordre, qui ne soient donc pas « unitotalisants » pour ne pas dire « unitotalitaires ».

Défaire la convertibilité de l'être et de l'un ne signifie pas seulement reconduire l'être à la multiplicité pure. En réalité, toute déliaison est à la fois bijective et asymétrique ; *bijective* en ce sens que séparer ou disjoindre l'être de l'un entraîne nécessairement aussi la déliaison de l'un par rapport à l'être, et *asymétrique* parce que séparer et disjoindre l'être par rapport à l'un n'a pas la même signification ni les mêmes effets que séparer et disjoindre l'un par rapport à l'être. S'il est facile d'imaginer ce que signifie affranchir l'être de l'un comme en témoignent les idées triviales de multiplicités infinies, de vie débordante, d'économie libidinale, de chaos heureux et fécond, d'impossible réalisé, en revanche affranchir l'un de l'être apparaît plus mystérieux. On sait moins à quelles expériences ou idées du monde correspond ce singulier principe, séparé, solitaire et étranger à tout. Au demeurant, une fois l'être libéré de l'un, reste-t-il encore une place pour l'un ? L'un peut-il encore dans ses conditions prétendre à quelque opérativité ? De fait, quelle serait donc l'efficace d'une opérativité totalement dissociée de celle de l'être, c'est-à-dire une opérativité sans puissance ni acte ? Comme si nous avions affaire à une conception de l'absolu qui n'est radicale que pour être minimale ; à nous de mesurer les effets de cette minimalité, effets qui, quant à eux, ne sont pas nécessairement minimaux.

Les philosophies de la multiplicité se contentent donc du seul versant ontologique de la disjonction (ce qu'il en est de l'être lorsqu'il est dissocié de l'un) alors qu'il est aussi nécessaire, pour traiter de la disjonction dans toute son ampleur et pour conduire la critique de l'unitotalité, de questionner l'autre versant, aujourd'hui délaissé, de la disjonction : le versant hénologique (ce qu'il en est de l'un quand il est dissocié de l'être, « un » en grec se disant *hen* [ἕν]). Il est vrai que nous sommes dans une situation historique tout à fait différente par rapport aux années 1960, quand ont commencé à émerger et à proliférer les philosophies de la multiplicité : tant qu'il s'agissait de penser et d'accompagner la défaite des grandes souverainetés historiques européennes à la suite des deux guerres mondiales, le versant ontologique de la disjonction semblait suffire ; la prise de congé de l'un à partir de l'être semblait aller de soi, la multiplicité émerger naturellement de la brisure des hégémonies historiques traditionnelles ainsi que de la richesse du renouvellement intellectuel et social de l'après-guerre. L'être, à travers l'ouverture économique et les innovations technologiques, apparaissait suffisamment fort, riche, fécond et novateur pour se passer de l'un, de tout principe autre que son épanouissement et son déploiement. Mais, en réalité, la brisure des hégémonies historiques n'a en rien réglé la question de la domination : si la souveraineté s'efface, la domination se maintient sous la forme d'effets de pouvoir engendrés par les blocs métaphysiques démantelés errant à la rencontre des multiplicités inconsistantes : effets de pouvoir qui définissent notre situation de post-souveraineté et que traduisent les pratiques de la mondialisation ainsi que ses corollaires : la gouvernance, l'*offshoring*, le *lobbying* officialisé, l'argent gris ou noir, les États voyous, le retour du tribal ou du féodal[8], etc. Désarmer les effets de pouvoir de la post-souveraineté requiert au contraire la prise en compte du versant hénologique de la disjonction afin d'être au clair sur le destin de l'un et de se protéger de son errance, une fois celui-ci, lui aussi, délié de l'unitotalité.

Il importe de noter que le versant ontologique de la disjonction est exclusif, tandis que son versant hénologique est inclusif : la

8. Alain Supiot, *La Gouvernance par les nombres. Cours au Collège de France, 2012-2014*, Fayard, Paris, 2015, p. 310-314.

disjonction ontologique vise à fonder l'être sur l'exclusion radicale et sans précaution de l'un, sur son entière disparition du champ métaphysique, en une sorte de déni qui explique en contrepartie les retours spectraux et erratiques de ses effets ; sous le couvert de l'approche ontologique, la multiplicité rentre nécessairement en contradiction avec l'un. En revanche, la disjonction hénologique n'a nul besoin, pour disjoindre l'un de l'être, de s'opposer à l'être et de le nier ; il n'y a rien de nihiliste ici ; au contraire, la disjonction hénologique permet de penser l'être comme multiplicité, sans doute d'abord comme multiplicité ordonnée et circonscrite telle que la tradition métaphysique l'a d'abord formalisé, mais aussi, nous le verrons[9], comme multiplicité *à la fois ouverte et consistante*. Car, s'il est vrai que la doctrine hénologique vise, à l'origine, à rendre raison de la cosmologie organique platonicienne du grand vivant unique où chaque réalité, aussi distincte soit-elle, est étroitement coordonnée aux autres, par chaîne et trame, comme un vaste tissu, de façon à la fois horizontale avec les réalités de même ordre, et verticale avec les réalités des ordres supérieurs, ce que Platon appelle la *koinōnía* (κοινωνία), c'est-à-dire la « communauté », nous montrerons que la première hypothèse du *Parménide* (l'un n'est pas), le fait que l'un se sépare de l'être, n'a d'intérêt et d'utilité que pour permettre de penser les conditions d'affranchissement du monde par rapport à l'unitotalité, un monde qui reste néanmoins, malgré cette audace, cohérent et à l'abri du chaos.

Il est une philosophie qui, dans l'histoire de la pensée, s'est efforcée de méditer la disjonction hénologique, le fait que l'être, sa consistance et sa stabilisation requièrent une instance, une présence ou une opération tout autre que la sienne[10] : il s'agit du néoplatonisme (je m'appuierai essentiellement ici sur ses trois principaux représentants : Plotin, Proclus et Damascius). Non seulement le néoplatonisme s'est attaché à cette question, mais,

9. Voir *infra*, chap. III, *L'un à l'épreuve du devenir*, p. 158.

10. Ce qui n'est pas de même nature, ou plus précisément, si l'on s'en tient au terme grec *sýmphylos* (σύμφυλος), « de même lignage », que l'être : Proclus, *In Parm.* VI 1073.26-27 Steel.

mieux encore, il en a fait *sa* question, son marqueur, ce par quoi il se distingue de toutes les autres écoles antiques de philosophie, aussi bien les écoles platoniciennes dont il se veut la continuation que les autres écoles philosophiques : aristotélicienne, stoïcienne, sceptique[11]. La disjonction hénologique, la différence radicale de l'un et de l'être du point de vue de l'un, est non seulement le marqueur du néoplatonisme, mais aussi son opérateur privilégié à travers lequel il a entrepris de relire près de mille ans de philosophie antérieure marquée par Platon, Aristote, les stoïciens ou les sceptiques pour en organiser sa propre synthèse. C'est par le biais de la disjonction que le néoplatonisme a cherché à résoudre et à surmonter les contradictions qui opposent ces différents courants philosophiques pour proposer une cosmologie et une métaphysique englobant tout ce qui précède ou presque ; même l'épicurisme et son atomisme, dont le hasard auquel ils laissent place apparaît pourtant comme une menace insidieuse et latente contre laquelle il importe de fédérer toutes les forces de la pensée[12], ne se trouvent pas totalement exclus de cette ambitieuse synthèse[13]. Le néoplatonisme change ainsi l'interprétation de Parménide et du parricide que commet à son encontre l'Étranger d'Élée dans le *Sophiste* de Platon. Il ne s'agit pas d'ouvrir l'être au non-être, d'englober le non-être dans le procès de l'être. Emmanuel Levinas a suffisamment montré que le non-être n'était que la ruse de l'être, la ressource de son procès infini, le moyen de sa royauté indétrônable[14]. La véritable rupture de Platon par rapport à Parménide est, pour le néoplatonisme,

11. Sur cette dernière influence moins connue, mais qui joue un rôle fondamental dans notre rapport à l'un, voir le livre de Wilfried Kühn, *Quel savoir après le scepticisme ? Plotin et ses prédécesseurs sur la connaissance de soi*, Vrin, Paris, 2009.

12. Proclus, *Théologie platonicienne*, II, éd. H. D. Saffrey, L. G. Westerink, § 2, Les Belles Lettres, Paris, 1974, p. 22, l. 14-19 et n. 2 p. 89 (désormais *Théol. plat.* II 2, 22.14-19 SW n. 2 p. 89).

13. *Plotinus and Epicurus : Matter, Perception, Pleasure*, éd. A. Longo, D. P. Taormina, Cambridge University Press, Cambridge, 2016 ; voir aussi *infra*, chap. II, *La force de l'un*, p. 36.

14. « L'être et le ne-pas-être s'éclairent mutuellement et déroulent une dialectique spéculative qui est une détermination de l'être. Où la négativité qui tente de repousser l'être est aussitôt submergée par l'être. Le vide qui se creuse se remplit

non pas d'avoir instauré la dialectique de l'être et du non-être, mais d'avoir montré que l'être et l'un ne s'identifient plus sous la forme de l'*ousía* (οὐσία), de la substance, que ce qui est est nécessairement non-un, multiple tandis que l'un pur ne saurait se traduire dans le champ ni dans la langue de l'être[15]. Comme le note Proclus, identifier l'un et l'être (comme le fait le poème de Parménide) implique nécessairement d'identifier le multiple au non-être et à l'inexistence[16]. D'une certaine façon, le *Sophiste* de Platon vise à montrer que l'être, réellement être, l'*óntōs ón* (ὄντως ὄν), n'est autre que le multiple ou *tà pollá* (τὰ πολλά). À ce titre le platonisme est bien une philosophie de notre temps. Dans un autre dialogue, le *Parménide*, Platon vise à rendre compte de la possibilité pour le multiple d'exister ou plus exactement d'accéder à la consistance, puisque tel est le sens que le néoplatonisme donne à l'existence. Mais le néoplatonisme vise aussi à montrer que l'un, pour s'être dissocié de l'être, n'en est pas pour autant *anypóstaton* (ἀνυπόστατον) ni *anýparkton* (ἀνύπαρκτον)[17], un simple nom (*unum solum verbum*)[18], sans réalité ni consistance et qu'on ne saurait le réduire à une fiction ineffable ni même à une régulation métaphysique de la multiplicité ; l'un opère dans le réel, d'une singulière façon certes, totalement étrangère à toutes les opérations de l'ontologie, de sorte cependant que l'être ne puisse se déployer et s'organiser, tenir et se maintenir, sans lui.

aussitôt du sourd et anonyme bruissement de l'il y a [...]. L'*esse* de l'être domine le ne-pas-être lui-même » (Emmanuel Levinas, *Autrement qu'être*, *op. cit.*, p. 3-4).

15. « Car il faut que le véritablement un soit totalement sans partie » (Platon, *Sophiste* 245a). Sur cette façon de concevoir le parricide de Parménide, voir *infra*, chap. II, *La force de l'un*, p. 29-30.

16. « Si l'on identifie être et un, on doit identifier également la multiplicité au non-exister et au non-être. Mais c'est impossible puisque c'est dans l'être que se trouve le multiple, et dans le non-être, l'un » (*Théol. plat.* II 2, 21.13-16 SW).

17. « [...] au sujet de quelque chose subsistant réellement [περὶ ὑφεστῶτός τινος] et non pas d'une affaire sans fondement [autrement dit dépourvue d'*hýparxis*] (οὐχὶ περὶ ἀνυπάρκτου πράγματος). » (Proclus, *In Parm.* VI 1110.8-9 Steel).

18. Proclus, « Libri VII finis ex interpretatione Guillelmi », 515, 3 (ad *Parm.*, 142a6-8), in *Procli in Platonis Parmenidem Commentaria* [t. III], éd. C. Steel, Clarendon Press, Oxford, 2009, p. 334. (Il s'agit de la partie finale du livre VII du *Commentaire sur le Parménide* de Proclus dont il ne reste pour trace que la traduction latine de Guillaume de Moerbeke au XIIIe siècle.)

Il est clair que la disjonction hénologique, l'émergence d'une hénologie autonome, radicalement distincte de l'être sous toutes ses modalités, apparaît dans l'histoire de la métaphysique antique comme une rupture radicale, un véritable coup de force spéculatif, à la limite du pensable, quasi « ineffable » ou « indicible », ne cessent de répéter nos auteurs, et qui par conséquent n'est pas sans faire problème. Émile Bréhier considère la différence de l'un et de l'être chez Plotin comme la *quaestio vexata* de sa philosophie ; Jean-Marc Narbonne y voit « le talon d'Achille de tout le système de Plotin » ; Gerhard Huber juge que les difficultés qu'éprouve Plotin à justifier et à expliquer sans ambiguïté la différence hénologique signent « l'échec de la pensée spéculative centrale de Plotin[19] ». D'autres interprètes préfèrent en réduire le rôle et minimiser sa force de rupture pour insister sur les convergences de la doctrine néoplatonicienne avec les platonismes antérieurs, étrangers, quant à eux, à l'hénologie[20] . Je dirais plutôt, comme Proclus, que la première hypothèse du *Parménide* – l'un n'est pas – est *valde inopinabilis*[21] : ce qui signifie qu'il est certes grandement improbable, mais aussi, de façon plus littérale, qu'il échappe à tout ce qui relève directement ou indirectement de l'opinion, de celle de notre temps comme de la *doxa* antique, ce qui est le signe le plus propre de sa force métaphysique. De fait, les critiques de notre temps, lestés par quinze siècles d'ontologie lourde, de la scolastique aux systèmes idéalistes et à ses avatars ou aux philosophies matérialistes, *tous placés sous le signe de la convertibilité de l'être et de l'un,* peinent à faire le saut et à assumer la différence de pensée qu'implique la différence hénologique,

19. Émile Bréhier, *La Philosophie de Plotin,* Vrin, Paris, 1961, p. 40 ; Jean-Marc Narbonne, *Plotin. Les deux matières (Ennéades I, 4 [12]),* Vrin, Paris, 1993, p. 12 ; Gerhard Huber, *Das Sein und das Absolute. Studien zur Geschichte der ontologischen Problematik in der Spätantike Philosophie,* (Studia philosophica, supp. 6) Verlag für Recht und Gesellschaft, Bâle, 1955, p. 77. Voir aussi Laurent Lavaud *in* Plotin, *Traités 22-26,* éd. L. Brisson, J.-F. Pradeau, GF-Flammarion, Paris, 2004, p. 127, n. 55.

20. Polymnia Athanassiadi, *La Lutte pour l'orthodoxie dans le néoplatonisme tardif de Numénius à Damascius,* Les Belles Lettres, Paris, 2006, p. 2.

21. Proclus, « Libri VII finis ex interpretatione Guillelmi », 514, 35 (ad *Parm.,* 142a6-8), *op. cit.,* p. 334.

faute de s'être eux-mêmes débarrassés des postulats de l'ontologie et d'avoir pris leurs distances par rapport aux définitions de ses principales notions, en particulier aux définitions de l'acte et de la puissance, le couple directeur de l'être depuis Aristote[22]. Il est vrai que le néoplatonisme, respectueux des philosophies antérieures, éprouve ce même genre de difficulté dans la constitution de sa doctrine. À maintes reprises, il recule devant sa propre audace. Sans cesse fait retour la tentation de la convertibilité et de l'identification de l'être et de l'un. Porphyre (ou le pseudo-Porphyre) transforme l'un en *eînai* (εἶναι), en *tantum esse*, en *energeîn* (ἐνεργεῖν), en acte pur[23] ; Damascius relègue l'un pur (τὸ μόνον ἕν) dans une totale négativité absolument ineffable, au profit d'un un postérieur et second, cet un qui, pour être *avant le tout*, *prò pántōn* (πρὸ πάντων), appartient néanmoins toujours à l'ordre de la totalité, car cette antériorité au tout reste un tout, un *tò hèn pánta* (τὸ ἓν πάντα), l'un tout, la totalité d'avant la totalité, et non son autre et son ouverture[24] ; sans oublier Plotin lui-même qui, au *Traité 39* (*Ennéades* VI, 8), attribue la volonté à l'un, au risque de le confondre avec l'intellect et sa multiplicité totalisée[25]. De fait, nous exposerons au chapitre suivant les difficultés et les antinomies qu'il est nécessaire de surmonter pour rendre la disjonction hénologique pensable sans recourir aux solutions de facilité de la négativité et de l'ineffabilité, qui

22. Heidegger, *Aristote. Métaphysique Θ 1-3. De l'essence et de la réalité de la force*, éd. H. Hüni, trad. P. Vandevelde, B. Stevens, Gallimard, Paris, 1991, p. 50-52.

23. Anom., *In Parm.* XII 23-27, dans Pierre Hadot, *Porphyre et Victorinus*, II, Études augustiniennes, Paris, 1968, p. 104-105.

24. Damascius, *Traité des premiers principes*, I [De l'ineffable et de l'Un], éd. L. G. Westerink, trad. J. Combès, § 30, Les Belles Lettres, Paris, 1986, p. 90, l. 1-15 (désormais *De Princ.* § 30 I, 90.1-15 CW) ; *id.*, *Traité des premiers principes*, III [De la procession de l'unifié], éd. L. G. Westerink, trad. J. Combès, § 91, Les Belles Lettres, Paris, 1991, p. 14, l. 14-15 (désormais *De Princ.* § 91 III, 14.14-15 CW). Voir la critique de cette notion d'un tout avant le tout par Proclus : « L'un en soi se retranche de toute totalité et la tient par le dessus [αὐτὸ τὸ ἓν ἐξῄρηται καὶ ὑπερέχει πάσης ὁλότητος] » (Proclus, *In Parm.* VI 1107.25-26 Steel). Il y va, précise Proclus, de la garde de l'un (*ibid.*, VI 1107.24 Steel).

25. Plotin, *Traité 39* [VI, 8] (*De la liberté et de la volonté de l'Un*).

finissent toujours, à un moment ou à un autre du raisonnement, par justifier un retour à la convertibilité, faute de pouvoir assurer à l'un pur la consistance nécessaire pour se maintenir dans sa solitude et sa tranquillité.

Synthèse de la philosophie antique, le néoplatonisme est aussi la matrice des philosophies postérieures. Mais son rôle matriciel se paie par l'oubli de l'un et de la première hypothèse du *Parménide*. La question de la disjonction hénologique s'estompe dans l'œuvre du pseudo-Denys et disparaît totalement du *Liber de causis* qui ont été les principaux vecteurs de la doctrine néoplatonicienne pour la philosophie médiévale. Un tel *sacrificium mentis* fut sans aucun doute la condition de la compréhension et de la diffusion du néoplatonisme dans le cadre des théologies monothéistes et créationnistes. Ne reste plus alors du néoplatonisme qu'une philosophie « égyptienne » et pétrifiée, une *philosophia perennis* que caractérise bien l'ontologie scalaire, la hiérarchie rigoureuse des êtres sous la dépendance d'un premier principe considéré comme cause efficiente et créatrice de l'ensemble de la réalité. L'oubli de l'un et de sa disjonction principielle d'avec l'être favorise la mise en place de ce qu'on appelle, depuis Heidegger, l'ontothéologie qui reconduit sans solution de continuité la question de l'être à celle de Dieu, ou encore la question de la totalité de l'étant dans ses traits les plus communs et les plus généraux (ὂν κοινόν) à celle d'un Étant suprême (ὂν ἀκρότατον) et divin (θεῖον), ce qu'on appelle aussi le katholouprotologique où le premier (πρῶτος) résume le tout (τὸ καθόλου) qu'il englobe, circonscrit et détermine[26], de sorte que le principe, entendu comme fondement (θεῖον ici comme dérivé de τίθημι : poser, fonder), finit par confondre l'être commun (ontologie), le pétrifier et l'absorber. Certes l'un triomphe, mais pour ne plus se séparer ni s'affranchir de l'être. La différence hénologique est perdue ; ne reste plus de l'un que l'unitotalité. Nous montrerons au chapitre suivant que la disjonction hénologique nous permet de penser l'être en dehors de ce cadre métaphysique qui a marqué

26. Voir, sur ce syntagme, Rémi Brague, *Aristote et la question du monde*, Puf, Paris, 1988, p. 107 *sq*. et 513 *sq*.

l'histoire de la philosophie au moins jusqu'à l'idéalisme allemand et à ses avatars. Et si, néanmoins, il reste encore quelque trace de différence dans cette transmission, il ne s'agit plus de différence hénologique, mais bien plutôt de différence ontologique propre à l'acte de l'être qui ne cesse de différer d'avec ses effets pour mieux affirmer la toute-puissance de sa royauté et de sa domination. Revenir à la différence hénologique, s'efforcer d'en comprendre la différence radicale d'avec la différence ontologique, ne peut que contribuer à nous libérer de cette royauté et de cette domination.

Chapitre II

La force de l'un

LE PARRICIDE DE PARMÉNIDE

Le néoplatonisme est plus qu'une simple reprise de Platon et que son commentaire, même si les commentaires à la *République*, au *Timée*, au *Philèbe*, à l'*Alcibiade*, sans oublier évidemment le commentaire au *Parménide*, occupent dans le néoplatonisme postérieur à Plotin une place importante. En cela le préfixe *néo-* est trompeur, à moins de le prendre au pied de la lettre, non comme une reprise mais comme une rupture et une nouveauté véritable[1]. Le néoplatonisme est à part entière une philosophie originale, en tant qu'il fait retour au geste inaugural de la métaphysique qu'est le parricide de Parménide. Il est vrai que le néoplatonisme conçoit ce parricide de façon singulière, très différente de Platon. Car il ne s'agit pas ici de favoriser

1. Sur ce point je partage sans la moindre restriction la lecture de Gilles Deleuze : « Après les stoïciens, au début du christianisme, et pourtant pas forcément chez des auteurs chrétiens, se développe un type de philosophie très extraordinaire : l'école néoplatonicienne. Et là je voudrais montrer que le préfixe "néo" est particulièrement bien fondé. C'est en s'appuyant sur des textes de Platon extrêmement importants que les néoplatoniciens vont complètement décentrer tout le platonisme » (Gilles Deleuze, *Cours sur Spinoza*, 10e séance, université de Vincennes, 17 février 1981, http://gallica.bnf.fr/ark :/12148/bpt6k128298m).

l'introduction du non-être dans la massivité de l'être telle que l'expose le poème de Parménide, ni d'organiser la dialectique de l'être et du non-être pour mieux rendre raison de l'un-tout, ce que pourtant toute la tradition métaphysique postérieure retiendra de ce parricide. Pour le néoplatonisme la rupture par rapport au poème de Parménide, l'invention de la dialectique, sont ailleurs : elles se jouent dans l'opposition non pas de l'être et du non-être, mais de l'un et du multiple. L'être est par essence multiple, de sorte que le monde n'est pas un par lui-même. « L'unité est pour lui comme un effet puisqu'il n'est pas l'un en soi, il est inférieur à l'un, il reçoit l'unification et n'est pas un à titre premier[2]. » Proclus précise qu'il s'agit là de la leçon du *Sophiste* de Platon et que cette leçon s'oppose aux Anciens[3], aux tenants aussi bien de la plénitude unique de l'être des Éléatiques que de la physique des 4 éléments professée par les Ioniens. Autrement dit, l'opposition n'est plus celle de l'être et du non-être, mais de l'un et du multiple, l'être étant par essence multiplicité. Ainsi s'accomplit le parricide dans le néoplatonisme.

LA DÉDUCTION DE L'UN

Ce parricide par rapport à l'ontologie parménidienne de la plénitude a pour conséquences que l'un, le Premier, n'est pas en réalité tout à fait premier ; il se déduit à partir de la *prōtístē ousía* (πρωτίστη οὐσία), de la toute première substance. Le second Dieu (être) est le premier révélé ; le premier Dieu (un), celui sans lequel rien n'est possible, ne vient qu'après. Tout débute par l'être, même si l'être n'est pas premier dans l'ordre de l'*archḗ*, du commencement. L'un n'est donc pas fondement ; l'un ne se pose pas, mais se déduit de l'incomplétude de l'être et de sa multiplicité essentielle. C'est l'incomplétude de l'être qui appelle l'un, et non l'un qui pose l'être. En tant que tel, l'un n'est pas une autre philosophie que l'être. La philosophie première reste bien l'ontologie, dont la pensée de l'un, il

2. *Théol. plat.* I 4, 18.17-20 SW.
3. *Ibid.*, 18.15 SW.

est vrai, se contente de signifier l'incomplétude, et plus précisément l'incomplétude *constitutive*, le fait même que l'être ne se constitue et ne tient que sous le couvert de son autre qu'est l'un. Ce renversement de priorité, cet hiatus entre la priorité logique (l'un comme une nécessité déduite de l'être) et la priorité métaphysique (l'un comme premier principe universel) ne peut que modifier profondément le sens de l'hénologie par rapport aux interprétations traditionnelles. Surgit ainsi, dès les premières lignes du livre II de la *Théologie platonicienne* de Proclus, une considérable difficulté philologique : ses éditeurs ou ses traducteurs, depuis Thomas Taylor dans sa traduction anglaise de 1812, disent qu'il s'agit de découvrir la cause première de tous les êtres, *prōtístē aitía* (πρωτίστη αἰτία)[4]. Mais les manuscrits proposent une autre leçon : non pas *prōtístē aitía* mais *prōtístē ousía*. Les éditeurs à la suite de Taylor ont substitué *aitía* à *ousía* : la cause première à la substance première de toutes choses[5]. Cette correction marque bien la prégnance de l'interprétation ontothéologique, issue du *Liber de causis*, sur ce type de philosophie, et illustre l'impossibilité pour l'interprétation de distinguer priorité logique et priorité métaphysique. Certes, une telle correction peut s'appuyer sur la présence avérée dans le corpus proclusien du syntagme πρωτίστη αἰτία, mais la probité exige du philologue qu'avant de proposer des corrections qu'aucun témoin n'atteste, il s'efforce de donner sens à ce que proposent unanimement les manuscrits.

Il faut bien suivre le raisonnement de Proclus dans ce premier chapitre du livre II pour comprendre pourquoi *ousía*, la leçon des manuscrits, est à mon sens préférable à sa correction moderne

4. *Ibid.*, II 1, 3.7-8 SW.

5. « *For ουσιαν [sic] it is necessary to read αιτιαν [sic]* » (*The Six Books of Proclus, the Platonic Successor, on the Theology de Plato*, by Th. Taylor, I, printed for the author by A. J Valpy, Londres, 1816, p. 91). Certes, une telle correction peut s'autoriser de la proposition 11 des *Éléments de Théologie* de Proclus : « Tout étant procède d'une seule cause, la première » (Proclus, *The Elements of Theology*, B, § 11, éd. E. R. Dodds, Clarendon Paperbacks, Oxford, 2004², p. 12, l. 8 [désormais *Elem. Theol.* § 11, p. 12.8 Dodds] ; trad. modifiée J. Trouillard *in* Proclos, *Éléments de Théologie*, Aubier, Paris, 1965, p. 67). Mais nous verrons plus bas que, dans la *Théologie platonicienne*, en particulier en II 9, Proclus conçoit la question de la causalité du principe de façon beaucoup plus complexe que dans ses *Éléments de Théologie*, voir *infra*, « D'une causalité sans cause », p. 117-125.

en *aitía*. Proclus ne pose pas l'un simplement dit (ἁπλῶς), mais en déduit l'existence du rapport de l'être à la question de son unité, et, en tant que telle, la question du chapitre 1 du livre II est bien celle de l'*ousía* première de toutes choses et non de leur *aitía*. Proclus procède ainsi en deux temps :

Dans un premier temps, il pose et discute les trois hypothèses sur la nature de la *prōtístē ousía,* de la toute première substance : est-elle multiplicité pure, unité pure ou mélange d'unité et de multiplicité ? Après avoir démontré que les deux premières solutions (multiplicité pure et unité pure) entraînaient nécessairement la dissolution de l'être et l'impossibilité de son existence, Proclus est conduit à affirmer que seul le mélange de l'un et du multiple peut donner consistance à l'être[6].

Mais, précise Proclus dans un deuxième temps, il faut un principe à ce mélange, car ni le multiple ne peut engendrer l'un, ni l'un ne peut engendrer le multiple. S'enclenche ici, et seulement ici, la différence hénologique. Au niveau de l'un participé « l'un et le multiple sont étrangers l'un à l'autre, ils n'ont aucune affinité l'un avec l'autre en tant précisément qu'aucun d'eux n'est produit par l'autre[7] », de sorte que Proclus se juge en droit de demander « ce qui donc les a rassemblés dans l'unité, alors qu'ils se fuient l'un l'autre et ne peuvent se mélanger »[8]. Le multiple ne peut engendrer l'un, car « le multiple en tant que tel n'est pas la force des êtres[9] » (impossibilité qui constitue une critique des philosophies de l'immanence, de type stoïcien). Mais l'un, lui non plus, ne peut engendrer le multiple. Cette seconde impossibilité apparaît beaucoup plus surprenante par rapport aux

6. « Tous les étants [...] doivent ou bien être purement multiples, sans qu'il y ait en eux aucune unité, ni dans chacun pris à part ni dans leur totalité ; ou bien être purement un, sans qu'il y ait aucune multiplicité, tous les étants se trouvant au contraire comprimés dans une seule et même puissance d'être [τοῦ εἶναι δύναμις] ; ou bien l'être doit être à la fois multiple et un » (*Théol. plat.* II 1, 3.12-16 SW ; trad. H. D. Saffrey modifiée).

7. *Théol. plat.* II 1, 13.2-3 SW.

8. *Ibid.*, 13.4-5 SW.

9. *Ibid.*, 3.17 – 4.1 SW.

interprétations courantes de l'hénologie. Elle signifie clairement que l'un ne procède pas, qu'il n'y a pas de procession de l'un, du moins de procession ontologique. Elle est pourtant centrale dans le néoplatonisme, clairement affirmée aussi bien par Plotin que par Proclus. Pour Plotin, si les corps viennent de l'unité, cette unité n'est pas absolument une, elle n'est pas l'un en soi, mais nécessairement une unité multiple (à commencer par la première d'entre elles : l'intellect), car l'un en soi ne produit pas de multiplicité discontinue (διεστηκὸς πλῆθος)[10]. Pour Proclus, l'impossibilité d'engendrer le multiple à partir de l'un signifie que « nous ne sommes pas contraints de fusionner dans l'identité tous les êtres ensemble[11] », autrement dit que l'un ne contient pas l'être en puissance, ne le produit pas, ne le subsume pas. Il le rend simplement stable et consistant et, par là même, possible. Si l'un est finalement cause de l'être, c'est parce qu'il est cause non des choses dans leur multiplicité, mais simplement du mélange ontologique, au niveau de la *prōtístē ousía*, de l'un et du multiple.

Le principe de ce mélange, ce qui le rend stable et consistant, fait l'objet de la part de Proclus de deux hypothèses : soit ce principe est non-un (comme le postulent les quatre dernières hypothèses du *Parménide*), soit il est un (comme le postulent les cinq premières hypothèses)[12]. Proclus tranche en faveur de l'un. Cet un qui conditionne le mélange de l'un et du multiple, de la *prōtístē ousía*, est l'un pur, qui est imparticipable au contraire de l'un participé qui caractérise le mélange fondateur de la *prōtístē ousía* : le mélange de l'un et du multiple.

Et si Proclus tranche en faveur de l'un contre le néant du non-un, c'est au nom de la *sōtēría* (σωτηρία), de la sauvegarde, parce que l'un assure la conservation de l'être et non pas le non-un : « Avec l'un chaque être est conservé dans l'être, sans l'un chacun va à sa propre perte[13] », qui reprend la formule

10. Plotin, *Traité* 43 [VI, 2] (*Sur les genres de l'être* II), 5, 7-9.

11. *Théol. plat.* II 1, 4.1-2 SW.

12. « Quant à ce terme supérieur à l'un et au multiple, que peut-il bien être ? Car ou bien il est un, ou bien non-un » (*ibid.*, 13.11-12 SW ; trad. H. D. Saffrey).

13. *Ibid.*, 13.24-25 SW.

de Plotin au *Traité 49* : « Tout ce qui n'est pas un, en effet, est sauvegardé par l'un [τὸ μὴ ἕν τῷ ἕν σῴζεται][14]. » L'un est à la fois, dit Proclus, le stabilisateur de tous les étants et leur conservateur dans l'être (ὑποστατικὸν καὶ σωστικὸν τῶν ὄντων)[15]. Si l'un est bien causalité, c'est une causalité singulière, une causalité acausale (ἀναιτίως αἴτιον)[16], qui relève essentiellement de la fonction sotériologique et stabilisatrice, mais non pas productrice, de l'un, de sorte que, poursuit Proclus au livre II de la *Théologie platonicienne,* « par l'un toutes choses non seulement sont ce qu'elles sont [autrement dit, elles s'autoconstituent], mais encore deviennent ce qu'elles deviennent [autrement dit, elles sont en mesure d'affronter le devenir et de s'y tenir, ce que les formes intelligibles ne sont pas par elles-mêmes en mesure de faire][17] ».

Ce montage dialectique et ascendant à partir de l'être et de *ses conditions de survie* n'a de sens que parce que l'un n'est pas, comme le dit Proclus, cause du multiple[18] ; car, si l'un était cause du multiple, le rapport de l'un et de l'être relèverait d'une simple émanation hiérarchique du premier vers le second ; l'un n'est cause en réalité que de l'un, autrement dit n'a d'autre effet que d'assurer aux étants leur unité : « L'un fait tout un et d'ailleurs il ne le "fait" même pas[19]. »

Ainsi, la première hypothèse du *Parménide,* l'un n'est pas, a besoin de la seconde – l'un est –, comme la seconde a besoin de la première. Les deux premières hypothèses du *Parménide* ne

14. Plotin, *Traité* 49 [V 3] (*Sur les hypostases qui ont la faculté de connaître et ce qui est au-delà*), 15, 11-12.

15. *Théol. plat.* I 12, 58.20-21 SW. « La disparition de l'un fait s'évanouir tout ce qui est ou tout ce qui devient et [...] plus rien n'existe plus, de telle sorte que [...] l'un est cause et de l'existence et de la conservation dans l'être » (*Théol. plat.* I 12, 58.11-14 SW ; trad. H. D. Saffrey).

16. *Ibid.,* II 9, 58.24 SW, voir *infra,* « D'une causalité sans cause », p. 114-130.

17. *Ibid.,* II 1,13.23-24 SW. Sur le rapport au devenir, voir *infra,* chap. III, *L'un à l'épreuve du devenir,* p. 153 *sq.*

18. *Théol. plat.* II 1, 13.11 SW.

19. Damascius, *De princ.* § 35 I, 107.3-4 CW ; trad. J. Combès modifiée. Voir aussi Proclus : « Et l'un et le non-un ne sont pour les êtres cause de rien d'autre que de l'un » (*Théol. plat.* II 1, 13.27 – 14.1-2 SW ; trad. H. D. Saffrey).

sont pas alternatives ni exclusives l'une par rapport à l'autre, mais complémentaires (comme le sont au demeurant, dans les *Commentaires au Parménide* de Proclus ou de Damascius, les cinq premières hypothèses – les hypothèses positives fondées sur la réalité de l'un et de sa force : les hypothèses constitutives de l'un, de l'intellect, de l'âme, des formes corporelles et de la matière). L'un de la première hypothèse se surédifie sur l'*ousía* de la seconde. Prise seule, la première hypothèse est impossible, comme le démontre d'une certaine façon, par son absurdité même, la thèse hyperbolique de l'un que formule Damascius dans son *Traité des premiers principes* : l'un ineffable (ἀπόρρητον)[20], « l'au-delà de l'un [τὸ τοῦ ἑνὸς ἐπέκεινα][21] » ou « au-dessus de l'un [ὕπερ τὸ ἕν][22] », qui est aussi « la négation de l'un [ἀπόφασις [...] τοῦ ἑνός][23] ». L'un seul, pas plus que la multiplicité pure, ne forme monde. Ce qui met au jour et garantit le réel, c'est la surédification de l'un pur sur l'un-multiple de l'être, l'addition « d'une philosophie plus haute [la philosophie platonicienne de l'*epékeina tês ousías*] venue se fixer [πρόσθεσις] sur l'autre [la philosophie parménidienne de l'un-être] pour la compléter[24] ».

SKÉDASIS

Mais pourquoi l'un-multiple de l'être a-t-il besoin de l'un pur ? Pourquoi la convertibilité absolue de l'un et de l'être que propose la seconde hypothèse n'est-elle pas autosuffisante, comme elle le sera finalement pour toute la suite de l'histoire de la métaphysique ? Parce que l'être, l'être en tant qu'un-multiple, est pour le néoplatonisme entropique. Sa procession, qui est aussi ce par quoi l'être se multiplie et se diversifie, se marque par une « diffusion dégradée de

20. Damascius, *De princ.* § 4 I, 8.8 CW.
21. *Ibid.*, § 7 I, 18.4 CW.
22. *Ibid.*, § 7 I, 19.10 CW.
23. *Ibid.*, § 7 I, 18.13 CW.
24. Proclus, *In Parm.* VII 1135.3-4 Steel.

l'énergie[25] », une distension, un abaissement (ὕφεσις) vers le non-être, une fuite de l'être vers le néant (ἐκφεύξεταί [...] εἰς τὸ μὴ εἶναι)[26] selon les termes de Plotin au *Traité 40*. Pour caractériser cette descente ou abaissement, le néoplatonisme parle d'écoulement, de *rhýsis* (ῥύσις)[27] ou de *khýsis* (χύσις)[28], ce qui renvoie paradoxalement à la physique du *De natura rerum* de Lucrèce bien plus qu'au monde des formes intelligibles de Platon. Il en est ainsi parce que la procession et la distinction ne sont pas le fait de l'un *dont en réalité rien ne procède*, mais du multiple. « La procession n'est pas engendrée par l'un, mais par la multiplicité[29]. » S'il est vrai, comme le note Plotin à plusieurs reprises[30], que l'un est le centre d'un cercle qui polarise les extrémités de multiples rayons, il reste, précise Damascius, que le centre du cercle n'est pas la cause de ce rayonnement et de cet écartement qui font passer du point au cercle, mais la cause en est l'écoulement du continu en un seul point[31]. Car si l'un était l'origine et la cause de la procession, celle-ci ne serait pas constamment menacée d'entropie à quelque niveau que ce soit.

C'est ici, dans la procession de l'être, que prend place, une place donc seconde, la dialectique de l'être et du non-être propre au parricide de Parménide sous la forme de cette tendance entropique de l'être vers le non-être. Il est des termes qui reviennent à de nombreuses reprises dans le néoplatonisme, aussi bien chez Proclus ou Damascius que chez Plotin : ce sont les substantifs *skédasis* (ἡ σκέδασις), *skedasmós* (ὁ σκεδασμός), le participe

25. Pierre Hadot, « Introduction », *in* Plotin, *Traité* 38, trad. et commentaire P. Hadot, Cerf, Paris, 1987, p. 27.

26. Plotin, *Traité* 40 [II, 1] (*Du ciel*), 4, 15-16.

27. Damascius, *De princ.* § 34 I, 105.17 CW.

28. Plotin, *Traité 34* [VI, 6] (*Sur les nombres*), 1, 6.

29. Damascius, *De princ.* § 34 I, 105.10-11 CW.

30. Plotin, *Traité 4* [IV, 2] (*Sur la réalité de l'âme* I), 1, 24-29 ; *Traité 10* [V, 1] (*Sur les trois hypostases qui ont rang de principes*), 11, 10-13 ; *Traité 23* [VI, 5] (*Sur la raison pour laquelle l'être, un et identique, est partout tout entier* II), 5, 1-17 ; *Traité 39* [VI, 8] (*De la liberté et de la volonté de l'Un*), 18, 7-18.

31. Damascius, *De princ.* § 34 I, 105.16-18 CW. « La distinction procède à partir seulement de la multiplicité » (Damascius, *De princ.* § 33 I, 97.19 CW).

passif substantivé *tò skedasthén* (τὸ σκεδασθέν), l'infinitif *skedánnysthai* (σκεδάννυσθαι), le participe moyen *skedannyménon* (σκεδαννυμένον) ou *skidnámenon* (σκιδνάμενον), ou encore l'adjectif qualificatif au neutre *skedastón* (σκεδαστόν) et son contraire *askédaston* (ἀσκέδαστον), qui signifient la dispersion, le dispersé ou le non-dispersé ; quant au verbe *skedánnysthai*, il signifie à la fois se disperser, perdre son unité et périr[32] selon une étroite imbrication de la cohérence et de l'existence où il apparaît clairement que l'existence des choses dépend ici de leur cohérence[33]. Proclus à son tour signale ce lien entre la dispersion et le néant en évoquant la course vers le néant de la vie dispersée (ἔχει ζωήν [...] εἰς τὸ μὴ ὂν σκεδαννυμένην)[34] qui rappelle la fuite de l'être vers le néant qu'évoque Plotin au *Traité 40* et qui signifie clairement l'entropie de l'être, le fait que « la dispersion expulse chacun hors de son essence [ὁ σκεδασμὸς ἕκαστον ἐξίστησι τῆς οὐσίας][35] ». Toute la question de l'ontologie néoplatonicienne consiste alors à éviter la dissolution et la dispersion (ἀδιάλυτον [...] καὶ ἀσκέδαστον)[36].

La cosmologie antique repose sur un violent paradoxe. Sa recherche de la plénitude de l'être, de sa stabilité, de sa régularité et de son ordre est en réalité hantée par la crainte de la destruction. Au livre Λ de la *Métaphysique*, Aristote évoque la possibilité de la destruction de l'ensemble du cosmos quand il affirme que « si toutes les substances sont corruptibles, tout

32. Cette terminologie néoplatonicienne renvoie sans doute au passage des *Travaux et des jours* (v. 94-95) où Hésiode relate la dispersion des maux hors de la boîte de Pandore (ἀλλὰ γυνὴ χείρεσσι πίθου μέγα πῶμ' ἀφελοῦσα | ἐσκέδασ'· ἀνθρώποισι δ' ἐμήσατο κήδεα λυγρά), voir Heinz Neitzel, « Pandora und das Fass : Zur Interpretation von Hesiod, *Erga* 42-105 », *Hermes*, 104/4, 1976, p. 390-391.

33. « Plus une chose s'étend pour aller dans la matière, plus elle s'affaiblit par rapport à ce qui reste dans l'unité. Tout ce qui s'éparpille s'écarte de soi-même [ἀφίσταται ἑαυτοῦ] » (Plotin, *Traité 31* [V, 8] (*Sur la beauté intelligible*), 1, 26-28 ; trad. J. Laurent *in* Plotin, *Traités 30-37*, éd. L. Brisson, J.-F. Pradeau, GF-Flammarion, Paris, 2006, p. 90).

34. *Théol. plat.* I 26, 117.9-10 SW.

35. *Elem. Theol.*, § 13, p. 14.29 Dodds.

36. *Ibid.*, § 48, p. 48.10 Dodds.

alors est corruptible[37] », hypothèse qui illustre bien la place centrale, même si elle est le plus souvent tue, qu'occupe le thème de la destruction dans les montages de la cosmologie grecque. C'est pourquoi Aristote affirme qu'il y a au moins une substance qui n'est pas destructible, à savoir le premier moteur. Aristote parle d'indestructibilité ici plutôt que d'éternité, comme si la question de l'éternité passait nécessairement par celle de l'indestructibilité. Les stoïciens imaginent de leur côté des destructions ou déflagrations universelles (*ekpýrōsis*) régulières pour rendre raison des cycles ou « siècles » propres à l'histoire du monde. Pour Pline l'Ancien, inspiré des stoïciens, la Terre vieillit et s'épuise, sans recours, jusqu'à la stérilité[38]. Selon Copernic, l'astronome Ptolémée craignait que la Terre et toutes les choses terrestres ne soient détruites par la rotation que produit l'action de la nature[39]. Plotin n'échappe pas à cette crainte généralisée qui caractérise le monde antique, comme si l'un au-delà de l'être n'était présent que pour conjurer l'impuissance de l'être à échapper à sa *skédasis*[40]. Le néoplatonisme est en réalité traversé par le très fort sentiment de l'épuisement de la puissance et de la fatigue de l'être à mesure qu'il procède, constatant la diminution croissante de l'influence des formes intelligibles sur le réel ou de l'influence des astres sur les corps. La cosmologie antique exprime le même type d'angoisse que les hommes de cette époque éprouvaient à l'égard de leur sexualité : l'épuisement de la force qu'entraîne l'émission spermatique.

Il y a entropie et dispersion dès le moment où il y a multiplicité, c'est-à-dire dès le moment où l'on s'éloigne de l'un pur et simple de la première hypothèse du *Parménide*. En tant que tel,

37. Aristote, *Métaphysique*, Λ, 6, 1071b6-7.

38. Pline l'Ancien, *Histoire naturelle*, VII, 16.

39. Nicolas Copernic, *De revolutionibus orbium coelestium / Des révolutions des orbes célestes*, livre I, chap. 8, 5v, trad. M.-P. Lerner, A.-P. Segonds, J.-P. Verdet, introduction et notes de C. Luna, I. Pantin, D. Savoie, M. Toulmonde, II, Les Belles Lettres, Paris, 2015, p. 28, l. 5.

40. « [...] si toutefois l'univers n'est pas destiné à se dissoudre » (Plotin, *Traité 52* [II, 3] (*Si les astres agissent*), 8, 4).

il n'est aucun degré de l'être qui s'en trouve préservé. L'entropie dont menace toute multiplicité signifie clairement l'insuffisance des formes intelligibles et des idées pour rendre raison de la stabilité du monde, ce qui passe nécessairement par l'*epékeina toû noû,* par un principe au-delà de l'intellect pour assurer la garde de l'être.

Mais en quoi la multiplicité engendre-t-elle l'entropie ? Parce que la multiplicité dans le néoplatonisme est une multiplicité réelle et non pas rationnelle. Pour Aristote, un *homme* est *un* homme. Chaque entité est spontanément une, et la multiplicité de ses qualités n'exprime que des distinctions de raison subsumées par l'unité et l'individualité *a priori* de chaque être dans sa singularité. L'unité de chaque individu va ici de soi. Dans le néoplatonisme, au contraire, toute entité se trouve faite d'une multiplicité d'autres entités non moins réelles. La substance homme participe de l'animal en soi, mais aussi du raisonnable en soi, de la vie en soi, etc. L'homme lui-même n'est-il pas pour Proclus composé d'intellect, d'imagination et de sens, chacune de ces facultés étant de surcroît dotée de son corps-support ou véhicule (ὄχημα), lumineux pour l'intellect, pneumatique pour l'imagination, ostréeux pour les sens[41] ? Or, chacune de ces six entités sont indépendante des autres, dotée de sa série et de sa monade propres, qu'il faut pourtant rassembler et unifier en une collectivité cohérente. Les éléments d'un même corps sont de soi divergents : « le tout est divergent de tous côtés[42] ». Dans le néoplatonisme, le substrat corporel, « lui qui de fait sépare[43] », ne rassemble ni n'unifie. Plotin dira d'un point de vue éthique, qui rejoint la dimension ontologique de la substance plurielle de l'homme, que le je est un « nous » (ἡμεῖς), et que ce « nous » est composé de

41. *Procli Diadochi in Platonis Timaeum commentaria*, III, éd. E. Diehl (*ad. Tim.* 42c-d), Teubner, Leipzig, 1906, p. 298-299 (désormais Proclus, *In Tim.* III 298.22 – 299.26 Diehl) ; Damascius, *De princ.* § 16 I, 47.5-7 CW (et n. 1 dans Damascius, *Traité des premiers principes*, I, éd. L. G. Westerink, J. Combès, Les Belles Lettres, Paris, 1986, p. 148).

42. Damascius, *De princ.* § 9 I, 30.18-19 CW.

43. *Ibid.*, § 9 I, 30.14-15 CW.

multiples éléments (ἐκ πολλῶν)[44] de sorte que « nous sommes multiples [πολλὰ γὰρ ἡμεῖς][45] », une multiplicité qu'il s'agit de rassembler et d'unifier vers une simplicité plus haute[46]. On est en droit alors, de parler comme Pierre Hadot, non pas d'unité ou d'individualité pour qualifier les substances, mais au contraire d'« unimultiplicité »[47], voire de population ou de collectivité agrégée, à l'exemple de l'arbre. C'est pourquoi toute entité cohère non par son essence ou sa substance (*ousía*), mais par un état de lui-même plus profond que l'essence, *en deçà* de celle-ci, qui la réfère non pas au monde des formes intelligibles comme l'*ousía,* mais à la force de l'un *au-delà* de l'être et de la substance : cet état, qui prend pour nom *hýparxis* (ὕπαρξις) dans le néoplatonisme postérieur à Plotin, n'est rien d'autre que ce par quoi chaque être trouve un fondement ou soubassement où se constitue l'unité capable de stabiliser sa multiplicité pour former son unimultiplicité.

Lorsqu'au premier chapitre du *Traité 9,* le traité sur l'un pur de la première hypothèse, dont Porphyre fait le sommet des *Ennéades,* Plotin définit les entités privilégiées qui relèvent de l'un, il prend d'abord pour exemple des corps composés d'éléments séparés se tenant à distance (selon la typologie stoïcienne des corps) : l'armée, le chœur ou le troupeau ; quant aux corps continus, il prend des exemples architecturaux et techniques, maison ou bateau, qui, comme les corps composés d'éléments à distance, sont constitués de multiples éléments anhoméomères, lesquels, dans ce second type de corps, se présentent sous forme d'assemblage. Ce sont donc ces types d'étants complexes, instables, sans unité *a priori,* totalement étrangers aux formes substantielles de l'aristotélisme, qui servent de référence à l'ontologie plotinienne. Ce n'est qu'au troisième rang que surviennent les corps organiques (plantes ou animaux) qui en définitive sont traités sur le même modèle

44. Plotin, *Traité 53* [I, 1] (*Qu'est-ce que le vivant ?*), 7, 8.
45. *Ibid.*, 9, 7.
46. Voir *infra,* chap. III, *L'un à l'épreuve du devenir,* p. 210.
47. Pierre Hadot, *in* Plotin *Traité 9,* Cerf, Paris, 1994, p. 132.

que les deux précédents types de corps, soumis à la multiplicité, et condamnés par conséquent, en absence de l'un, à la dissolution et à la disparition[48].

On comprend bien l'existence de l'entropie au niveau du monde sensible sous l'attraction de la matière. Il est plus surprenant de la voir aussi régner dans le monde intelligible ; mais il est vrai que le monde intelligible néoplatonicien est autant conditionné par le chaos que par la limite, qu'il naît du chaos discipliné par la limite, comme si les formes intelligibles et non seulement les corps du monde sensible gardaient toujours latente la possibilité d'un atomisme[49]. Si l'entropie concerne aussi le monde intelligible, c'est parce que le monde intelligible est non seulement affecté de multiplicité, mais qu'il est surtout soumis, comme n'importe quel corps sensible, à la divisibilité, elle-même cause de la multiplicité. Comme le note Plotin au *Traité 38,* l'Intellect divin, celui qui organise et vivifie l'ensemble de la substance, est amené à « diviser en partie la puissance qu'il a reçue de l'un, faute de pouvoir la tenir [ἀδυνατῶν ἔχειν], et d'une qu'elle était, il la rendit multiple pour être ainsi en mesure de la supporter [φέρειν] partie par partie [κατὰ μέρος][50] ». Cette phrase est fondamentale parce qu'elle explique le passage de l'un pur au multiple, et par là même l'origine de la procession ; mieux encore, elle nous permet de comprendre le processus d'entropie, qui naît ainsi de l'impuissance (ἀδυνατῶν) de l'intellect à maintenir et à contenir en lui la force de l'un, au point de devoir procéder à sa division. Or, « le divisible, note Proclus, ne coïncide jamais tout entier avec lui-même tout entier, en raison de l'extraposition de ses parties[51] », c'est-à-dire de la nature *partes extra*

48. Plotin, *Traité 9* [VI, 9] (*Sur le Bien ou l'Un*), 1, 4-10.

49. Proclus *In Parm.* VI 1120.26-28 Steel ; VI 1121.21-23 Steel.

50. Plotin, *Traité 38* [VI, 7] (*Comment la multiplicité des idées s'est établie et sur le Bien*), 15, 21-22, trad. F. Fronterotta modifiée, *in* Plotin, *Traités 38-41,* éd. L. Brisson, J.-F. Pradeau, GF-Flammarion, Paris, 2007, p. 67.

51. *Elem. Theol.,* § 15, p. 18.2-4 Dodds ; trad. J. Trouillard *in* Proclos, *Éléments de Théologie, op. cit.,* p. 71.

partes de tout multiple, ou plus exactement, dit le grec, « en raison de la séparation mutuelle des parties [διὰ τὸν τῶν μερῶν χωρισμόν] », quel que soit par ailleurs le degré d'unité et de cohérence de l'entité et de son unimultiplicité, de sorte que toute entité, en tant qu'elle est multiple et divisible, est nécessairement « expulsée » de son essence, et donc appelée à « fuir vers le non-être », comme nous le notions tout à l'heure avec Proclus[52]. Le destin de l'un et de sa force est ainsi étroitement lié à l'impuissance de l'intellect à les recevoir dans leur solitude et leur simplicité. La force de l'un a besoin d'être divisée pour être supportée par l'intellect et par l'être, et, en tant qu'elle est divisée, elle produit la multiplicité. Ce qu'on appelle production n'est rien d'autre que le résultat de cette impuissance de l'intellect à contenir et à soutenir la force de l'un. L'impuissance de l'intellect résout ainsi l'aporie de la multiplicité venue de l'un, que formule Plotin au *Traité 5*[53]. L'intellect est autant *adynamía* de l'être que *dýnamis* de l'un, ou plus exactement, il ne garantit la puissance de l'être qu'en raison de son impuissance à l'égard de l'un ; il est le point de basculement de la force de l'un dans l'impuissance absolue de l'être. « Impuissance absolue » ne signifie pas que l'impuissance de l'être est absolue, que l'être serait dénué de toute puissance, ce qui impliquerait qu'il n'y aurait que du néant après l'un pur et simple. « Impuissance absolue » signifie seulement non-(puissance absolue) de l'être, absence de puissance absolue au niveau de la *prōtístē ousía*, de l'être premier, ou encore non-absoluité de la puissance de l'être, une impuissance de l'être à l'égard de l'absolu qui affecte tous

52. Voir *supra*, « *Skédasis* », p. 37.

53. « Il faut donc poser pour principe cette nature qui comprend tout ce qui se trouve dans l'intelligible. – Mais comment cela est-il possible, si le principe relève de ce qui est réellement un et absolument simple, alors qu'il y a de la multiplicité parmi les choses réelles ? Comment est-il possible qu'il existe quelque chose venue de l'Un? Comment est-il possible qu'il y ait de la multiplicité ? Comment est-il possible qu'il y ait tout cela, pourquoi l'Intellect est-il tout cela et d'où vient-il ? » (Plotin, *Traité* 5 [V, 9] (*Sur l'Intellect, les idées et ce qui est*), 14, 1-6 ; trad. F. Fronterotta *in* Plotin, *Traités 1-6*, éd. L. Brisson, J.-F. Pradeau, GF-Flammarion, Paris, 2002, p. 211).

les degrés successifs de la puissance relative, de la procession de l'intellect jusqu'à l'impuissance radicale de la matière. De « l'impuissance absolue » de l'être naît la procession, et cette procession, en tant qu'elle a pour origine l'impuissance ontologique, est nécessairement menacée par l'entropie.

Si la multiplicité réelle enrichit la *koinōnía*, l'entretissage des réalités et leurs interactions, elle la fragilise aussi. En effet, moins la multiplicité est déterminée par l'unité, plus elle est en puissance de connexion, mais aussi plus ces connexions deviennent en contrepartie aléatoires, confuses et instables. Ainsi, là où le stoïcisme, attaché à la continuité de l'être, parle de *synécheia* (συνέχεια), de ce qui se tient spontanément ensemble, pour décrire la cohérence du monde comme s'il existait entre toutes les choses une affinité d'être et d'être ensemble en une liaison continue, le néoplatonisme, depuis Jamblique, parle de façon quasiment contraire d'*allēlouchía* (ἀλληλουχία), c'est-à-dire de liaison des divers niveaux par nature différents en tant que cette continuité, sous l'effet de la dispersion, peut aussi se transformer en altérité, en fragmentation ou en transmutation du réel, loin de sa provenance originaire. La *skédasis* remet en cause la *dýnamis koinōnías* (δύναμις κοινωνίας)[54], cette puissance de communication réciproque entre les genres de l'être à partir de laquelle se constitue l'ensemble de la réalité et qui est, pour le Platon du *Sophiste*, l'être même : être qui, en tant que puissance de liaison et d'entrelacement du réel, se suffit à lui-même. C'est pourquoi le couple de l'être et du non-être qui commande dans le *Sophiste* la *koinōnía* ne suffit pas, et qu'il y faut surédifier l'un pour assurer ce supplément de cohésion que l'être est insusceptible à lui seul de garantir. Ainsi s'explique la relecture néoplatonicienne du parricide de Parménide qui substitue au couple de l'être et du non-être celui de l'un et du multiple.

54. Platon, *Sophiste*, 251e.

SŌTĒRÍA

Sous le régime de la multiplicité réelle, il n'existe donc pas d'unité *a priori*. L'unité se construit : toute unité, au niveau de l'être, est unification. C'est aussi pourquoi, à l'inverse, au niveau de l'un de la première hypothèse, de l'un sans l'être, l'un n'est pas une unité, le fruit d'une *hénōsis* (ἕνωσις) ou unification, mais l'un pur et simple. Pour conjurer la *skédasis*, on ne peut compter que sur des processus d'unification du multiple, à l'œuvre à tous les degrés de l'être à partir du moment où y entre nécessairement la multiplicité. Ces processus d'unification sont doubles : ils concernent l'unification interne de chaque entité, mais aussi leur unification réciproque dans leurs ensembles et leurs séries. C'est pourquoi, comme le note Luc Brisson, il importe moins au néoplatonisme de penser « comment la multiplicité de toutes choses dérive de l'Un que de penser comment cette multiplicité parvient à s'unifier[55] ». Cette unification passe par un effort, et en particulier un effort de conversion, une *epistrophḗ* (ἐπιστροφή) vers l'un pur et simple que l'intellect lui-même est le premier conduit à faire.

C'est pourquoi l'un des thèmes majeurs de la cosmologie néoplatonicienne est la *sōtēría,* le salut, la conservation du réel. On reconnaît sans peine ici un thème platonicien, mais chez Platon la *sōtēría* a essentiellement une dimension politique, qui vise à la solidité de la cité et à sa préservation de la guerre civile, ou encore une dimension anthropologique au service de l'âme, alors que, dans le néoplatonisme, la *sōtēría* est cosmologique et

55. « L'effort que mène l'œuvre plotinienne, lorsqu'elle se demande, que ce soit à propos du divin, du monde, de la nature ou des mœurs humaines, non pas tant comment la multiplicité de toutes choses dérive de l'Un qui est simple, mais bien plutôt comment cette multiplicité parvient à s'unifier en une totalité. Dire que toutes choses ne sortent pas de l'Un mais y retournent, c'est mettre l'accent sur le processus d'unification qui commande l'existence de chaque réalité, c'est se demander ce qui fait du monde un tout ordonné, ou encore comment cette multiplicité que nous sommes nous-mêmes peut atteindre l'unité qui fera notre bonheur et notre excellence » (Luc Brisson *in* Plotin, *Traités 1-6, op. cit.*, p. 39).

métaphysique, concernant l'ensemble du réel : il faut d'abord sauver l'être de l'entropie. Il n'y a, au demeurant, rien d'eschatologique dans ce salut : il s'agit simplement de protéger et de conserver la réalité, de la préserver de la dispersion, de la destruction et du non-être, de sa dissolution dans la multiplicité pure telle que l'évoquent les quatre dernières hypothèses du *Parménide*, les hypothèses négatives qui décrivent l'état du réel lorsque l'un n'existe pas, c'est-à-dire lorsque l'on fait abstraction de la force de l'un : un état irréel du réel. Or, il me semble que la question de la *sōtēría* cosmologique redevient d'actualité, comme en témoigne l'inquiétude écologique de notre temps.

Il s'agit pour le néoplatonisme, comme pour Platon, de rendre viable le monde, c'est-à-dire de pouvoir rendre compte de la régularité et de la permanence du monde aussi bien intelligible que sensible, toujours menacé par le chaos et la dispersion, pour que l'homme puisse penser, parler, agir de façon sensée selon au demeurant un sens qui n'a rien de déterminé, mais reste toujours à inventer précisément parce que le principe de la cohésion, l'un, est antérieur à l'intellect, au-delà du *noûs*, du monde intelligible et des idées, au service donc d'un ordre informel et non codé, sans conception ou vision du monde prédéterminée. Dans le néoplatonisme, la question de la cohésion semble ainsi plus importante que celle de l'existence, la question de la conservation que celle de la production.

Quels que soient les parallélismes que l'on peut repérer entre l'hénologie néoplatonicienne et la métaphysique du principe formalisée par Aristote au livre Λ de la *Métaphysique*, se fait jour cependant entre les deux philosophies une différence radicale, qui porte sur la fonction du principe, sur sa principialité, sur ce qui fait que le principe principie. Le premier moteur d'Aristote a pour tâche de rendre raison de l'éternité du mouvement (κίνησις), qu'il s'agisse de la continuité du mouvement des astres aussi bien que de la perpétuité du cycle de la génération et de la corruption[56], et cela dans un cadre ontologique de nature analogique, tandis que l'un néoplatonicien vise

56. Gwenaëlle Aubry, *Dieu sans la puissance.* Dunamis *et* Energeia *chez Aristote et chez Plotin*, Vrin, Paris, 2006, p. 21.

à stabiliser le flux de la procession, à conjurer la dispersion, à ordonner le déploiement de l'être dans un cadre ontologique à tendance entropique, autrement dit, à rendre raison non du mouvement de l'être, mais de sa fixation, de sa consistance et de sa constance (μονή).

Si Aristote a pour repoussoir le monde de Parménide à l'ontologie pétrifiée, qu'il s'efforce de mettre en mouvement pour mieux l'ouvrir à l'homme, le néoplatonisme redoute bien plutôt le monde d'Épicure, un monde-poussière fait de corpuscules et de flux, et soumis au chaos. Quand le principe aristotélicien, le premier moteur, rend raison du mouvement, le principe néoplatonicien, l'un, rend raison plus radicalement de la possibilité de l'être même, de son « existence » (comme on traduit habituellement *hypóstasis* [ὑπόστασις] ou le verbe *hyphístēmi* [ὑφίστημι]) qui n'est toutefois existence que pour être d'abord repos et stabilisation de son écoulement[57]. Dans le néoplatonisme, il revient au repos de permettre aux réalités intelligibles d'acquérir définition (ὁρισμός) et forme (μορφή) qui, à leur tour, conditionnent leur *hypóstasis*, leur mode d'être et leur modalité existentielle[58], et non l'inverse comme dans l'aristotélisme où la définition et la forme conditionnent le repos de la substance, lui-même accomplissement de son mouvement. « En effet, toutes les choses qui sont, et l'être dans son ensemble, existent dans la mesure où ils possèdent une certaine Forme et une certaine détermination stable, *et cela n'est possible que s'ils sont en repos*[59]. »

Si l'un donne l'être (*eînai*) à toutes choses (l'*eînai* et non pas l'*ousía*, essence ou substance), c'est d'abord parce qu'il stabilise les fondations ou les soubassements des étants (τὰς ὑπάρξεις

57. Heinrich Dörrie, dans son étude terminologique « *Hypostasis. Wort- und Bedeutungsgeschichte* » (in *Nachrichten der Akademie der Wissenschaft in Göttingen*, Phil. Kl. 3, 1955, pp. 35-92), rappelle que *l'hypostasis* signifie d'abord une opération chimique de précipitation, de dépôt solide qui est le résultat d'une stabilisation des flux, stabilisation à partir de laquelle les choses atteignent à leur consistance. Et c'est seulement à partir de cette opération de stabilisation et de consistance des choses que *l'hypostasis* en vient à signifier leur existence.

58. Plotin, *Traité 10* [V, 1] (*Sur les trois hypostases qui ont rang de principes*), 7, 26.

59. Francesco Fronterotta *in* Plotin, *Traités 7-21*, éd. L. Brisson, J.-F. Pradeau, GF-Flammarion, Paris, 2003, p. 197 (n. 123 du *Traité 10*).

τῶν ὄντων ὑφίστησι), ce par quoi l'étant a rapport à l'un et peut ainsi être unifié[60]. L'un, dit Damascius, est le soubassement unique (μία ὕπαρξις) de la nature omniporteuse (πάμφορος φύσις)[61], comme un nouvel Atlas, et c'est en quoi il est aussi défini par Damascius comme « l'un tout d'avant le tout ». Il reste que, pour les néoplatoniciens comme pour Aristote, la théorie platonicienne des idées ou des formes intelligibles et de leur participation reste insuffisante et doit être dépassée par une nouvelle métaphysique, car cette théorie ne permet ni d'expliquer le mouvement pour Aristote, ni de garantir la stabilisation pour le néoplatonisme, en raison précisément du manque de force des idées, même si la force recherchée par l'une et l'autre philosophies n'est évidemment pas de même nature, comme ne le sont pas non plus les notions de repos et de mouvement. Il ne s'agit pas simplement pour le néoplatonisme de souligner l'importance du repos par rapport au mouvement, prioritaire dans la physique d'Aristote. Un tel renversement implique une transformation radicale de la cosmologie qui modifie à son tour le sens même qu'y revêtent les notions de repos et de mouvement.

Si l'un se convertit avec le bien, ce n'est pas parce qu'il est le Premier, le principe par excellence, de sorte qu'au nom de cette primauté et souveraineté il serait nécessairement bien, ni seulement parce qu'il unifie et, en unifiant, rend les êtres achevés et parfaits, mais d'abord parce qu'en unifiant il accomplit une fonction sotériologique, en préservant le réel de la dispersion et par conséquent en le conservant dans l'être, comme l'affirme Proclus à la proposition 13 des *Éléments de Théologie*, car si la dispersion (σκεδασμός) est bien ce qui expulse chacun de son essence, seul l'un est alors capable de sauver toutes choses (τῷ γὰρ ἑνὶ σώζεται πάντα)[62]. Ou encore si tout bien est facteur d'unité (ἑνωτικόν) pour ceux qui en participent, et si toute unification est un bien, c'est parce que le bien se définit

60. *Elem. Theol.*, § 157, p. 138.7 Dodds.

61. Damascius, *De princ.* § 28 I, 79.2-3 CW ; trad. J. Combès modifiée : de la nature « omniporteuse » ou « qui porte tout » plutôt que de « la nature productrice de tout ».

62. *Elem. Theol.*, § 13, p. 14. 28-29 Dodds.

d'abord comme ce qui sauve (σωστικόν), et c'est en tant que tel que le bien donne à toutes choses son fondement ou soubassement[63] (ὑπάρχει πᾶσι) selon la convertibilité que Proclus met en place dans la proposition 13 entre le bien, l'unification, la cohésion, la *sōtēría* (σωστικὸν καὶ συνεκτικόν) et la fondation de l'*hýparxis* (ὕπαρξις)[64]. Si l'un se convertit avec le bien, et si, au nom même de l'efficace de sa fonction sotériologique, il ne se convertit pas avec l'être, alors l'être, même s'il prend la forme du bien (ἀγαθοειδής), ne se convertit pas pour autant avec celui-ci, car si l'être se convertissait avec le bien, cela signifierait que l'être est en mesure de s'accomplir et de se conserver lui-même. Or Proclus conclut la proposition 13 des *Éléments de Théologie* en précisant que l'un, en tant qu'il est facteur de cohésion et de rassemblement de tous les étants, parfait chaque chose au moyen de sa présence (τελειοῖ κατὰ τὴν ἑαυτοῦ παρουσίαν), comme si les choses ne pouvaient connaître l'accomplissement même de leur être sans passer par l'expérience de leur salut cosmologique et bénéficier ainsi de la force de l'un[65].

L'ANTINOMIE DE L'UN ET DU TOUT

Je reviens à nouveau à la question fondamentale du parricide de Parménide telle que nous l'avons formulée avec Proclus, c'est-à-dire au fait que le monde ne soit pas un par lui-même,

63. Au sens où le fondement dans le néoplatonisme est ce par quoi la chose éprouve l'un et s'unifie, ne fondant qu'en raison de l'unification qu'il ménage. Par « fondement », nous traduisons le terme *hýparxis* (ὕπαρξις) en soulignant son radical *archḗ* (ἀρχή). Si l'on veut plutôt insister sur le préfixe *hypo-*, alors il est aussi possible de parler de « soubassement ».

64. *Elem. Theol.*, § 13, p. 14.26-27 Dodds.

65. *Ibid.*, p. 14.32-33. La traduction française de ce passage de la proposition 13 par Jean Trouillard (in Proclos, *Éléments de Théologie*, *op. cit.*, p. 69) dit l'inverse, comme si la perfection de l'être par son unification conditionnait la fonction sotériologique de celle-ci : « Et si l'un rassemble les êtres [συναγωγόν] et leur assure cohésion [συνεκτικόν], c'est que sa présence apporte à chacun la perfection. » La traduction correcte renverse l'ordre de consécution, conditionnant ainsi la perfection ontologique d'abord à la fonction cohésive de l'un : « Si l'un rassemble les êtres et leur assure la cohésion, alors il parfait chacun par sa propre présence. »

mais qu'il ait besoin d'un principe d'unification qui reste étranger à sa procession de sorte qu'il existe une dissociation radicale entre l'un et l'être que formule la première hypothèse du *Parménide*, hypothèse au demeurant que Platon lui-même juge, en conclusion de son raisonnement, impossible[66], mais que le néoplatonisme rendra pourtant consistante et même opératoire. Il importe de comprendre comment le néoplatonisme surmonte cette impossibilité.

Impossible, cette première hypothèse l'est assurément si l'on s'en tient à l'antinomie que formule Damascius dans son *Traité des premiers principes* et qui témoigne bien au demeurant de la fragilité de l'être que nous venons de décrire : *le principe ne peut être ni hors du tout, ni dans le tout.* « Ce que l'on appelle le principe unique de tout est-il au-delà du tout ou bien est-ce quelque chose qui fait partie du tout ? [...] Dans cette dernière hypothèse, comment pourrait-il alors y avoir quelque chose en dehors du tout ? Car ce à quoi absolument rien n'est absent, c'est cela le tout. Or le principe, c'est précisément ce qui s'absente [ἄπεστι][67] », se retranche ou se soustrait. Mais si l'un est hors du tout, s'il s'absente et fait défaut, se maintenant dans la pure et simple séparation de sa solitude, sous l'abri de son « ermitage », il n'est principe de rien du tout et ne saurait donc remplir son rôle unifiant et stabilisateur qui justifie sa fonction : « Si l'un ne communique rien aux choses qui ont été conduites à partir de lui, comment a-t-il pu même les conduire, elles qui ainsi se comportent à son égard sans la moindre familiarité au point qu'elles ne retirent aucun profit de sa nature ? Comment peut-il être leur cause selon sa propre nature, alors qu'il ne la leur communique pas ? Comment ces choses peuvent-elles se convertir vers lui, et comment peuvent-elles le désirer, alors qu'elles sont incapables d'en participer, lui qui est

66. « *Parménide* : Il s'ensuit qu'on ne peut ni nommer l'un, ni le définir, qu'il ne peut être objet ni d'opinion ni de connaissance ni de sensation par quelque être que ce soit. *Jeune Aristote* : Non à ce qu'il me semble. *Parménide* : Mais, est-il possible qu'il en soit ainsi de l'un ? *Jeune Aristote* : Tout à fait impossible, à mon avis du moins » (Platon, « Parménide », 142a, trad. L. Brisson, in *id.*, *Œuvres complètes*, dir. L. Brisson, Flammarion, Paris, 2008, p. 1128).

67. Damascius, *De princ.* § 1 I, 1.4-5 et 8-10 CW ; trad. J. Combès modifiée.

de toute façon imparticipable [ἀμέτοχον][68] ? » L'un serait donc un principe sans principialité, sans ce qui fait que le principe principie : un principe vide, *anypóstaton* (ἀνυπόστατον), *anýparkton* (ἀνύπαρκτον), sans consistance ni soubassement, c'est-à-dire sans la moindre opérativité, comme le dénonce Origène le platonicien, semblable au dieu des gnostiques qu'Irénée de Lyon compare au dieu d'Epicure « qui ne sert à rien ni pour lui-même ni pour les autres »[69] ! En revanche, si l'un est relié au tout, si l'on s'en tient à une métaphysique de l'unitotalité sans différence entre l'un et le tout, entre l'un et l'être, rien ne justifie que l'un soit l'un et puisse revendiquer une quelconque primauté, antériorité ou supériorité par rapport au reste du réel[70]. C'est son statut même de principe qui est ici remis en cause. Ainsi, Damascius souligne, dès le début de son traité, une contradiction radicale entre l'un et le tout comme si l'un niait le tout et entraînait sa perte, tandis que le tout dissoudrait et anéantirait l'un. Damascius pointe une question essentielle du néoplatonisme, sa croix, déjà présente chez Plotin, à savoir comment conjoindre la simplicité et l'autosuffisance de l'un, son imparticipabilité, sa séparation, sa singularité ou sa solitude (μόνωσις) et son absolue indépendance (αὐτάρκεια), avec l'idée du déploiement de l'être et de la procession de toutes choses à partir de l'un et reliées à l'un. Cette

68. Damascius, *De princ.* § 34 I, 99.3-10 CW ; trad. J. Combès modifiée.

69. Irénée de Lyon, *Adversus Haereses*, III, 24, 2.

70. « Le tout ne peut pas être premier, ni principe tant du point de vue de la coordination [...] que du point de vue seulement de l'un qui est le sien, parce qu'il est un et simultanément tout selon l'un ; quant à ce qui est absolument au-delà du tout, nous ne l'avons pas encore trouvé » (Damascius, *De princ.* § 3 I, 7.13-16 CW ; trad. J. Combès). Sur les différents commentaires de cette antinomie, voir Émile Bréhier, « L'idée du néant et le problème de l'origine radicale dans le néoplatonisme », *Revue de métaphysique et de morale*, 26/4, juillet-août 1919, p. 443-475 ; Marie-Claire Galpérine, *Damascius. Des Premiers Principes. Apories et résolutions*, Verdier, Lagrasse, 1987, p. 28–31 ; Joseph Combès, « La théologie aporétique de Damascius », dans *id.*, *Études néoplatoniciennes*, J. Millon, Grenoble, 1989, p. 206–207 ; Dirk Cürsgen, *Henologie und Ontologie : die metaphysische Prinzipienlehre des späten Neuplatonismus*, Königshausen/Neumann, Wurtzbourg, 2007, p. 335 *sq.* ; Carole Tresson-Métry, *L'Aporie ou l'Expérience des limites de la pensée dans le* Péri Archôn *de Damaskios*, Leyde/Boston, Brill, 2012, p. 41 *sq.*

antinomie entre l'un et le tout, mais aussi entre la séparation du principe et sa relation, montre en tout cas que l'hénologie constitue moins une métaphysique de l'unitotalité que sa critique.

Pour résoudre cette antinomie de l'un et du tout, la tradition métaphysique propose deux grandes solutions qui se veulent comme autant d'interprétations globales non seulement du néoplatonisme mais de l'ensemble de la métaphysique. L'une et l'autre interprétations en appellent à la « transcendance » du principe, mais à une transcendance qui vise à articuler le tout du monde et à s'y articuler. « Transcendance » ici signifie que le principe relève de la modalité du *sur-*(ὑπέϱ), mais nous verrons que le *sur-* peut prendre des formes et des significations à ce point différentes selon les interprétations que, dans la suite de notre réflexion, nous abandonnerons le plus souvent possible le terme habituel de « transcendance » en raison de son équivocité et de son imprécision quant à la signification du *sur-*.

L'histoire de la philosophie et sa chronologie nous conduiront à examiner d'abord l'interprétation ontothéologique ou katholou-protologique, où la totalité de l'étant dans ses traits les plus communs et les plus généraux est référée, *par voie d'éminence*, à un étant suprême et divin que représenterait l'un et qui exprimerait tout le réel dans sa plus haute perfection – la primauté et l'antériorité du principe que l'un signifie en tant qu'un, c'est à dire en tant que premier, ne servant ici qu'à justifier l'entière soumission, réduction et assimilation du monde au principe dont il dépend.

Puis nous examinerons une interprétation bien plus tardive mais non moins dominante : l'interprétation surontologique, qui fait de l'un non la première entité, mais un surêtre, un acte pur ou une toute-puissance, comme si l'un devait en quelque sorte pallier la non-(puissance absolue) de l'être en relevant l'être pour le porter, grâce à la différence de l'un et de l'être, au maximum de sa puissance et de son absoluité, quitte à introduire entre le principe et les essences une différence, mais une différence ontologique, c'est-à-dire interne à l'être, à sa procession et à son déploiement, et non une différence hénologique.

Or, ces deux interprétations semblent contourner le problème plutôt que le résoudre ; elles ne rendent justice ni de la force singulière de l'un, telle que le néoplatonisme la conçoit, force étrangère à toutes les manifestations de l'acte et de la puissance ontologiques, ni de l'économie non moins singulière du réel qu'implique ce genre de force proprement hénologique. Il reste que ces deux interprétations expliquent bien le rôle du néoplatonisme comme matrice de l'histoire des métaphysiques postérieures.

DE LA VOIE D'ÉMINENCE À L'ONTOTHÉOLOGIE

La voie d'éminence – qui caractérise la lecture médiévale du néoplatonisme, de Denys l'Aréopagite à saint Thomas d'Aquin en passant par le *Kitāb ul-īḍāḥ li-Arisṭūṭālis fi'l-khayri'l-maḥd* (« Le livre d'Aristote de l'explication du bien ») de la tradition arabe transmis au monde latin sous le titre plus connu de *Liber de causis* –, fait de l'un la cause des causes, la cause première, qui contient de façon supérieure, mais à l'identique, ce qui est contenu dans ses effets, interprétation qui implique en réalité une continuité forte entre la cause et l'effet, entre l'un et l'être. Le principe de causalité est ici réglé par le principe d'identité. Même si le premier principe est « transcendant », s'il n'est rien de ce qui est ou peut être, il n'y a point cependant hétérogénéité absolue entre le principe et ses principiés. Comme cause première, le principe est au-dessus des principiés, la cause au-dessus de l'effet, mais les principiés entretiennent avec leur principe une certaine analogie. Le principe est non pas infiniment *autre* que ses principiés, mais infiniment *mieux*[71], de sorte que l'attribut du principe et celui de ses effets peuvent être rangés sous une même notion. Le principe a une valeur essentiellement paradigmatique ; nous ne quittons pas le monde des idées. Est ici ignoré l'axiome fondamental que formule Plotin : « L'un donne ce qu'il n'a pas » ou plus exactement « ce qu'il n'est pas » (παρασχὼν ταῦτα, οὐκ αὐτὸς ὢν ταῦτα)[72].

71. Saint Thomas d'Aquin, *Somme théologique,* Ia pars, Q. 4, art. 3, ad 1um & 2um.

72. Plotin, *Traité 49* [V 3] (*Sur les hypostases qui ont la faculté de connaître et ce qui est au-delà*), 14, 19. Ce qui conduit Plotin au chapitre suivant du *Traité 49* à souligner l'aporie de cette impossible donation : « Mais ce qu'il ne possède pas, comment

Ce type d'interprétation fait de l'un l'exemple même de ce que Heidegger dénonce comme la constitution ontothéologique de la métaphysique, qui fait dériver l'ensemble de la réalité d'un étant suprême, plus haut, plus parfait certes, mais qui est finalement identique à ce dont il est le principe, et dont l'identité même fait fonction de fondement. C'est en quoi ce type d'interprétation conduit à la négation non seulement de la différence hénologique, mais en réalité de toute différence réelle.

Pour l'interprétation ontothéologique, l'antinomie de l'un et du tout n'a pas lieu d'être. L'interprétation ontothéologique a pour but précisément de dénier l'aporie, de suturer la contradiction entre le principe et le tout, d'en gommer toute fonction heuristique. Ce type d'interprétation pose certes la question du fondement de la procession, mais non celle des conditions de sa fondation, *ce qui fait qu'un fondement fonde. A contrario,* se poser la question de la différence hénologique, c'est assumer l'antinomie, et assumer l'antinomie nous met en route vers la question de la fondation du fondement. Or, à partir du moment où l'on se pose la question du fondement du fondement, l'interprétation ontothéologique qui repose, quant à elle, sur le postulat du fondement et non sur sa mise en question, n'est plus opératoire.

Il reste que ce type d'interprétation essaie de donner une positivité à la première hypothèse, de sortir l'un de la théologie négative et du trou noir de son ineffabilité, tant il est vrai que la négativité ne peut en aucune façon apporter de solution satisfaisante pour surmonter l'entropie de l'être[73]. Si

pourrait-il le donner [ἀλλ᾽ἃ μὴ ἔχει, πῶς παρέσχεν] ? Et s'il possède ce qu'il donne, il ne sera pas simple [οὐχ ἁπλοῦς] » (*ibid.*, 15, 2-3). Plotin dit encore, à la suite, que « ce qui vient de lui ne saurait être le même que lui [οὐ ταὐτὸν ἔμελλε τὸ ἐξ ἐκείνου ἐκείνῳ] » (*ibid.*, 15, 7). Notons que le néoplatonisme ne fait pas la différence entre « donner ce qu'il n'est pas » et « donner ce qu'il n'a pas », entre l'οὐκ ὢν et le μὴ ἔχει. Sur la signification de la formule plotinienne « L'un donne ce qu'il n'a pas », voir *infra*, « De l'irréductibilité du principe à la puissance », p. 72.

73. Sur la positivité de l'un et les dangers de la négativité, voir Christian Guérard, « Le danger du néant et la négation selon Proclus », *Revue philosophique de Louvain*, quatrième série, 83/59, 1985, p. 331-354 ; Jérôme Laurent, « Plotin, l'Un au-delà de l'Être. Avant-propos : "La merveille, c'est l'Un"

l'un, *en tant qu'il est au-delà de l'intellect*, est par définition indicible et indéfinissable, cela ne signifie pas pour autant qu'il soit privé de toute capacité de structurer le réel, ni même que cette capacité, ainsi que la force qu'elle implique, soient impensables. La force de l'un n'a rien de caché ni d'obscur ; au contraire elle est lumineuse et solaire selon la métaphore de la *République* de Platon[74] qui revient à maintes reprises dans le corpus néoplatonicien. Mais la positivité de l'un, telle du moins que la ménagent l'ontothéologie et sa voie d'éminence, se paie nécessairement par l'oubli de l'un, de sa déliaison et de sa différence constitutives, et, pire encore, par l'oubli de l'entropie de l'être sous l'amoncellement des échafaudages de l'ontologie scalaire médiévale que favorise la voie de l'éminence et ses analogies d'attribution. Mais est-il néanmoins possible de penser une positivité de l'un qui n'impliquerait pas nécessairement son ontologisation, une positivité de l'un dans le maintien de sa différence radicale avec l'être, une positivité qui poserait l'un et le maintiendrait dans sa différence en même temps qu'elle instaurerait le reste du réel – bref, une positivité de l'autrement qu'être ? Telle est la question fondamentale à laquelle la voie ontothéologique ne nous permet assurément pas d'accéder.

DE L'ACTE PREMIER (*ΠΡΩΤΗ ἘΝΕΡΓΕΙΑ*) À L'AGIR PUR (*ΤΟ ἘΝΕΡΓΕΙΝ ΚΑΘΑΡΟΝ*)

Le renouveau des études néoplatoniciennes au XXe siècle s'est accompagné d'un fort regain d'intérêt pour la question de la différence, et pour une approche plus discontinuiste entre le principe et ce dont il est le principe, insistant sur la rupture radicale du principe par rapport à l'ordre des essences

(VI, 9 [9], 5, 30) », *Archives de philosophie*, 75, 2012, p. 6. Sur les limites et les inconvénients de la théologie négative, voir Jean-Luc Marion, « Au nom. Comment ne pas parler de "théologie négative" », *Laval théologique et philosophique*, 55, 1999, p. 339-363.

74. Platon, *République*, VI, 504e7-509c4. Voir Proclus, *Théol. plat.* II 5, 37.16 SW.

qu'organise l'intellect, ou encore sur la différence entre l'*ousía* de la seconde hypostase et la pure *enérgeia* de l'un, au nom d'une métaphysique de la liberté et de la volonté, étrangère à l'esprit de l'ontothéologie, qui annoncerait déjà certaines problématiques de l'idéalisme allemand[75]. Le *Traité 39* de Plotin, de la liberté et de la volonté de l'un selon la traduction habituellement reçue, offre il est vrai maints éléments pour justifier cette thèse. L'un est conçu ici comme acte pur, « activité première sans substance [πρώτη ἐνέργεια (...) ἄνευ οὐσίας][76], une actualisation de soi-même par laquelle le principe s'auto-produit [ποιεῖ ἑαυτόν][77] et s'affirme comme *causa sui* [αἴτιον ἑαυτοῦ][78] », « se commandant à soi-même [ἄρχων ἑαυτοῦ][79] ». La substance ou *l'ousía* étant rapportée à l'ordre des formes et des idées, l'acte pur est donc ce qui n'est pas lié à l'ordre des essences et à l'harmonie des formes que produit et organise l'intellect. Il ne s'épuise donc pas dans l'accomplissement d'une forme, au contraire de la définition traditionnelle de l'entéléchie aristotélicienne. Il reste irréductible à toute substantialité et est bien à ce titre « au-delà de la substance [ἐπέκεινα τῆς οὐσίας] » selon la définition canonique de l'un. Et Plotin de conclure : « Si l'acte [ἐνέργεια] est plus parfait que la substance [οὐσία], et si le premier est ce qu'il y a de plus parfait [τελειότατον], alors l'acte sera ce qui est premier[80]. » En distinguant l'*ousía* de l'*enérgeia*, mieux encore en libérant l'*enérgeia* de l'ordre des essences comme une pure

75. Ernst Benz, *Die Entwicklung des Abendlandisschen Willensbegriffs von Plotin bis Augustinus*, Kohlhammer, Stuttgart, 1931 ; *id.*, *Marius Victorinus und die Entwicklung der Abendländischen Willensmetaphysik*, W. Kohlhammer, Stuttgart, 1932 ; Werner Beierwaltes, *Geist, Ideen, Freiheit : Enneade V 9 und VI 8/Plotin*, Meiner, Hambourg, 1990 ; *id.*, *Platonisme et idéalisme*, trad. M.-C. Challiol-Gillet, J.-F. Courtine et P. David, Vrin, Paris, 2000.

76. Plotin, *Traité 39* [VI, 8] (*De la liberté et de la volonté de l'Un*), 20, 9-10.

77. *Ibid.*, 20, 2.

78. *Ibid.*, 14, 41, sur la *causa sui*, voir *infra*, « D'une causalité sans cause », p. 126-130.

79. *Ibid.*, 20, 28.

80. *Ibid.*, 20, 13-15 ; trad. L. Lavaud modifiée *in* Plotin, *Traités 38-41*, *op. cit.*, p. 239.

activité non encore « soumise à l'esclavage de la substance[81] », cette interprétation assimile en fait le principe à un surêtre, à de l'être intensifié, à l'intensification de l'être, non pas il est vrai par l'identité comme dans l'interprétation ontothéologique, mais au contraire par une radicale altérité entre la force et la forme qui elle-même renvoie à la différence entre l'être et les étants. Dans le commentaire au *Parménide* dit l'*Anonyme de Turin*, que Pierre Hadot attribue à Porphyre, le principal disciple de Plotin, le principe est ainsi identifié non à l'*enérgeia* proprement dite, mais davantage encore à l'agir pur (τὸ ἐνεργεῖν καθαρόν[82]), comme s'il y avait, au-delà même de l'*enérgeia* (comme activité) et au-delà de la puissance, un agir pur indéterminé (ainsi que l'exprime la forme grammaticale de l'infinitif) qui déterminerait toute activité (*enérgeia*) et toute puissance (*dýnamis*). « La puissance dont il s'agit alors n'est justement plus conçue à la manière aristotélicienne comme ce qui se tient en réserve au sein d'un être lui-même déjà achevé et en acte, mais comme ce qui, de manière dynamique, est la source active de tous les êtres et de tous les actes à venir[83]. » Plotin jetterait ainsi les bases d'un véritable actualisme où l'acte précède et détermine tout être (*ousía*) mais aussi tout fondement d'être (*hýparxis*) selon une éternelle autoproduction ou auto-invention du principe par lui-même, ce qui dépasse certainement ce que Plotin cherchait à démontrer[84].

Si une telle interprétation souligne bien plus fortement la différence que l'interprétation par voie d'éminence, elle ne

81. *Ibid.*, 20, 17-18.

82. Anom., *In Parm.* XII 23-27, 93v, dans Pierre Hadot, *Porphyre et Victorinus*, II, *op. cit.*, p. 104, l. 25-26.

83. Jean-Marc Narbonne, *Hénologie, ontologie et Ereignis (Plotin-Proclus-Heidegger)*, Les Belles Lettres, Paris, 2001, p. 64.

84. « Plotin ouvrait comme à l'intérieur de l'un lui-même l'espace d'un *agir pur* pré-ontologique [je dirais pour ma part "surontologique"] et en quelque sorte anté-substantiel, propre à affranchir l'un de toute contrainte, fût-ce celle que […] sa propre nature [j'ajouterais, mais le terme est certes bien plus proclusien que plotinien : sa propre *hýparxis*] pût représenter par rapport à lui-même : son *sol* n'est désormais rien d'autre qu'*activité* ou *agir* et cet agir lui-même rien d'autre que vouloir originaire » (*ibid.*, p. 168).

permet cependant pas de différencier la différence hénologique de la différence ontologique, la différence entre l'un et l'être de la différence entre l'être et les étants ou les essences, comme si la différence hénologique n'était en réalité que la formulation encore confuse de ce qui deviendra, dans l'histoire de la philosophie moderne et contemporaine, la différence ontologique en tant que telle, mais que la situation hiérarchique, harmonique, surordonnée de l'ontologie néoplatonicienne aurait empêché de formuler comme vérité ou destin propre de l'être. L'*Anonyme de Turin* lève le masque : le premier principe, le principe de la première hypothèse du *Parménide*, est défini sous le terme non plus de l'un mais de l'être (*eînai*), lui-même assimilé à l'acte pur, tandis que la différence de la première hypothèse se formule expressément comme différence ontologique entre l'être (l'infinitif substantivé *tò eînai*) et l'étant (le participe présent substantivé *tò ón*) : « Car l'un qui est au-delà de la substance et de l'étant [τὸ ἐπέκεινα οὐσίας καὶ ὄντος] n'est ni étant, ni substance [οὐσία], ni acte [ἐνέργεια], mais plutôt il agit et il est lui-même l'agir pur [τὸ ἐνεργεῖν καθαρόν], de sorte qu'il est lui-même l'être [τὸ εἶναι], celui qui est avant l'étant [τὸ πρὸ τοῦ ὄντος][85]. »

Par rapport à l'interprétation ontothéologique de la scolastique, l'interprétation surontologique d'inspiration idéaliste pense le principe non comme l'*entité surdéterminée* de la voie d'éminence, organisant à son image un monde analogique strictement hiérarchisé, mais au contraire comme une *force indéterminée* au service d'une production continuée. Ici se joue entre les deux interprétations le différend sur le sens de *sur-*. En tant que l'acte pur repose sur l'indétermination de l'être, il n'est pas sans être affecté par la négativité, car s'il est capable de tout produire à commencer par lui-même, il est aussi capable de tout détruire hormis lui-même. Telle est la loi de la différence ontologique. Par conséquent, la principialité de l'acte pur ne nous permet pas encore d'accéder à la positivité de la différence entre

85. Anom., *In Parm.* XII 23-27, 93v, dans Pierre Hadot, *Porphyre et Victorinus*, II, *op. cit.*, p. 104, l. 23-27.

l'un et l'être, positivité qui, en même temps qu'elle instaure la différence, sauve et préserve, à la fois et indistinctement, l'être et l'étant, l'un et l'autre mutuellement rassemblés dans et par le même salut.

Ce passage du *Traité 39* est en réalité un hapax dans l'œuvre de Plotin, et témoigne, comme Plotin l'avoue lui-même, d'un certain relâchement approximatif dans son discours (τι παρανοητέον ἐν τοῖς λόγοις)[86], une façon aisée de résoudre la *quaestio vexata* de la différence hénologique, une *captatio benevolentiae* à l'égard des disciples nombreux d'Alexandre d'Aphrodise et autres aristotéliciens qui assimilent également le premier moteur de leur cosmologie à l'acte pur (à l'acte pur de la pensée il est vrai et non à l'agir pur de ce qui est au-delà de tout intellect), ou encore une complaisance de la pensée visant à faciliter, entre les différentes doctrines philosophiques, platonicienne, aristotélicienne, stoïcienne, du IIIe siècle, une synthèse, certes destinée à un grand avenir dans l'histoire de la métaphysique, comme si Plotin en définitive n'osait assumer l'antinomie fondamentale entre le principe comme relation et le principe comme séparation, ni affirmer jusqu'au bout la force de rupture de cette « extraordinaire différence [ἀμήχανος ἐξαλλαγή][87] » que laissait pressentir le *Traité 9* sur l'un. De fait, il apparaît clairement que l'autocausalité de l'agir pur remet en cause la simplicité de l'un, et par conséquent sa souveraine séparation d'avec le tout. Réflexif, le principe devient essentiellement relatif : comme autocausalité, le principe, sous les traits de l'agir pur, est essentiellement relation : relation à soi-même certes, mais autorelation qui conditionne toutes relations aux autres. En tant que relation, le principe est puissance[88] ; en tant que cette relation conditionne toutes les relations, le principe est puissance de tout. Sous le couvert de l'agir pur, l'acte pur et la puissance totale se convertissent dans le respect de leur liberté et de leur

86. Plotin, *Traité 39* [VI, 8] (*De la liberté et de la volonté de l'Un*), 13, 4-5.

87. *Théol. plat.* II 20, 72.28 SW.

88. Sur la nature essentiellement relative (c'est-à-dire non-absolue) et relationnelle (en tant qu'elle relie le principe à ce dont il est le principe) de la puissance, voir *infra*, « De l'irréductibilité du principe à la puissance », p. 74.

absoluité réciproques. Grâce à cette convertibilité, par sa relation à l'agir pur, la puissance de tout s'élève à la dimension de la toute-puissance[89]. Proclus, dans son propre *Commentaire au Parménide*, dénonce cette singulière logique de l'absolu : « Il ne faut pas ranger l'activité avant la substance [τὴν ἐνέργειαν οὐ δεῖ πρὸ οὐσίας τάττειν], ni en général donner une activité au premier [οὐδὲ ὅλως ἐνέργειαν τῷ πρώτῳ διδόναι][90]. » Au demeurant Proclus ne fait que s'appuyer sur la propre définition du principe que Plotin donne au *Traité 24* où le Bien est dit lui aussi *anenérgēton* (ἀνενέργητον)[91], inactif voire désactivé (comme une centrale ou une bombe), pour ne pas dire inactivable. Car il n'a pas échappé à Proclus que l'autoréflexivité de l'un comme cause de soi, amour de soi ou volonté de soi, sur laquelle repose l'agir pur du principe impliquait nécessairement d'introduire la multiplicité dans le principe[92]. Tout acte, toute puissance (*dýnamis*) est d'abord pour Proclus la marque d'un défaut de force, d'une incomplétude de l'*hýparxis,* de la fuite vers le néant et de la *skédasis*. Le principe chez Proclus opère, ou plus exactement principie, ni par *enérgeia* ni par *dýnamis* mais par son *hýparxis,* sa fondamentalité. L'un n'opère que par l'un. Or, ainsi que nous le verrons par la suite[93], il importe, pour que réussisse l'opération principiante de la fondamentalité, que le principe ne soit affecté d'aucun acte, serait-il pur de toute activité déterminée, ni d'aucun mouvement, mais qu'il repose dans sa plus souveraine solitude, libéré de toute peine et de tout souci *dans* sa production (ἀπράγμων ποίησις)[94] sinon même libéré *de* la production[95], ne serait-elle que production de soi.

89. Sur la distinction entre puissance totale et toute-puissance, voir *infra,* « Indébordable », p. 90-91.

90. Proclus, *In Parm.* VII 1167.16-17 Steel.

91. Plotin, *Traité 24* [V, 6] (*Sur le fait que l'au-delà de l'être ne pense pas ; qui est le pensant de premier rang et qui celui de second rang*), 6, 3.

92. Comme au demeurant l'avait déjà noté Plotin au *Traité 24* : « Car même si le premier principe s'intellige seulement lui-même, il sera multiple » (*ibid.*, 2, 20 ; trad. L. Lavaud, *in* Plotin, *Traités 22-26, op. cit.*, p. 111).

93. Voir *infra,* « Constante », p. 81.

94. Proclus, *In Parm.* VII 1168.1 Steel.

95. Voir *infra,* « Poïétique néoplatonicienne », p. 104-105.

NI ACTE NI PUISSANCE

C'est pourquoi, reprenant à mon compte la critique du chapitre 20 du *Traité 39* par Proclus, je proposerai pour ma part une troisième interprétation, qui souligne la spécificité de la différence hénologique par rapport à la différence être/étants, en affirmant que l'un est antérieur à l'être non seulement comme étants (τὰ ὄντα), essences ou substance, formes, ou idées, mais aussi comme *eînai* (εἶναι), puissance, énergie, activité. Il s'agit de ménager de la séparation et de la distance par rapport à l'être non seulement comme ordre et hiérarchie, mais aussi comme économie, processus et puissance, ce que j'appelle l'interprétation disjonctive de la différence, « disjonctive » parce qu'au contraire des deux autres interprétations, celle-ci porte à son maximum la séparation, l'antinomie, l'*epékeina tês ousías,* de la première hypothèse du *Parménide* « l'un n'est pas », en se démarquant de toute signification possible de l'être, en l'occurrence de l'ensemble des quatre sens de l'être, tels que les formule à plusieurs reprises Aristote dans sa *Métaphysique*[96], et en particulier de son dernier sens, celui qu'Heidegger définit comme le couple directeur de l'ontologie, l'être comme acte et puissance[97], qui commande et donne sens aux trois autres sens, à savoir 1) l'être selon les dix catégories, 2) l'être comme substance et accident, 3) l'être du jugement comme vrai ou non-vrai.

Un court passage de la *Théologie platonicienne* de Proclus nous aide à mieux comprendre la signification de ce retrait de l'un par rapport à l'acte et à la puissance, et par conséquent par rapport à l'horizon ontologique que ceux-ci dessinent. La première phrase de ce passage semble pourtant parfaitement correspondre au productivisme ontothéologique du principe que retiendra la tradition métaphysique postérieure : « L'un sera ainsi le générateur de l'ensemble des êtres [γεννητικόν],

96. Aristote, *Métaphysique* Δ, 7, 1017a7-35 ; E, 2, 1026a33-b2 ; Θ, 10, 1051a34-b1.
97. Voir *supra*, chap. I, *Unité, totalité, multiplicité*, p. 26, n. 22.

et le principe de leur existence [ὑποστατικόν] [mais il faudrait plutôt traduire ici "de leur stabilisation"] ; parce qu'il se retranche [ἐξῃρῆσθαι] de tous les êtres il les produit tous [τὰ πάντα παράγον], et parce qu'il est imparticipable [ἀμέθεκτον], il engendre tous les êtres de la même façon aussi bien des premiers aux derniers[98]. » Mais la suite est un peu plus déroutante et difficilement assimilable par la tradition métaphysique, puisque Proclus explique en quoi cette singulière causalité hypostatique, stabilisatrice plutôt qu'existentielle, est étrangère à la puissance et à l'acte : « Mais ne va pas croire que cet engendrement [γένεσις] et cette procession [πρόοδος] se produisent parce que le bien est en mouvement ou qu'il se multiplie, ou qu'il a une *puissance d'engendrement* [δύναμις γεννητική] ou *qu'il agisse* [ἐνεργόν]. Car tout cela, conclut Proclus, est second par rapport à la singularité et à la solitude du premier [τοῦ πρώτου μόνωσις][99]. »

Cette prise de congé radicale de l'un par rapport à l'acte et à la puissance de l'être doit nécessairement nous conduire à une conception inédite de la force du principe. Car, si l'interprétation surontologique a le mérite de montrer en quoi le principe est une force et non une entité ou une substance, il nous revient, pour notre part, d'expliquer en quoi cette force est autrement qu'être, c'est-à-dire étrangère à toutes les catégories de l'être, l'acte et la puissance aussi bien que la forme et l'essence, *même s'il n'est guère aisé de définir ce qu'est une force sans recourir aux notions d'acte et de puissance*. En proposant ce type d'interprétation, je vise aussi à souligner la différence radicale qui existe entre la différence hénologique et la différence ontologique, parce que cette dernière interprétation me semble la plus heuristique au regard de la situation philosophique contemporaine, comme je m'efforcerai de le montrer au chapitre suivant.

Le néoplatonisme est une philosophie du préfixe ou de la préposition : *sur* (ὑπέρ), *vers le haut* ou *au-delà* (ἐπί), *dessous*

98. *Théol. plat.* II 7, 50.8-11 SW ; trad. H. D. Saffrey modifiée.
99. *Ibid.*, 50.12-16 SW ; trad. H. D. Saffrey modifiée.

(ὑπό), *vers le bas* ou *en deçà* (κατά), *avant* (πρό), *après* (μετά), *avec* (σύν), *autour* (περί), *en dehors* (ἐξ), *à partir de* (ἀπό), *à travers* (διά), etc.[100] En cela, le néoplatonisme est bien une philosophie grecque, autrement dit une philosophie ancrée dans sa langue que structurent tout particulièrement les préfixes et les prépositions, qui la chargent de signification et lui donnent sa dynamique mieux que dans la plupart des autres langues.

Ainsi, Proclus définit l'un à travers tout un jeu de prépositions. Il le définit, dans la *Théologie platonicienne*, comme ce qui précède l'acte et la puissance, ou plus exactement et en meilleur ordre, ce qui précède la puissance et l'acte (Τἀγαθὸν ἔστω καὶ πρὸ δυνάμεων καὶ πρὸ ἐνεργείας)[101] ; non seulement il définit ainsi le principe, mais plus encore il lui enjoint de se tenir ainsi ou en tout cas nous commande de le penser comme tel, ainsi qu'en témoigne l'usage de l'impératif : ἔστω, soit ! L'un ou le bien est ce qui précède et conduit tous actes et toutes puissances (Πασῶν γὰρ δυνάμεων καὶ πασῶν ἐνεργειῶν [...] προηγεῖται τἀγαθόν[102]) ou encore ce qui fonde la puissance antérieurement à la puissance (τὸ προϋπάρχον τῆς δυνάμεως[103]), et qui, au titre de sa précédence autant que de sa préséance, détermine la puissance et l'activité des autres réalités. Cette antériorité, comme il se doit dans le néoplatonisme, manifeste une supériorité. Ce qui est *pro enérgeias* et *pro dynámeōs* est aussi et surtout, selon la définition de Proclus, *epí-* c'est-à-dire *epékeina enérgeias* (ἐπέκεινα ἐνεργείας[104]) ou encore *pásēs estìn epékeina dynámeōs kai pásēs energeías* (πάσης ἐστὶν ἐπέκεινα δυνάμεως καὶ πάσης ἐνεργείας[105]), au-delà de

100. Il s'agit à chaque fois, notons-le, de préfixes signifiant de préférence des positions temporelles ou locales.

101. Proclus, *Théol. plat.* II 7, 51.7-8 SW. Et de même dans son *Commentaire sur le Parménide*, pour l'antériorité du principe à l'acte : τὸ ἓν πρὸ ἐνεργείας (*In Parm.* VII 1168.20 Steel), et pour son antériorité à la puissance : « Ce qui transcende toute puissance [ou plus exactement s'en trouve soustrait et affranchi] (δυνάμεως ἁπάσης ἐξῃρημένον) » (*In Parm.* VII 1150.20 Steel).

102. *Théol. plat.* II 7, 51.13-15 SW.

103. *Ibid.*, III 8, 32.2-3 SW. Sur cette antériorité de l'un par rapport à l'acte et à la puissance, voir aussi Damascius, *De princ.* § 26 I, 68.18 CW et § 39 I, 121.10 CW.

104. Plotin, *Traité 54* [I, 7] (*Sur le souverain bien et les autres biens*), 1, 19-20.

105. Proclus, *In Parm.* VII 1167.25 Steel.

l'acte et de la puissance, voire *hyper-* (préposition ou préfixe qui dans l'ensemble du corpus néoplatonicien ne cesse de revenir pour définir l'un), ou encore « l'un plus fort [plus fort (*kreîtton*) et non pas plus puissant (*dynatón*)] que la puissance, comme nous le disons [τὸ ἕν κρεῖττον εἶναι δυνάμεως φαμεν] », en tant précisément qu'il est le stabilisateur de cette même puissance (ὑποστατικὸν τῆς δυνάμεως)[106]. L'un serait donc bien un suracte ou une surpuissance.

Une lecture un peu rapide de cette supériorité pourrait effectivement nous conduire à justifier l'interprétation surontologique de la différence hénologique ; j'entends par « surontologique » une intensification de l'être par absolutisation de l'acte (l'agir pur) et de la puissance (comme toute-puissance) ; et j'entends par « absolutisation » un acte et une puissance libérés de la dialectique entéléchique contraignante de l'aristotélisme qui, loin d'absolutiser l'acte et la puissance, les entrelimite, en ce que, pour Aristote, la puissance (ou l'en-puissance) est accomplie, résolue et finalement abolie par l'acte, tandis que de son côté l'acte est limité dans son actualisation par ce que peut la puissance qu'elle actualise (et seulement par ce que celle-ci peut). Le suracte comme agir pur, la puissance comme toute-puissance se libèrent de cette entrelimitation réciproque pour accéder l'un et l'autre à l'infini. Proclus propose cependant une troisième définition du rapport de l'un à l'acte et à la puissance, définition qui invalide la lecture surontologique. L'un est antérieur et au-dessus de l'acte et de la puissance, tout simplement parce qu'il est *sans* acte et *sans* puissance, non-acte et non-puissance : « C'est sans agir que le bien fait exister en acte tous les êtres, ni en ayant besoin d'une puissance qu'il remplit tous les êtres de puissances[107]. » L'antériorité et la supériorité ne marquent pas une éminence mais un retranchement et une absence, qui ne sont certes pas un manque. L'au-delà de la puissance n'est pas

106. *Ibid.*, 1167.22-23 Steel.

107. *Ibid.*, II 7, 51.9-12 SW ; trad. H. D. Saffrey. Voir aussi Damascius : « En effet *l'un n'a pas d'acte*, car l'acte se distingue en quelque manière de l'agent, *ni de puissance*, car la puissance est [...] l'extension de la substance » (*De princ.* § 35 I, 107.4-6 CW ; trad. J. Combès).

une faiblesse (ἀσθένεια) ou un défaut de puissance (δυνάμεως ἔλλειψις), car l'absence de puissance ici n'est pas un manque mais au contraire un état meilleur que la puissance, qui n'est pas non plus, aussi supérieur soit-il à la puissance, un excès de puissance, une *hyperbolḗ*, mais plus exactement une *hyperokhḗ* (δυνάμεως ὑπεροχή), c'est-à-dire une « tenue supérieure [*hyper-ékhein*] », ou encore la tenue du dessus, « plus forte que toute puissance [κρείττω πάσης δυνάμεως] »[108].

Pourquoi Proclus écarte-t-il toute idée d'acte ou de puissance pour définir la force de l'un ? Pour Proclus, puissance et acte sont contraires à toute idée de l'un pur et simple en ce qu'ils renvoient nécessairement à la multiplicité, et cela à un double titre :

– parce que acte et puissance introduisent une détermination supplémentaire, une addition à la simplicité du principe (selon le principe néoplatonicien que toute addition est une diminution[109]) ; en effet, note Proclus, « si la puissance et l'acte sont situés là-bas [δυνάμεως δὲ ἐκεῖ καὶ ἐνεργείας οὔσης], nous aurons à nouveau fait apparaître dans l'un la multiplicité, et l'un ne sera toujours pas l'un [οὐχ ἓν ἔτι τὸ ἕν][110] » ;

– parce qu'ils sont eux-mêmes facteurs de multiplicité, en tant qu'ils sont les opérateurs privilégiés de l'être et de sa procession.

L'un se constitue ainsi dans une sorte de circulation des préfixes et des prépositions : du *pró-*, de l'*epí-* ou de l'*hypér-*, de l'*áneu-* (c'est-à-dire du sans), de l'antériorité, de la supériorité et de l'absence,

108. [...] μή τοι νομίσῃς ἀσθένειαν εἶναι καὶ δυνάμεως ἔλλειψιν, μηδὲ αὖ ὑπερβολὴν δυνάμεως [...] ἀλλὰ τὴν κρείττω πάσης δυνάμεως ὑπεροχήν (Proclus, *In Parm.* VII 1189.8-11 Steel). Il importe de noter qu'en niant que la force de l'un soit une *hyperbolḗ dynámeōs*, une surabondance de puissance, et en lui substituant la notion d'« *hyperokhḗ* plus forte que la puissance », Proclus prend ses distances avec le passage du *Traité 39* (Plotin, *Traité 39* [VI, 8] (*De la liberté et de la volonté de l'Un*), 10, 33-35) où Plotin définit la force de l'un comme surabondance de la puissance au nom de laquelle « l'un est lui-même pour les autres choses la nécessité [ἀνάγκη] et la loi [νομός] ».

109. *Théol. plat.* II 7, 51.6-7 SW.

110. Proclus, *In Parm.* VII 1167.20-21 Steel.

comme si finalement la souveraineté de l'un dépendait autant et plus de son absence et de son antériorité que de sa supériorité proprement dite.

L'un serait donc un principe sans acte ni puissance, affirmation radicale, inouïe, étrangère à toute l'histoire de la philosophie, qui porte la différence hénologique à son paroxysme, et marque le congé définitif de l'un par rapport à toute métaphysique de l'être, démontrant par conséquent l'impossibilité de faire de l'un l'opérateur aussi bien de l'ontothéologie que de la surontologie. Encore faut-il que cette mise à distance de l'acte et de la puissance par l'un n'entraîne pas une *asthéneia*, une impuissance du principe qui justifierait la critique d'Origène le platonicien, voyant dans l'un un principe vain et vide, sans stase ni fondement ou soubassement (*anýpostaton, anýparkton*), tant il est vrai que, sans force, il n'existe pas de principialité, rien qui permette au principe de principier. Reste à surmonter la difficulté de définir ce qu'est la force de l'un, à penser une force capable de se passer des opérateurs privilégiés de la force de l'être que sont l'acte et la puissance.

L'ACTIVITÉ SANS ACTE

L'absence d'*enérgeia*, ou plus exactement le fait que l'*enérgeia* de l'un puisse être dénuée d'agir (*energeîn*), le caractère *anenérgēton* du principe, s'inscrit dans le dialogue que le néoplatonisme entretient avec les autres écoles philosophiques, et en particulier avec Aristote et le livre Λ de la *Métaphysique*. En effet, si l'intellect est bien selon Aristote acte pur (et donc indépassable par tout autre acte), et si l'un est antérieur à l'intellection[111] comme l'affirme, en rupture avec toute la tradition philosophique, le néoplatonisme, alors l'un est nécessairement au-delà de l'activité comme il est au-delà de l'intellect. De fait, l'intellect étant la *prṓtē enérgeia* il ne peut exister avant lui ni activité ni pensée ainsi que le constate Plotin : « Quand on s'élance à partir de cette substance [l'intellect] et de sa pensée, on ne parvient ni

111. Voir *supra*, chap. I, *Unité, totalité, multiplicité*, p. 13.

à la substance ni à la pensée, mais à quelque chose de merveilleux [θαυμαστόν] qui se trouve au-delà de la substance et de la pensée, quelque chose qui ne possède en lui-même ni substance ni pensée, qui est isolé en lui-même et qui n'a pas besoin de ce qui vient de lui. En effet, c'est avant même d'avoir été actif [οὐ γὰρ ἐνεργήσας πρότερον] que le Bien a engendré l'activité [ἐγέννησεν ἐνέργειαν] [...][112]. »

Comprenons que la principialité même de l'un et, plus encore, le fait que l'un soit principe reposent précisément dans le néoplatonisme, chez Plotin aussi bien que chez Proclus ou Damascius, sur son absence radicale d'*enérgeia*. « L'un produira non par acte mais par le seul fait d'être un [τῷ ἓν ὑπάρχειν][113]. » Ajoutons qu'à ce titre, l'un ne produit directement que de l'un, et ne produit de l'être qu'indirectement par la médiation de l'unification. Si on applique cependant le terme « acte » à l'un, c'est seulement, note Proclus, pour exprimer l'extériorisation et l'objectivation de ce que l'un « produit » en réalité sans acte (ἀνενέργητον)[114]. « Car, si le bien possédait un acte, cet acte [...] serait lui-même naturellement dirigé vers le bien [comme il en est de tout autre acte]. Ce qui peut vouloir dire deux choses. Soit il existe un autre bien supérieur [à l'un] vers lequel est orientée l'activité du premier bien ; mais ce second bien requerra à son tour un autre bien vers lequel sa propre activité sera orientée, et ce à l'infini. Soit l'activité du bien est orientée vers lui-même, ce qui revient à introduire une altérité interne [et donc de la multiplicité] au premier principe, entre le sujet de l'acte et son objet[115]. Quoi qu'il en soit, dans les deux cas,

112. Plotin, *Traité 38* [VI, 7] (*Comment la multiplicité des idées s'est établie et sur le Bien*), 40, 24-30 ; trad. F. Fronterotta modifiée *in* Plotin, *Traités 38-41*, *op. cit.*, p. 106-107.

113. Proclus, *In Parm.* VII 1168.14-15 Steel.

114. *Ibid.*, 1169.1-4 Steel.

115. « En effet, si l'un produisait par acte, il faudrait rechercher, puisqu'il agit, si l'un détermine son acte propre ou s'il ne le détermine pas. S'il ne le détermine pas, il y aura deux premiers, l'un et l'acte de l'un, chacun différent de l'autre. S'il le détermine, il sera nécessaire que l'un détermine cet acte avant qu'il y ait l'acte, posant ainsi un acte avant l'acte par une régression à l'infini » (*ibid.*, 1168.16-21 Steel).

l'attribution d'une *enérgeia* au bien paraît le destituer de son rang de premier principe[116]. » À moins qu'il faille remettre en cause la nature hénologique de sa principialité. Sous le régime de l'*enérgeia,* soit l'un n'est pas principe, soit le principe n'est pas un.

Si l'un du néoplatonisme est inactif, c'est aussi parce qu'il est en réalité sans désir ; il est sans désir, car il est indépendant, absolument délié, séparé et disjoint de toute substance, purement autarcique, sans aucun besoin pas même à son égard. L'inactivité du principe est ainsi l'expression même de sa perfection. Il apparaît clairement au néoplatonisme, comme au demeurant à Aristote, que « le bien suprême paraît consister pour l'être souverainement parfait à être sans action[117] », l'agir, comme en témoigne bien au demeurant l'activisme, la *polypragmosýnē*, de l'âme[118], étant un signe de faiblesse ou de défaut de puissance, et la puissance elle-même un signe de défaut d'unité. Il importe ici de citer le passage le plus important du traité final des *Ennéades* selon l'ordre de Porphyre, le *Traité 9* sur le bien ou l'un : « Il faut que l'un soit la chose la plus indépendante [ἱκανώτατον], la plus autarcique [αὐταρκέστατον] et le plus dépourvue de besoin de toutes [ἀνενδεέστατον]. [...] L'un n'a pas besoin de lui-même, car il est lui-même [...]. S'il faut qu'il y ait quelque chose qui soit totalement autarcique, ce doit être l'un puisqu'il est le seul qui soit tel qu'il n'ait aucun besoin ni par rapport à lui-même ni par rapport à autre chose. En effet il ne cherche pas quelque chose qui lui permette d'être, ni quelque chose qui lui permette de bien être, ni quelque chose qui lui permette d'être établi là-bas [...]. Si l'un avait besoin de quelque chose, il chercherait, c'est évident, à n'être plus un de sorte qu'il aurait besoin de ce qui le détruirait [...]. Il s'ensuit donc qu'il n'y a pour l'un aucun bien et par conséquent aucune volonté [βούλησις] de quoi que ce soit[119]. » La séparation du principe est ici portée à son paroxysme. Substance et intellect ne sont donc en

116. Laurent Lavaud, *in* Plotin, *Traités 22-26, op. cit.*, p. 125, n. 41 au *Traité 24.*

117. Aristote, *De caelo,* II, 12, 292b4-7.

118. *Théol. plat.* II 8, 56.1-9 SW.

119. Plotin, *Traité 9* [VI, 9] (*Sur le Bien ou l'Un*), 6, 17-40 ; trad. F. Fronterotta modifiée, *in* Plotin, *Traités 7-21, op. cit.*, p. 86-87.

rien pour le principe des objets ni de pensée, ni de désir, ni même de volonté. Le principe néoplatonicien n'objective pas la substance sous quelque forme que ce soit ; la substance s'objective par elle-même en se référant au principe. La relation entre le principe et ce qu'il principie est nécessairement asymétrique : si le reste de la réalité désire l'un, l'un, quant à lui, ne désire ni ne veut le reste du réel. L'un exclut toute réciprocité de relation avec le reste du réel. Il en est ainsi parce que l'un n'a rien vers quoi il puisse s'élancer (ἔκτασις)[120], ni vers un autre principe et un autre bien, ni vers la substance. « L'un n'a absolument éprouvé aucun désir, parce que, dans ce cas-là, il eût été incomplet, et son désir n'aurait rien eu à désirer [ἡ προθυμία οὐκ εἶχεν ὅ τι προθυμηθῇ][121]. » Et donc vers quoi s'élancerait son *hormḗ* [ὁρμή], sa tendance, son élan et qu'obtiendrait-il[122] ? La nature ne faisant rien en vain, en quoi serait-il même nécessaire de lui attribuer une *hormḗ*, un désir, une volonté, un acte ? De toute façon, si l'un devait s'élancer vers autre chose que lui, sous quelque modalité que ce soit, cela assurément le détruirait[123]. « Plotin refuse l'hypothèse que l'un ait pu choisir de produire toutes choses ou qu'il l'ait fait d'un mouvement volontaire : ni l'un ni l'autre de ces deux cas de figure n'est admissible, puisqu'il n'existe rien en dehors de l'un vers quoi celui-ci pourrait se mouvoir, et que le principe de toutes choses ne saurait éprouver le moindre besoin. L'un ne peut donc vouloir produire quoi que ce soit. Pour cette raison la production de toutes choses a lieu sans que l'un se mette aucunement en mouvement, sans qu'il le veuille et sans que rien en lui soit modifié[124]. » L'un opère par son être (*ousía*) ou mieux encore, selon le terme de Proclus, par son

120. *Id.*, *Traité 49* [V, 3] (*Sur les hypostases qui ont la faculté de connaître et ce qui est au-delà*), 12, 33 ; trad. F. Fronterotta, *in* Plotin, *Traités 45-50*, éd. L. Brisson, J.-F. Pradeau, GF-Flammarion, Paris, 2009, p. 345.

121. *Ibid.*, 12, 30-31.

122. *Ibid.*, 12, 37-38.

123. « Si l'un avait besoin de quelque chose, il chercherait, c'est évident, à n'être plus un, de sorte qu'il aurait besoin de ce qui le détruirait. » (*Id.*, *Traité 9* [VI, 9] (*Sur le Bien ou l'Un*), 6, 37-38 ; trad. F. Fronterotta in Plotin, *Traités 7-21*, *op. cit.*, p. 87.

124. Francesco Fronterotta, « Introduction au *Traité 10* », *in* Plotin, *Traités 7-21*, *op. cit.*, p. 141.

hýparxis et non par quelque volonté et activité[125]. Nous sommes aux antipodes du *Traité 39* de Plotin dont nous comprenons mieux, en comparaison, le caractère approximatif et relâché par rapport à la rigueur et à l'ascèse métaphysiques de la différence hénologique.

Au demeurant, se demande Plotin, « pourquoi faut-il que l'acte agisse [καὶ τί δεῖ ἐνεργεῖν τὴν ἐνέργειαν][126] ? » En effet, ce n'est pas l'un qui actualise les êtres dans le néoplatonisme, mais ce sont les êtres qui s'actualisent eux-mêmes et s'autoconstituent au contact de l'un, selon leur *epitēdeiótēs* (ἐπιτηδειότης), c'est-à-dire leur capacité même à le recevoir[127]. « Si l'un est la source et le principe de toutes les activités [πηγὴ καὶ ἀρχὴ ἐνεργειῶν] [...] c'est non pas en dirigeant vers elles son activité, car ce sont elles qui dirigent vers lui leur activité[128]. » C'est donc sans agir, ainsi que le rappelait Proclus plus haut[129], par sa tranquillité (*hēsychía*) ou sa *constance* (*monḗ*)[130], que le bien fait exister en acte tous les êtres. Car, précise Proclus dans la continuité de Plotin, « il est évident que l'acte n'est pas en l'un mais vient après lui, de sorte que l'un a fait exister la première chose qu'il a fait exister sans avoir eu besoin de l'acte [οὐ δεηθὲν ἐνεργείας],

125. Jean Trouillard, « Agir par son être même », *Revue des sciences religieuses*, 32, 1958, p. 347-357.

126. Plotin, *Traité 24* [V, 6] (*Sur le fait que l'au-delà de l'être ne pense pas ; qui est le pensant de premier rang, et qui celui de second rang*), 6, 3-4 ; trad. L. Lavaud *in* Plotin, *Traités 22-26*, *op. cit.*, p. 114.

127. Voir *infra*, « Autoconstitution de l'être », p. 139.

128. Plotin, *Traité 54* [I, 7] (*Sur le souverain bien et les autres biens*), 1, 13-17 ; trad. J.-F. Pradeau *in* Plotin, *Traités 51-54*, éd. L. Brisson, J.-F. Pradeau, GF-Flammarion, Paris, 2010, p. 245-246.

129. Voir *supra*, « Ni acte ni puissance », p. 63 et note 107.

130. « Si donc le désir et l'activité sont dirigés vers le bien qui est la chose la meilleure, alors il s'ensuit que le bien qui ne tourne son regard vers rien d'autre et qui ne désire rien d'autre, reste dans la tranquillité "la source et le principe" de toutes les activités qui sont conformes à la nature et rend les autres choses conformes au bien [...]. Il ne doit pas être le bien du fait de son activité ni du fait de l'intellection, mais parce qu'il demeure en lui-même [μονή]. Car, puisqu'il est au-delà de la substance, il est également au-delà de l'activité et il est encore au-delà de l'intellect et de l'intellection » (Plotin, *Traité 54* [I, 7] [*Sur le souverain bien et les autres biens*], 1, 13-20 ; trad. J.-F. Pradeau modifiée *in* Plotin, *Traités 51-54*, *op. cit.*, p. 245-246).

et de la même manière qu'il a fait exister la première chose, il les a fait exister toutes[131] ». C'est donc par son inactivité même que l'un engendre l'activité de la substance. « Du premier acte, ainsi, on peut dire qu'il est efficace, au sens où il a un effet [*je commente* : sans effet de l'un on ne saurait parler de force du principe, et par conséquent de principe même, s'il est vrai qu'il n'y a pas de principialité du principe sans force], mais non pas efficient, au sens où la production de cet effet impliquerait de sa part une action, ou un mouvement[132]. »

Se fait jour ainsi dans le néoplatonisme une théorie de l'acte sans acte, comme si l'acte de l'un consistait précisément à ne pas avoir d'acte, du moins au sens ontologique du terme, un acte inactif, sans effectuation ou réalisation, dont l'opération est étrangère à toute activité de la vie, de l'être, de la pensée, un agir non agissant « qui effectue de grandes œuvres sans produire[133] », et qui est essentiellement, comme nous le verrons plus loin, « laisser être » ou plus exactement « laisser (se) tenir [ἐάσεις, ὡς ἔχει] »[134] ; et de même, il faut aussi parler de puissance sans puissance (toujours au sens ontologique du terme). Il s'agit moins de nier la pertinence des notions d'acte et de puissance, au risque de rendre impossible toute relation du principe au reste de la réalité, que de redéfinir ces notions *non plus selon l'être mais selon l'un*, en fonction de la différence hénologique et de la résolution de son antinomie. Nous verrons plus loin combien la notion même de production s'en trouve radicalement modifiée par rapport à tout ce que nous concevons sous ce terme[135].

131. Proclus, *In Parm.* VII 1168.27-30 Steel.

132. Gwenaëlle Aubry, *Dieu sans la puissance*, *op. cit.*, p. 233.

133. Plotin, *Traité 47* [III, 2] (*Sur la Providence* I), 1, 44. Voir Jean Trouillard, « Agir par son être même », art. cit., p. 349.

134. *Id.*, *Traité 38* [VI, 7] (*Comment la multiplicité des idées s'est établie et sur le Bien*), 42, 6-7 ; v. *infra*, « Entrelibération », p. 142-143.

135. Voir *infra*, « Indébordable », p. 84-91.

DE L'IRRÉDUCTIBILITÉ DU PRINCIPE À LA PUISSANCE

L'absence de puissance de l'un est plus difficile à justifier et à expliquer que son absence d'acte, d'autant qu'à la lecture de Plotin il peut sembler que le tour de force du néoplatonisme consiste précisément à substituer à l'acte pur du premier moteur aristotélicien la puissance totale, la *dýnamis pâsa* (δύναμις πᾶσα) ou *dýnamis pántōn* (δύναμις πάντων) du principe premier[136], qui est aussi la puissance première, la *dýnamis prṓtē* (δύναμις ἡ πρώτη)[137], la puissance étant au service de la production de l'être et non seulement, comme l'acte, de sa mise en mouvement. Nous verrons cependant que l'assimilation de l'un à la *dýnamis pâsa* (qui qualifie originairement chez Plotin la puissance de l'intellect plutôt que celle du premier principe) n'a de sens qu'au prix d'une profonde transformation de la notion de puissance qui implique l'abandon de toute conception productiviste de l'être[138]. Dans le passage du livre II de la *Théologie platonicienne* que nous avons cité plus haut[139], Proclus ne met pas exactement sur le même plan l'acte et la puissance : si tout type d'activité reste étranger à l'un, il n'en est pas de même de tout type de puissance, puisque Proclus rejette seulement la puissance productive d'être (δύναμις γεννητική) ; nous verrons plus loin que Proclus n'est pas en peine de définir d'autres espèces de puissance, quant à elles totalement improductives : la puissance de manence ou *dýnamis mónimos* (δύναμις μόνιμος), ou encore la puissance de défense et de résistance ou *dýnamis amyntikḗ*[140].

136. Plotin, *Traité 7* [V, 4] (*Comment vient du Premier ce qui est après le Premier, et sur l'Un*), 2, 38 (δύναμις πάντων) ; *Traité 30* [III, 8] (*Sur la contemplation*), 10, 1 (δύναμις τῶν πάντων) ; *Traité 39* [VI, 8] (*De la liberté et de la volonté de l'Un*), 9, 45 (δύναμις πᾶσα) ; *Traité 49* [V, 3] (*Sur les hypostases qui ont la faculté de connaître et ce qui est au-delà*), 15, 33 (δύναμις πάντων).

137. *Id.*, *Traité 7* [V, 4] (*Comment vient du Premier ce qui est après le Premier, et sur l'Un*), 1, 24.

138. Voir *infra*, « Constance », p. 82.

139. Voir *supra*, « Ni acte ni puissance », p. 60-61 et note 99.

140. Voir *infra*, « Indébordable », p. 86 et « La force de l'un pur », p. 95.

Il est vrai que si l'un opère par son être ou plus exactement par son *hýparxis* et non par son acte, on serait en droit de penser que, faute d'acte « agissant », tout serait amené à reposer sur la surabondance de sa puissance d'être, dont témoigne la puissance de l'un comme puissance totale ou puissance de tout : une puissance universelle qui touche toutes choses, l'intellect, les essences mais aussi l'âme, le devenir et les corps, ou encore, en deçà, la matière, voire, chez Proclus, au-delà de l'essence, les hénades. Telle est la puissance de tout, qui est aussi une puissance infinie (δύναμις ἄπειρος)[141] allant au-delà même de la totalité de la substance. On comprend aisément que ce thème de la puissance totale puisse laisser libre cours à l'interprétation surontologique : il s'agit d'« une puissance qui excède toute limite et toute détermination de telle sorte qu'on ne peut que qualifier négativement [le Premier] ou excessivement [excès qu'exprime le sur- de la surontologie] comme étant amorphe et *a*forme[142] ». C'est précisément en tant que l'un est sans figure et sans forme (ἄμορφος καὶ ἀνείδεος) qu'il serait producteur de forme (εἰδοποιεῖ)[143], ce qui justifierait donc l'axiome fondamental du néoplatonisme selon lequel « le principe [en tant que sans figure et sans forme] donne ce qu'il n'a pas », à savoir la forme ou l'essence. Ce qui conduit l'interprétation surontologique à compléter la première constellation du *Traité 39*, de l'acte, de la liberté et du principe par une seconde constellation : de la puissance, du surêtre et de la production. C'est à ce titre que le principe est défini comme la source de l'être, une source sans cesse débordante et bouillonnante.

141. Plotin, *Traité 9* [VI, 9] (*Sur le Bien ou l'Un*), 6, 10-11 ; *Traité 12* [II, 4] (*Sur les deux matières*), 15, 19 ; *Traité 27* [IV, 3] (*Sur les difficultés relatives à l'âme* I), 8, 36 ; *Traité 32* [V, 5] (*Sur l'intellect, et que les intelligibles ne sont pas hors de l'intellect, et sur le Bien*), 10, 19-22 ; *Traité 38* [VI, 7] (*Comment la multiplicité des idées s'est établie et sur le Bien*), 32, 15-20.

142. Jean-François Pradeau, *L'Imitation du principe. Plotin et la participation*, Vrin, Paris, 2003, p. 144

143. Plotin, *Traité 38* [VI, 7] (*Comment la multiplicité des idées s'est établie et sur le Bien*), 17, 40-41 ; voir sur ce point Cristina D'Ancona Costa, « *Amorphon kai aneideon*. Causalité des formes et causalité de l'Un chez Plotin », *Revue de philosophie ancienne*, 10/1, 1992, p. 69-113.

Pour ma part, je défends avec Proclus l'idée que l'un ne se confond pas avec sa puissance, en tout cas avec sa puissance d'être ou de relation à l'être, que le devenir-puissance de sa force est déjà l'expression d'une première dégradation ou détente de celle-ci, au même titre que l'activité que soutient cette puissance en est la seconde, et que, par conséquent, l'un pur et simple est antérieur à la puissance comme il est antérieur à l'acte. Proclus affirme ainsi : « L'un imparticipable [τὸ ἀμέθεκτον ἕν] transcende toute puissance [voire la puissance totale, la puissance du tout] [τὸ πάσης δυνάμεως ἐξῃρημένον][144] » ou, plus littéralement, « l'un imparticipable se soustrait [ou se retranche] de toute puissance » puisque tel est le sens du verbe ἐξαιρέω : soustraire, excepter, retrancher[145]. S'il est vrai, comme le dit Damascius, que « la puissance est extension [ou encore influence et émanation][146] » et que l'extension est communication aux autres de ce qui vous appartient en propre, alors l'un en tant qu'il ne communique que ce qu'il n'a pas n'est pas à proprement parler puissance. Et c'est pourquoi, comme le précise toujours Damascius, cette extension qui définit la puissance ne peut être que l'extension de la substance (*ousía*)[147], autrement dit de la réalité qui procède.

Il reste que communiquer ce qu'on n'a pas requiert non moins de force, voire plus de force encore, que celle de la substance,

144. *Théol. plat.* V 38, 139.20-21 SW.

145. Cette soustraction ou ce retranchement n'implique pas l'idée que l'un serait le résultat d'une abstraction de la substance, même s'il est vrai que tout part de la substance et non de l'existence présupposée de l'un comme cause première (voir sur ce point *supra*, « La déduction de l'un », p. 30). L'un est retranché en tant simplement qu'il se tient dans ses retranchements. Mais si l'on veut à tout prix y voir une abstraction, celle-ci ne saurait être une abstraction réelle, comme si une part de la substance se trouvait soustraite pour être hypostasiée en une sorte d'étant suprême, mais une abstraction formelle qui se contente de distinguer la condition de la cohérence de la substance de ce qu'elle conditionne, à savoir moins la substance elle-même que sa multiplicité, ou plus exactement, ses multiples multiplicités.

146. Damascius, *De princ.* § 35 I, 107.6 CW.

147. *Ibid.*

mais une force par définition différente de la puissance de la substance qui procède et qui, elle, ne communique que ce qu'elle possède : une autre force que la substance, au-delà de la substance, dont on ne sait encore s'il s'agit de la surpuissance de l'être ou bien de la force de l'autrement qu'être.

Il est dans le néoplatonisme un point qui explique que l'un demeure avant la puissance, et fait obstacle à leur parfaite et immédiate convertibilité mutuelle. En effet, la puissance néoplatonicienne est par essence relation au niveau de l'un aussi bien que des autres degrés de la réalité ; elle joue le rôle d'intermédiaire, « tenant le milieu entre les deux termes, l'un et l'être[148] ». « La *dýnamis pántōn* vaut aussi comme la médiation entre le principe et l'être, le moment même où le principe, d'absolu qu'il était, devient principe *de*, entre en relation avec un effet[149]. » La puissance signifie le principe comme relation, procession et mouvement, non comme disjonction, séparation et immobilité[150]. La puissance est essentiellement, dit Proclus, la cause de la procession (Αἰτία δὲ τῆς προόδου ταύτης ἡ δύναμις)[151], alors que l'un est pour sa part la force de l'improcession. En effet, pour être disjoint et séparé, retiré dans son ermitage, laissé à sa tranquillité (ἡσυχίαν ἄγειν)[152], l'un ne s'en trouve pas pour autant privé de force, mais selon une force d'avant la puissance : la force pure et incommunicable de l'un simple et imparticipable.

Si on lit avec attention ce que dit Proclus sur la fonction de liaison de la puissance entre l'un et l'être, on perçoit sans peine

148. *Théol. plat.* III 24, 84.12-13 SW.

149. Gwenaëlle Aubry, *Dieu sans la puissance, op. cit.*, p. 233.

150. « Puisque ces deux éléments sont dans la première triade l'un et l'être, et puisque le premier engendre et mène à la perfection, le second est engendré et mené à la perfection, il faut qu'existe aussi la puissance qui tient le milieu entre ces deux termes » (*Théol. plat.* III 24, 84.9-13 SW). « En effet, poursuit Proclus, c'est par la puissance que l'être procède à partir de l'un et qu'il se convertit vers l'un ; qu'y a-t-il d'autre en effet qui rattache l'être à l'un ou assure la participation de l'un par l'être, sinon la puissance ? » (*Théol. plat.* III 24, 84.14-17 SW ; trad. H. D. Saffrey.)

151. *Ibid.*, III 26, 90.1-2 SW.

152. Plotin, *Traité* 49 [V, 3] (*Sur les hypostases qui ont la faculté de connaître et ce qui est au-delà*), 12, 35.

une dissymétrie dans le régime de la puissance : la puissance relie plus l'être à l'un que l'un à l'être. La puissance est la force de l'un telle qu'elle se manifeste à l'être et telle que l'être en use. Elle n'est pas encore la force de l'un en soi. C'est en quoi la puissance est chez Proclus non pas la force de l'un pur et simple dans sa plus absolue singularité, mais la force de l'un de la première triade, la part relative de l'un, qui précisément conjoint l'un à l'être par le milieu de la puissance. Si la puissance fait pont entre l'un et l'être, elle ne les unifie pas. La puissance prépare, par sa fonction de relation, l'opération proprement unifiante de l'un séparé, mais n'est pas par elle-même en mesure de l'assurer, puisque par essence, en tant qu'elle est cause de procession, elle plurifie : elle est, dit Proclus, « créatrice de dualité et ouvrière de multiplicité [δυοποιὸς γὰρ ἡ δύναμις καὶ πλήθους ἐργάτις][153] », et non principe d'unification, ce qui explique qu'elle ne saurait s'identifier entièrement à l'un. Il faut donc bien une autre force que la puissance à la fois pour unifier l'être, et pour qu'en définitive l'un soit l'un.

L'un garde donc quelque chose par-devers lui à l'égard de sa puissance, une sorte de retrait, une antériorité préservée. Si la puissance est toute à l'égard de l'être, elle ne l'est pas à l'égard de l'un ; elle n'épuise pas ce que peut l'un, et échoue à se substituer entièrement à lui pour se constituer en toute-puissance, c'est-à-dire pour assurer la totale intégration et identification du principe, de la puissance et de la relation. En procédant, si tant est qu'il procède, l'un ne se dissout jamais dans la puissance de la procession.

Tout entière du côté de la procession, de la relation et de la multiplicité, la puissance première n'est donc pas en mesure d'unifier la séparation et la relation de l'un. Il y a le risque que la force de l'un se dissocie entre sa force de séparation et sa puissance de relation, deux forces sans lien ni parenté, l'une du côté de l'un ineffable, purement négatif, totalement impuissant, à la limite de l'*anýpostaton* et de l'*anýparkton*, l'autre du côté de l'être et de l'activité, divisant ainsi l'un en deux jusqu'à porter l'antinomie

153. *Théol. plat.* III 26, 90. 2-3 SW.

de l'un comme séparation et de l'un comme relation, c'est-à-dire l'antinomie des deux premières hypothèses du *Parménide,* à son paroxysme. Le néoplatonisme verserait dans le gnosticisme qu'il a pourtant toujours combattu. S'il y a véritablement une force de l'un, cette force doit être nécessairement une, autrement dit elle doit être en mesure de surmonter l'antinomie de la relation et de la séparation en les unifiant. Tant que la *dýnamis* restera identifiée à la relation et à la procession, on ne pourra l'assimiler pleinement au principe. L'un ne cessera à la fois de la précéder et de la devancer.

La *dýnamis* néoplatonicienne, aussi totale soit-elle, est en réalité victime de l'ambivalence du néoplatonisme et de la contradiction qui le mine. Car si l'interprétation surontologique fait de l'un, en tant que puissance infinie et acte pur, la manifestation de la plénitude et de l'exubérance de l'être, néanmoins cette manifestation s'accompagne toujours de dispersion, de dissémination et d'épuisement, de ce que nous avons appelé avec Plotin et Proclus la *skédasis,* qui s'avère être la grande angoisse du néoplatonisme, ce qui le menace de l'intérieur, et contre quoi, à mon sens, toute la doctrine néoplatonicienne s'érige et s'édifie. On songe ici au fameux fragment posthume de Nietzsche du printemps 1888, « le plus dangereux malentendu [*Das gefährlichste Missverständniss*] », qui fait des manifestations les plus exacerbées de la volonté de puissance, ou encore « des tentatives [de l'homme] pour trouver la voie de ce qui est la plus haute forme de l'être », rien d'autre que les symptômes de la maladie et de l'épuisement de l'homme, où se signifie clairement l'ambivalence indécidable de la puissance et de l'épuisement[154].

Pourquoi cette ambivalence ? Ou encore pourquoi le débordement et le bouillonnement d'être, dont l'hénologie semble pourtant promettre, à travers sa puissance, la diffusion à l'infini, s'achèvent-ils en dissémination et en épuisement ? Questionnant la reprise par la tradition spinoziste et deleuzienne, en l'occurrence

154. Nietzsche, « Fragments posthumes, début 1888-début janvier 1889 », W II 5, printemps 1888, 14 [68], in *Œuvres philosophiques complètes,* XIV, éd. G. Colli et M. Montinari, trad. J.-C. Hémery, Gallimard, Paris, 1977, p. 52.

par Toni Negri, de ce thème néoplatonicien de la puissance de tout, Gwenaëlle Aubry fait une distinction essentielle qui nous permet de mieux comprendre cette ambivalence fondamentale de l'ontologie néoplatonicienne : « Au contraire de Plotin, Negri ne pense pas l'effectuation comme ce en quoi la puissance s'épuise mais comme ce qui, à l'inverse, lui permet d'éprouver et d'accumuler sa propre "énergie potentielle"[155]. » Cette distinction permet de comprendre pourquoi l'un se retire, s'économise, se retient, se refuse et, mieux encore, de ce retrait tire sa force propre, alors qu'au contraire la puissance spinoziste se donne et se diffuse. Ce qui serait absent du néoplatonisme, selon la lecture spinoziste de la puissance totale, c'est la virtualité. Or, si la virtualité manque, alors l'interprétation surontologique de l'un comme surêtre, puissance intensifiée et surpuissance apparaît en définitive intenable, faute précisément d'intensification. La surontologie, la métaphysique du surêtre et de la surpuissance, de l'*Übersein* et de l'*Übermacht* pour utiliser les concepts de l'idéalisme allemand et de ses avatars, ne peut passer que par la surrégénération de l'être : une surrégénération de l'être par l'être dans la dynamique même de son mouvement. Cette surrégénération à son tour n'est pensable et possible que si l'être se pense comme virtualité ou encore comme accumulation d'énergie potentielle, sous quelque forme qu'il faille penser le processus d'accumulation, la nature de l'énergie en jeu et la modalité de sa potentialité.

Ce genre de virtualité ne saurait se trouver dans le néoplatonisme de sorte qu'on ne saurait non plus y trouver la possibilité d'une surrégénération de l'être. *Or c'est précisément parce que l'être ne peut pas se régénérer ni, par cette régénération, s'intensifier dans la dynamique de sa propre procession, qu'il a besoin de l'un.*

L'absence radicale de virtualité se traduit dans le néoplatonisme par deux notions fondamentales :

155. Gwenaëlle Aubry, « La philosophie plotinienne : ruptures historiques et captures contemporaines », *Philosophia, Rivista della Societa italiana di storia della filosofia*, IX, 2/2013, p. 27, n. 12.

– l'immutabilité du principe (ἀμετάβλητον), sa parfaite immobilité, qui viennent compléter et justifier son autarcie et sa solitude ;

– la clôture cosmologique que Proclus formule au premier livre de la *Théologie platonicienne*, et qui fait que, même si le monde sublunaire n'est pas immuable, mais connaît d'innombrables mutations internes, il reste néanmoins, comme le monde intelligible, constant dans le nombre de ses espèces et dans les totalités qu'elles forment[156]. Cette constance est à son tour justifiée, d'une manière plus générale encore, par le principe de la double limitation de la procession que formule Proclus au livre II de la *Théologie platonicienne*. Pour Proclus, la procession est close et limitée aussi bien au niveau de l'un, immobile, qu'au niveau de la matière[157]. Si le terme de la procession était ouvert et infini, rien ne nécessiterait que les étants se convertissent vers le principe. La *skédasis* serait elle aussi infinie. C'est cette double clôture qui permet la conversion des êtres à leur principe, seule façon que

156. « Quant aux éléments sublunaires, ils ne possèdent pas par essence une immutabilité entière, mais ce qui demeure constant dans l'univers ce sont les totalités qu'ils forment dans le tout [...] » (*Théol. plat.* I 14, 67.21-23 SW ; trad. H. D. Saffrey modifiée). Les espèces sont en nombre fini. Damascius (*Commentaire du Parménide de Platon*, III, § 382, éd. L. G. Westerink, J. Combès, Les Belles Lettres, Paris, 2001, p. 176, l. 14-15 ; désormais Damascius, *In Parm.* § 382 III, 176.14-15 CW) dit simplement que les genres subcélestes sont deux fois plus nombreux que les genres célestes. Si les étants étaient en nombre infini, il n'y aurait plus de science possible (Plotin, *Traité 42* [VI, 1] [*Sur les genres de l'être* I], 1, 8-9). Plotin ajoute ailleurs : « Le monde sensible ne gagne rien à prendre de l'extension, car il se trouverait en dehors du monde intelligible » (*id.*, *Traité 22* [VI, 4] (*Sur la raison pour laquelle l'Être, un et identique, est partout tout entier* I), 2, 34-35 ; trad. R. Dufour modifiée *in* Plotin, *Traités 22-26*, *op. cit.*, p. 28).

157. « Ou bien il faut que non seulement les causes des êtres mais aussi leurs effets s'étendent à l'infini, c'est-à-dire qu'il n'y ait ni premier ni dernier parmi les êtres, ou bien il faut qu'il n'y ait pas de premier mais qu'il y ait un dernier (l'infinité ne se trouve alors que d'un seul côté), ou bien inversement il faut que d'un principe déterminé les êtres s'étendent à l'infini ; ou bien il faut qu'il y ait à la fois un premier et un dernier, c'est-à-dire une limite des êtres de chaque côté » (*Théol. plat.* II 3, 26.8-14 SW ; trad. H. D. Saffrey). C'est cette dernière hypothèse que retient Proclus : « Il faut donc que, dans les êtres, il y ait une limite constituée du tout premier et du tout dernier » (*ibid.*, II 3, 28.14-15 SW ; trad. H. D. Saffrey).

l'on trouve dans le néoplatonisme pour lutter contre l'entropie. Or, pour qu'il y ait virtualité, il faut au moins que la procession soit ouverte à un terme ou à un autre, soit par la matière en assimilant par exemple, comme le fait Deleuze, matière et dynamisme, soit par le principe comme le fait Heidegger à travers les notions de *Dasein*, puis d'*Ereignis*. Or, dans le néoplatonisme, la matière reste inerte et le principe clos dans son autarcie.

À partir de ce constat de l'« impuissance ontologique », du néoplatonisme, il est possible d'emprunter deux voies :

– soit on considère que le néoplatonisme est une métaphysique inchoactive, inachevée, contradictoire, inopératoire, et appelée par conséquent à se dissoudre dans l'histoire de la philosophie pour accéder à sa propre vérité, sous la forme du devenir-système de l'idéalisme voire de son devenir-extème, c'est-à-dire de son déblocage et de son débordement par la surpuissance de l'être[158], au prix de l'oubli de la différence hénologique et de son absorption par la différence ontologique entre la puissance et les essences ;

– soit on essaie de penser la dimension positive, constructive de cette absence de virtualité, de faire de ce refus de la surrégénération de l'être le point de départ d'une construction métaphysique opératoire où la différence hénologique prend tout son sens, construction d'autant plus opératoire que nous sommes à mon sens arrivés aujourd'hui aux limites de la surrégénération de l'être ou de l'ontologie comme surrégénération : limites économiques de notre système productif et, plus généralement, limites métaphysiques de la destruction créatrice qu'implique nécessairement toute surrégénération de l'être.

158. Sur cette notion d'extème comme dépassement du système métaphysique, voir Heidegger, « Metaphysische Anfangsgründe der Logik in Ausgang von Leibniz », in *Gesamtausgabe*, 26, Klostermann, Francfort-sur-le-Main, 1978, p. 269.

CONSTANTE

Ce qui ne s'intensifie pas et reste invariable est de l'ordre de la constance. L'un est une constante cosmologique au même titre que la gravitation universelle, la vitesse de la lumière ou encore la constante cosmologique que formule Einstein pour rendre compte de la stabilité de l'univers relativiste. À cette différence que la cosmologie dont l'un est la constante est non pas physique, mais métaphysique[159]. Telle est la nature de sa force, ce par quoi l'un affirme son *hýparxis*, son fondement, sa positivité. L'un est ainsi puissance inébranlable et immuable (ἀστεμφὴς καὶ ἀμετακίνητος δύναμις)[160], se tenant toujours dans le même état (ὡσαύτως ἔχον)[161] et procédant toujours de la même manière, de façon permanente et continue, sans la moindre variation. « Nous respirons et sommes sauvés, non pas parce que l'un nous a donné cela, et qu'ensuite il s'est retiré, mais parce qu'il nous fournit toujours cela aussi longtemps qu'il sera ce qu'il est[162]. » L'un est la puissance qui demeure sans changement, la *monḗ*, la manence pure, la constance. Demeurer, c'est à la fois ne pas changer, rester identique à soi-même et ne pas se mouvoir, ne quitter ni son siège ni son mode d'être[163]. Il y va ici, pour Plotin, du summum de la force, puisqu'il n'est pas pour lui plus grande puissance que ce qui est inébranlable et immuable, en tant précisément que ce type de puissance est la plus proche de l'unité[164].

159. Sur cette différence, voir *infra*, « Cosmologie et liberté », p. 102-103.

160. Plotin, *Traité 39* [VI, 8] (*De la liberté et de la volonté de l'Un*), 21, 4.

161. *Théol. plat.* II 2, 21.2 SW.

162. Plotin, *Traité 9* [VI, 9] (*Sur le Bien ou l'Un*), 9, 9-11 ; trad. L. Brisson modifiée *in* Plotin, *Traités 7-21*, *op. cit.*, p. 92.

163. *Id.*, *Traité 7* [V, 4] (*Comment vient du Premier ce qui est après le Premier ; et sur l'Un*), 2, 13 ; voir commentaire de ce passage par J.-F. Pradeau *in* Plotin, *Traités 7-21*, *op. cit.*, p. 30-31, n. 33.

164. « Là bas, être puissant ne revient pas à pouvoir produire les contraires, mais c'est une puissance inébranlable et immuable [ἀστεμφὴς καὶ ἀμετακίνητος δύναμις] qui est la plus grande possible parce qu'elle ne s'éloigne pas de l'unité » (*id.*, *Traité 39* [VI, 8] (*De la liberté et de la volonté de l'Un*), 21, 3-5 ; trad. L. Lavaud,

L'un se présente donc comme l'exact opposé du feu artiste des stoïciens, du principe immanent qui, quelles que soient la continuité et la permanence de son action, ne cesse de se modifier en même temps qu'il transit l'univers ; l'un est l'antithèse de la pure puissance dynamique (car il s'agit bien dans le stoïcisme de la puissance pure et de son infinie capacité de relation) « qui se détermine elle-même et qui est la loi tout ensemble de la diversité et de la transformation de tous les actes, un animal-univers déployant ses multiples formes comme autant de membres d'un corps complexe et cependant unique[165] ». Voilà ce à quoi se soustrait l'un, en quoi l'un est dit précisément « le soustrait de toute puissance [τὸ πάσης δυνάμεως ἐξῃρημένον] », ce qu'on traduit habituellement par transcendance, mais qui renvoie plus simplement à la constance propre à ce qui se soustrait de ce qui procède.

Pour que quelque chose d'autre vienne à l'être, l'un doit être absolument constant. C'est moins l'un que sa constance qui conditionne l'émergence de l'être, sa stabilisation et sa consistance : « Si une chose est venue à l'être après l'un, dit Plotin, il est clair qu'elle est venue à l'être alors que l'un demeurait dans le même état[166]. » Pour que quelque chose vienne à l'être, il faut donc que l'un demeure absolument tranquille, « se tenant fixe absolument dans le même état [ἐν τῷ αὐτῷ ἤθει ὑπέστη][167] », autrement dit qu'il reste sans acte ni puissance, du moins au sens ontologique de ces deux termes. La notion d'éternité dans le néoplatonisme n'exprime rien d'autre que cette force tranquille toujours identique et semblable à elle-même.

Or, note Proclus, c'est précisément « parce que l'un est imparticipable [ἀμέθεκτον], qu'il engendre [ἀπογεννῶν] les êtres de façon constante, toujours de la même façon [ὁμοίως], aussi bien

in Plotin, *Traités 38-41*, éd. L. Brisson, J.-F. Pradeau, GF-Flammarion, Paris, 2007, p. 241).

165. Jean-Marc Narbonne, « Plotin, Descartes et la notion de *causa sui* », *Archives de philosophie*, 56, 1993, p. 192.

166. Plotin, *Traité 49* [V, 3] (*Sur les hypostases qui ont la faculté de connaître et ce qui est au-delà*), 12, 33-34.

167. *Ibid.*, 12, 34 (avec référence au *Timée* 42e 5-6).

les derniers que les premiers[168] » selon la plus stricte égalité du principe à l'égard de ce dont il est le principe. Ainsi, l'un engendre moins parce qu'il est relation avec le réel qu'en raison au contraire de son imparticipabilité et de sa séparation radicales d'avec la totalité de la substance. Mieux encore, c'est en raison de sa séparation qu'il est en mesure de nouer positivement de la relation avec le reste du monde, une relation égale qui stabilise le monde, le conserve et lui assure ainsi son bien. Se met en place une convertibilité entre l'un, son imparticipabilité, sa constance et sa production. Comprendre la nature et la fonction de cette constante ne pourra que nous aider à résoudre l'antinomie de l'un et du tout.

La constante un donne à l'être, par sa constance même, le repos, la stabilité et donc la délimitation à partir de laquelle toute forme émerge au jour. Toutes les choses qui sont, et l'être dans son ensemble, n'existent que dans la mesure où ils possèdent une certaine forme et une certaine détermination stables, dont dépendent leur mode d'être et leur modalité existentielle, ce qui n'est possible que par la stabilisation (*hypóstasis*) et le repos (*stasis*) qui s'opèrent sous le couvert de la constante.

En tant que telle, la constante n'a pas d'action véritablement directe et transitive sur le monde. Elle n'est pas une cause proprement dite, ou alors elle est « une cause acausale [*anaitíōs aítios*][169] ». Et c'est en quoi elle est aussi à proprement dire une constante. Comme la force de gravité, par exemple, l'un ne rend raison ni de l'acte ni de la puissance des substances, ni de la configuration de leurs formes, ni de la composition des corps ; elle n'effectue pas l'être et ne donne finalement aucune finalité ni aucun sens au monde. Tout cela, ce sont les étants, en tant qu'ils sont plus ou moins liés à la constante de l'un, qui l'assurent[170]. L'un est pourtant cette force universelle sans laquelle les formes

168. *Théol. plat.* II 7, 50.10-11 SW (ὁμοίως avec référence au ἀεὶ κατὰ ταὐτὰ ὡσαύτως ἔχειν du *Sophiste* 248a12).

169. Voir *infra*, « D'une causalité sans cause », p. 116.

170. Voir *infra*, « Autoconstitution de l'être », p. 131.

n'auraient pas de configuration, la matière pas de composition, la procession pas d'efficace, et la finalité guère de sens ni d'utilité pour les hommes.

On comprend mieux pourquoi le néoplatonisme requiert alors l'existence d'un principe au-delà de l'intellect, *epékeina toû noû*. Plotin compare l'intellect et la vie intelligible au dieu Kronos dévorant ses enfants[171] pour signifier que la pensée se nourrit des pensers qui la constituent autant qu'elle les constitue. C'est de cette façon que Plotin interprète le syntagme mystérieux de *nóēsis nóēseōs* (νόησις νόησεως), « pensée de la pensée », que formule Aristote au livre Λ de la *Métaphysique* pour rendre raison du premier moteur. La métaphore du dieu Kronos décrit parfaitement la fécondité de l'intelligence, la richesse du monde intelligible, et mieux encore le fait que la pensée soit vie et mouvement, mouvement total (κίνησις πᾶσα)[172], mobilité pure, que Plotin va jusqu'à comparer à un vagabondage ou *plánē* (πλάνη)[173]. Or le premier principe ne saurait être assimilé, quant à lui, à une cause errante et vagabonde au risque du chaos. Le *noûs* est *plánē* sous le couvert de l'un. La liberté de l'intelligence en appelle à l'existence d'un point fixe[174] ou d'une constante, qui lui soit extérieur précisément pour que l'intelligence ne soit en rien limitée dans sa liberté de spécification. En même temps que l'un ordonne l'infinie procession de l'être intelligible, il en autorise, par sa dissociation et sa séparation, la totale liberté, le vagabondage le plus fécond. C'est la condition de l'invention noétique, ce à partir de quoi il est possible de penser l'ouverture du monde doublement clos du néoplatonisme[175].

171. Plotin, *Traité* 10 [V, 1] (*Sur les trois hypostases qui ont rang de principes*), 7, 27-38.

172. *Id.*, *Traité 38* [VI, 7] (*Comment la multiplicité des idées s'est établie et sur le Bien*), 13, 41.

173. *Ibid.*, 13, 33-35.

174. « Mais lui il siège sur ces réalités [intelligibles] non pour prendre assise sur elles, mais pour donner une assise à la forme [l'Intellect] des premières formes, alors que lui est dépourvu de forme » (*ibid.*, 17, 34-36) ; trad. F. Fronterotta modifiée, *in* Plotin, *Traités 38-41*, *op. cit.*, p. 71.

175. Sur la double clôture, voir *supra*, « De l'irréductibilité du principe à la puissance », p. 78 et n. 157 ; sur la possibilité de son ouverture, voir *infra*, chap. III, *L'un à l'épreuve du devenir*, p. 188-189.

L'un est présent à toutes choses toujours de la même façon, mais les choses le reçoivent à chaque fois différemment[176]. Se constitue ainsi la dialectique de la constance du principe et de la diversité du monde. Car, si l'un était cause et non pas constante, s'il avait une action directe et transitive sur l'être, l'être serait soumis au règne de l'identité comme en témoigne au demeurant la conception ontothéologique ou katholou-protologique de sa principialité. La séparation de l'un permet ainsi de penser ce que peut être un ordre sans identité préalable, au-delà même de l'identité, de la différence et de leur opposition.

Pour asseoir le réel, pour que le réel ne nous échappe pas ou ne s'écoule pas entre nos doigts comme l'eau d'un torrent, nous avons besoin de stabilité plus encore que de nécessité, de constance plus encore que de lois ou d'idées. La constante se présente comme l'antithèse de la nécessité ou plus exactement comme la synthèse de la nécessité et de la liberté, voire comme ce qui est au-delà de la nécessité et de la liberté[177]. Mais cette stabilité ne relève pas simplement de l'état de fait ; la constance n'est pas seulement, pour reprendre l'expression sceptique de Montaigne, « un branle plus languissant[178] ». Il importe de penser les conditions métaphysiques de la stabilité au sein du chaos. L'un n'est rien d'autre que le nom de cette pensée.

INDÉBORDABLE

La définition de la force de l'un comme constante permet en réalité de résoudre l'aporie du pouvoir, le risque de dissociation de la force au sein de l'un, en identifiant clairement la force de séparation et la force de relation. La constante est à la fois l'une

176. Voir *infra*, « Autoconstitution de l'être », p. 139.

177. Voir *infra*, « Entrelibération », p. 149-150.

178. Montaigne, *Essais*, III, 2 (*Du repentir*), in *Les Essais de Michel de Montaigne* II, éd. P. Villey, Puf, Paris, 1978³, p. 805.

et l'autre, car elle est la force qui relie par la séparation et la distance mêmes qu'elle entretient constitutivement avec l'être.

La *dýnamis pâsa* de l'un est non seulement liée à l'universalité de la constante, mais aussi à l'infinité de sa force. L'infinité fait ici le lien entre la séparation et la relation. Mais encore faut-il bien comprendre ce qu'il en est de cet infini de puissance pour ne pas verser à nouveau dans la surontologie.

Pour Proclus, l'un est infini en deux sens :

– parce que l'un ne peut être parcouru ; il est insaisissable par les choses qui viennent après lui, et incirconscriptible c'est-à-dire dont on ne peut faire un tout, car il est sans début, milieu ni fin ;

– parce que l'un est la limite de tout[179].

L'un est donc infini parce qu'il est indébordable par la puissance de l'être, de la vie, de la raison, et j'ajouterai doublement indébordable : en tant qu'il est insaisissable par toutes choses, mais aussi en tant qu'il est mesure de toutes choses. En revanche, l'idée que l'un est infini en tant que puissance infinie, autrement dit comme générateur de toutes choses, auteur de toute l'infinité qui est dans les êtres, et étendant le don de lui-même à toutes choses qui forment un tout, Proclus l'attribue à d'autres que lui sans vraiment la prendre à son compte[180].

Quand nous nous arrêtons au premier sens de l'infini comme insaisissable et incirconscriptible, nous nous plaçons du côté de la séparation de l'un et de son imparticipabilité. Quand nous définissons l'un comme mesure de toutes choses, nous versons alors du côté de la relation. Il nous appartient de montrer que ces deux significations renvoient à une seule et même logique de la force : autrement dit, que l'un est la mesure de l'être en raison précisément de son insaisissabilité et de son incirconscriptibilité.

179. « Car l'infini se dit en deux sens : d'une part comme l'insaisissable [ἄληπτον] et l'imparcourable [ἀδιεξίτητον] ; d'autre part comme ce qui est limite, limite n'ayant pas une autre chose comme limite ; or l'un est infini de l'une et l'autre façon ; et comme insaisissable et incirconscriptible [ἀπεριήγητον] par tout ce qui vient après, mais aussi comme limite des touts, et n'ayant besoin d'aucune autre chose comme limite » (Proclus, *In Parm.* VI 1118.10-14 Steel).

180. *Ibid.*, 14-17 et 24 *sq*. Steel.

L'un est donc puissance infinie en tant d'abord qu'il est « insaisissable » (ἀκατάληπτον ou ἀπερίληπτον). « Ce qui est soustrait de tous étants est présent à tous de la même façon et il les meut tous autour de lui *en demeurant insaisissable* [ἀκατάληπτον][181] », de même que nous apparaissent insaisissables la force de gravité ou la vitesse de la lumière. Mais on peut comprendre cette insaisissabilité soit de façon ontologique, soit de façon hénologique, en fonction soit de la différence ontologique entre l'être et les essences, soit au contraire de la différence hénologique entre l'un et l'être. Le différend entre la différence hénologique et la différence ontologique porte en définitive sur l'insaisissabilité de la puissance et sur sa signification. La puissance que produit la différence ontologique est insaisissable par sa virtualité et par sa capacité à déborder de toutes parts le réel, à le transir sans avoir besoin de stabilisation et de stase ; la puissance hénologique est insaisissable au contraire par sa soustraction, parce qu'elle se dérobe et échappe au procès ontologique, au point de rester étrangère à l'histoire de l'être dont la différence ontologique se veut au contraire le moteur.

Si la constante un est aussi puissance totale et infinie, c'est non parce qu'elle serait capable de déborder toutes réalités et toutes essences comme dans la surontologie, mais au contraire parce que sa puissance est indébordable par toute actualisation. Autrement dit, le multiple ne peut jamais excéder l'un, ce qui signifie que la *dýnamis* ne peut jamais déborder le principe dans sa *monḗ* et son *hýparxis*, dans sa constance et son fondement, ou encore que l'essence de la *dýnamis* de l'un est moins la relation à l'être que sa résistance à son égard, en tant que la *dýnamis* de l'un est d'abord *amyntikḗ*, selon l'expression que Proclus utilise pour définir la force du principe repoussant de lui-même tous les assauts de l'être et de sa multiplicité. C'est la conséquence directe de l'absence de virtualité dans la cosmologie néoplatonicienne. Si l'un possède l'infinité, c'est précisément parce que « cette infinité n'est pas

181. *Théol. plat.* I 22, 102.16-26 SW ; voir aussi Plotin, *Traité 9* [VI, 9] (*Sur le Bien ou l'Un*), 6, 11 (ἀπερίληπτον).

plus qu'un[182] », ce qui signifie non seulement « que rien ne peut venir le délimiter », mais, mieux encore, que l'un ne se déborde pas lui-même, qu'il n'est jamais plus qu'un, qu'il est donc pure constante. Nous sommes aux antipodes du devenir de l'ontologie à travers le système et l'extème.

Il y a bien assurément une surpuissance de l'un, une puissance infinie – « rien ne lui est supérieur, rien ne l'emporte sur lui [καὶ οὐδὲν μεῖζον αὐτοῦ οὐδὲ κρεῖττον] », dit Plotin[183] – mais cela signifie simplement que l'être ne déborde et ne peut jamais déborder l'un. Autrement dit, aucune réalité ne peut s'actualiser sans se placer sous le couvert de l'un et sans en passer par le processus de stabilisation (*hypóstasis*) qu'il favorise.

En conséquence et en contrepartie de ce non-débordement, l'un n'écarte rien ni personne : « L'un ne délaisse [ἀποστατοῦν] rien de ce qui existe[184]. » Il peut certes, par son retranchement et sa soustraction, laisser les choses à elles-mêmes, mais non pas les déserter. L'un ne fait jamais défaut à l'être. Ce qui jamais ne fait défaut est infini.

Il faut rappeler ici l'étymologie de l'*ápeiron* grec, qui nous renvoie à une signification bien différente de ce que les métaphysiques postérieures entendent sous le terme d'« infini ». *Ápeiron* signifie moins ce qui est sans limite, *a-péras*, que ce qu'on ne peut transgresser et déborder. *Ápeiroi* sont les bagues qui ne portent ni pierre ni chaton, et qui donc n'ont, comme l'un lui-même,

182. Plotin, *Traité 32* [V, 5] (*Sur l'intellect et que les intelligibles ne sont pas hors de l'intellect, et sur le Bien*), 11, 1.

183. *Id.*, *Traité 39* [VI, 8] (*De la liberté et de la volonté de l'Un*), 17, 23-24 ; trad. L. Lavaud, p. 235.

184. Au chap. 3 du livre II de la *Théologie platonicienne* de Proclus (*Théol. plat.* II 3, 26.2-3 SW), le traducteur dit paradoxalement que l'un, pourtant *khōristón* (χωριστόν) et *améthekton* (ἀμέθεκτον), séparé et imparticipable, « n'est jamais séparé de rien [...] [οὐδενος ἀποστατοῦν τῶν ὄντων] ». Cette traduction est insatisfaisante, car l'*apóstasis*, plutôt que la séparation, signifie l'abandon, la défection, le délaissement, que signe l'absence de stabilisation (*hypóstasis*), comme si l'*apóstasis* était en quelque sorte l'antonyme de l'*hypóstasis*. V. pour exemple le *Traité 31* [V, 8], 1, 27 de Plotin (cit. *supra* p. 37 note 33) où le verbe ἀφίσταται signifie clairement l'abaissement de la chose en voie d'éparpillement.

ni commencement, ni milieu, ni fin. *Ápeiron* aussi est, en Grèce antique, la mer Méditerranée, non que celle-ci soit illimitée, ou ait quelque chose d'océanique, mais parce qu'on ne peut la traverser tout entière d'un coup et qu'il est impossible de rallier une rive à l'autre sans caboter, et sans amer ou portulan. Sous le terme *apératos* (ἀπέρατος), Plutarque entend qualifier ce qui est infranchissable[185]. Les filets, les rets, les nasses pour la chasse ou la pêche sont dits, eux aussi, *ápeiroi* (ἄπειροι), parce qu'ils n'offrent aucune issue à l'animal piégé. L'*ápeiron* antique exprime paradoxalement la clôture infranchissable plus que l'ouverture de l'horizon et les points de fuite à l'infini de la perspective.

Ápeiron, l'un l'est assurément, lui qui, tout en restant insaisissable, capture et saisit l'être ; en saisissant l'être, en le circonscrivant (ce que Proclus appelle la *periochḗ* [περιοχή]), l'un se fait limite de l'être, ce qui en limite l'infinité, tel que l'être ne peut jamais déborder l'un. En tant que la limite de l'un circonscrit l'infinité de l'être, l'un manifeste sa propre infinité et puissance infinie, de sorte que de l'infini il ne reste que l'un[186]. Si l'un est bien puissance infinie, c'est essentiellement parce qu'il est, comme constante, puissance infinie de limitation et d'ordre. On comprend alors comment l'on passe chez Proclus du premier au second sens de l'infini : de la dimension insaisissable de l'un à sa fonction de mesure de tout.

En subsumant l'infinité de l'être, la *dýnamis pâsa* ou *dýnamis pántōn* de l'un, devient alors *métron pántōn* (μέτρον πάντων) *ou métron tôn hólōn* (μέτρον τῶν ὅλων)[187], mesure de tout : si l'un est pour lui-même *dýnamis pántōn*, il est pour les autres réalités

185. Plutarque, « La fortune ou la vertu d'Alexandre I », 326E in *Œuvres morales*, V/1, éd. F. Frazier, C. Froidefond, Les Belles Lettres, Paris, 1990, p. 115. Il s'agit en l'occurrence de « fleuves infranchissables ». Voir Marcel Détienne, Jean-Pierre Vernant, Les *Ruses de l'intelligence. La métis des Grecs*, Flammarion, Paris, 1974, p. 271-279.

186. Seul l'un est infini, car, comme le dit Proclus « qu'arriverait-il si les plusieurs étaient infinis ? » (Proclus, *In Parm.* VI 1099.26-28 Steel.)

187. *Ibid.*, VI 1124.13-15 Steel, qui renvoie aux *Lois* de Platon (IV, 716c4-5) : ὁ δὴ θεὸς ἡμῖν πάντων χρημάτων μέτρον ἂν εἴη μάλιστα (« Or, pour nous, c'est le dieu qui doit être au plus haut point la mesure de toutes choses. »).

métron pántōn comme si la notion de *dýnamis* et sa relation à l'être se trouvaient d'abord liées à la mesure et à la proportion de la procession plus encore qu'à son déploiement. La puissance de l'un ici n'a d'autre fonction que de fixer et de circonscrire (ἀφορίζειν) la puissance propre à chaque entité. C'est ainsi qu'elle procure à chaque chose sa perfection (τελειότης)[188]. La puissance de tout est donc d'abord un *métron,* et le *métron* un *horos* (ὅρος), une limite[189]. La puissance de tout de l'un, loin de favoriser la surintensification de l'être, en limite au contraire tout débordement et tout excès. C'est ainsi qu'elle vise à surmonter l'entropie de la procession. En réalité, ce qu'instaure ici, en matière de principe, le néoplatonisme est l'inverse exact des métaphysiques postérieures : là où les métaphysiques postérieures poseront l'infinité du principe à l'égard du monde et son identité à l'égard de soi, le néoplatonisme pose l'infinité de l'un à l'égard de lui-même (puisque non déterminé par quelque volonté ou intelligence qui serait sienne et orienterait ou identifierait son action), mais sa mesure à l'égard des autres. Si le thème du *métron* que procure l'un signifie clairement l'impossibilité pour l'être de déborder l'un, il exprime aussi l'impossibilité inverse, celle pour l'un de déborder l'être (au risque sinon de ne plus être en mesure de le mesurer). Ainsi l'un ne saurait constituer un nombre plus grand que le nombre total (πᾶς ἀριθμός) du monde intelligible, au risque sinon pour celui-ci de ne plus être total, car « si un nombre lui manque, il ne saurait être parfait[190] ». En réalité, « c'est nous qui imaginons un nombre plus grand que ce qui a été proposé [...] », au point de pouvoir compter dans le monde sensible jusqu'à l'infini[191]. Cette impossibilité d'entredébordement de l'un et de l'être définit la *monḗ,* la manence du principe, sa constance. La puissance de l'un est *dýnamis mónimos*[192] : puissance de la *monḗ,* de la constance du principe et de sa manence, non de son déploiement ou de sa

188. *Ibid.,* VI 1124.14 Steel.
189. *Ibid.,* VI 1121.25-27 Steel.
190. Plotin, *Traité 34* [VI, 6] (*Sur les nombres*), 15, 7-9.
191. *Ibid.,* 18, 1-3 ; trad. L. Brisson *in* Plotin, *Traités 30-37, op. cit.,* p. 327.
192. Proclus, *In Parm.* II 771.15-16 Steel, et VII 1172.1 Steel.

procession. Cette *dýnamis mónimos* autorise et règle un *próodos mónimos* (πρόοδος μόνιμος)[193], une procession stable, c'est-à-dire qui respecte sa *monḗ*. Si l'un « produit » l'être, c'est donc non pas comme un démiurge ou comme une cause efficiente, mais comme la mesure indébordable de tout être, ce qui modifie profondément le sens même de la notion de production de l'être, étrangère ici à tout productivisme.

La dialectique de l'infini et de la mesure que l'un noue, de la mesure par l'infinité de l'un et de sa constante, nous permet de comprendre en quoi l'un conditionne l'infini autant que le fini, et se place, en tant que tel, au-delà de l'illimité et de la limite selon la formule de Proclus[194]. Nous sommes très éloignés de l'infini des métaphysiques postérieures, en particulier de l'infini classique (Descartes, Spinoza, Leibniz, voire antérieurement Duns Scot) ou de l'infini des philosophies idéalistes. Dans le néoplatonisme, l'infini reste sous le couvert de l'un, gouverné par la constante dont l'infini ne fait qu'exprimer l'éternité et la régularité immuable. C'est en quoi l'un surplombe et domine l'infini, *au point que l'infini est condamné à rentrer en dialectique avec la limite et la mesure*. Au contraire, dans les métaphysiques postérieures de l'infini, l'infinité définit la principialité même du principe, sa fonction (le principe principie en tant qu'il est infini, par son infinité même, ce qui n'est jamais le cas dans le néoplatonisme), au point que la principialité ou fonction du principe tend à se substituer au principe lui-même et à son *hýparxis*. Plus l'infini est ouvert, plus l'imaginaire métaphysique trace des voies pour que l'infini se possibilise en vue de s'autodépasser et de s'autodéborder, et plus le principe devient toute-puissance ; or, plus

193. Et non pas *gónimos* (γόνιμος) selon la correction de Leendert G. Westerink au chapitre 6 du livre II de la *Théologie platonicienne* de Proclus (*Théol. plat.* II 6, 43.9 SW), correction qu'aucun manuscrit ne permet d'attester. Voir aussi Proclus, *Théologie platonicienne*, livre II, texte établi et traduit par H. D. Saffrey, L. G. Westerink, Les Belles Lettres, Paris, 1974, p. 103, note 2.

194. « Si l'un est dit infini dans le premier sens, il faudrait plutôt l'appeler non infini ; car dans toute opposition contraire, il est nécessaire que l'un soit séparé des deux contraires et ne soit ni l'un ni l'autre des deux [...] » (Proclus, *In Parm.* VI 1123.19-22 Steel).

le principe se fait toute-puissance, plus il se dissout et disparaît dans sa principialité. C'est cette généalogie de la philosophie que le néoplatonisme refuse et contre laquelle il offre, par sa propre conception de l'infini et de la force, par ses propres montages et sa propre terminologie philosophiques, par son propre sens du réel et de sa fragilité, une voie radicalement autre.

ANALOGIE ET ÉQUIVOCITÉ

Il est un point de méthode qu'il importe de respecter pour comprendre en quoi le néoplatonisme est bien, selon le terme de Deleuze, un décentrement par rapport à la tradition philosophique antérieure[195], et pour bien mesurer son inventivité spéculative aussi bien que sa puissance de rupture : les termes utilisés par Plotin – au premier chef *enérgeia* ou *dýnamis* – sont homonymes et n'ont pas exactement la même signification par rapport à ce qu'entendent les autres philosophes antiques, en particulier Aristote. Plotin propose une lecture spécifique de la tradition. Il est, écrit Porphyre à ce propos dans la *Vie de Plotin*, *ídios kai exēllagménos* (ἴδιος καὶ ἐξηλλαγμένος), singulier, pour ne pas dire idiosyncrasique, et déroutant, en tant précisément qu'il change le sens des mots[196]. Ainsi, l'*enérgeia* néoplatonicienne est de l'ordre plus de l'activité que de l'actualisation, la *dýnamis* plus de la dépense que de la réserve, de la dispersion plus que de la potentialisation. J'irais même plus loin sur ce point : il n'y a pas seulement une équivocité des termes néoplatoniciens par rapport aux autres écoles philosophiques de l'Antiquité, mais cette équivocité des termes est interne à l'œuvre même de Plotin, de Proclus et des autres auteurs de cette tradition, chez qui les termes « acte », « puissance », « infini » n'ont sans doute pas le même sens selon le niveau de réalité envisagé et selon la fonction qu'ils y remplissent. Il n'y a pas d'Instance de la puissance,

195. Voir *supra*, « Le parricide Parménide », p. 29, note 1.

196. Porphyre, *La Vie de Plotin*, II, chap. 16, 15, éd. L. Brisson *et al.*, Vrin, Paris, 1992, p. 156.

pas de puissance pure et absolue, même quand elle sert à qualifier, comme chez Plotin, l'un. Il n'y a que de *la puissance de...*, toujours déterminée par le nom même qu'elle qualifie. Il en est ainsi puisque, comme nous l'avons vu[197], la puissance est par essence relation.

Plotin conçoit la puissance comme modalité (ὁ τρόπος τῆς δυνάμεως)[198]. Ressortent trois principales modalités de la puissance dans la métaphysique de Plotin : la puissance des corps sensibles qui n'est qu'*en puissance,* la puissance de l'intellect qui exprime la puissance de l'être total, et enfin la puissance de l'un pur telle que la formule la première hypothèse et qui fait l'objet de notre enquête. Il en va de même de l'infini qui prend une signification à chaque fois différente selon les degrés de réalité concernés, comme en témoigne Proclus qui distingue ainsi, dans son *Commentaire au Parménide,* dix types d'infini tous différents les uns des autres[199]. Chaque activité dépend de sa puissance, chaque puissance de son *hýparxis* et chaque *hýparxis* de la relation fondatrice que l'étant entretient avec l'un, selon le principe de l'analogie de proportionnalité a/b = c/d, ce qui implique l'absence de référent commun, de grand analogué : il n'y a donc pas dans le néoplatonisme d'acte en soi, de puissance en soi, d'infini en soi qui traverseraient et structureraient l'ensemble du réel. Le *néoplatonisme minimise ainsi le rôle de l'acte et de la puissance par rapport à Aristote et à sa tradition scolastique.* Il existe simplement des activités et des puissances en fonction de chacun. Et s'il est vrai que les deux premières hypothèses du *Parménide* sont à front renversé, c'est-à-dire que la seconde affirme tout ce que la première nie[200],

197. Voir *supra,* « De l'irréductibilité du principe à la puissance », p. 74.

198. Plotin, *Traité 49* [V 3] (*Sur les hypostases qui ont la faculté de connaître et ce qui est au-delà*), 15, 33.

199. Infini de la matière, des corps, de la qualité, de la génération, du mouvement circulaire du ciel, dans l'âme, dans le temps, dans l'intellect, dans l'éternité et enfin l'infini pur, c'est-à-dire le Chaos (Proclus, *In Parm.* VI 1119.5 – 1121.16 Steel).

200. « Ce que Parménide nie dans la première hypothèse, il l'affirme dans la seconde » (*Théol. plat.* III 23, 82.21-22 SW) ; voir aussi *ibid.*, II 10, 61.19-21 SW et n. 5 *in* Proclus, *Théologie platonicienne,* livre II, *op. cit.*, p. 61 ; *Théol. plat.* I 12, 57.23-25 SW ; *id.*, *In Parm.* VI 1075.15-16 Steel ; VI 1079.3-4 Steel ; VI 1085.13-14 Steel. Sur

alors l'analogie de proportionnalité entre l'un et l'être se transforme en pure équivocité : l'activité de l'un et sa force n'ont plus rien à voir avec l'activité de l'être et sa puissance. Elles en sont même l'exact opposé.

De fait, il serait vain de séparer un et être et de justifier la première hypothèse du *Parménide*, si en définitive on attribue à l'un et à l'être les mêmes caractéristiques (acte, puissance, infini, etc.) de façon univoque. Autrement dit, il ne sert à rien de distinguer un et être, si on ne distingue pas la puissance selon l'un et la puissance selon l'être, ou encore l'infini selon l'un et l'infini selon l'être. Faire de l'hénologie consiste précisément à souligner l'équivocité des termes directeurs de l'ontologie, que celle-ci de son côté a tendance à univoquer pour l'ensemble du réel.

Il existe cependant trois termes fondamentaux qui échappent à ce régime d'équivocité, ce que la tradition néoplatonicienne appelle les « hypostases », les instances – l'un, l'intellect, l'âme – auxquelles chaque réalité participe d'une façon ou d'une autre. Et c'est précisément parce que ces instances échappent au régime de l'équivocité qu'elles sont à proprement parler des hypostases. Or, parmi ces trois hypostases, l'un apparaît la plus universelle, présent en toutes choses, même si chaque chose le reçoit à sa façon, sans néanmoins que cette réception, à chaque fois différente, altère l'un de quelque façon. C'est à ce titre encore, non seulement métaphysique mais aussi logique, que l'un est dit au-delà de l'acte et de la puissance, de l'infini et de la limite, du repos et du mouvement, etc.

L'absolutisation de la puissance, son élévation au rang de l'hypostase marquent une rupture métaphysique qui annonce la modernité et que traduisent très tôt les théologies médiévales de la toute-puissance. Il est vrai que, dans le néoplatonisme lui-même, comme nous l'avons vu dans certains passages du *Traité 39* de Plotin, ou dans le commentaire anonyme au *Parménide* que Pierre

ce principe proclusien, fondamental pour la compréhension de la différence hénologique, voir Henri D. Saffrey, « Introduction », *in* Proclus, *Théologie platonicienne*, livre I, *op. cit.*, p. LXVII-LXX.

Hadot attribue à Porphyre, se lit la tentation d'assimiler le principe à une puissance, à une activité ou à une « énergie » pure et libre par rapport à l'ordre des étants. Mais la lucide radicalité de Proclus nous montre en quoi l'un jouit d'« un état meilleur que la puissance » et en quoi la force de l'un reste étrangère à tout ce que l'ontologie jusqu'à aujourd'hui entend sous le terme de « puissance ». Certes, la tradition métaphysique n'a cessé de faire obstacle à cette absolutisation de la puissance qu'elle-même pourtant préparait, en la bornant par les principes d'identité, de causalité ou de raison, par la théorie des causes secondes et de la *potentia ordinata* (Thomas d'Aquin), par le calcul qu'opère l'instance de ses effets (Leibniz), par le travail de l'Esprit (Hegel), etc. Mais l'absolutisation de la puissance est toujours en marche. Notre temps, plus que jamais, se place sous le signe de la puissance aussi bien métaphysique que technique. Il fallait sans doute que la technique accède à la puissance des hautes énergies pour qu'à son tour la philosophie puisse accomplir la promesse d'absolutisation de la puissance métaphysique. Une à une, les hypostases néoplatoniciennes ont rendu les armes. L'un s'est dissous dans la puissance au point de laisser place à la multiplicité pure ; la *psyché* à son tour s'est soumise à la puissance (psychanalyse), enfin le *noûs*, l'intellect, l'esprit se mettent eux aussi à son service au point que la puissance n'a désormais plus besoin de volonté pour régner (comme le dénonce Heidegger), plus besoin de règne et de souveraineté pour dominer (comme le dénonce Derrida ou Deleuze), plus besoin de domination pour transir et détruire aux fins de la création (comme le dénonce Benjamin). Notre siècle éprouve la puissance pure. L'absolutisation de la puissance, sa substitution à toute autre hypostase (pour former une hypostase unique et totale, et, en tant que telle, « toute-puissante »), sont étroitement liées à la constitution théologico-politique, ou plus exactement onto-théo-politique, de l'Occident – le principe comme être, l'être comme puissance, la puissance comme dispensation et procession – que manifeste à son tour la mondialisation ou globalisation de notre temps.

LA FORCE DE L'UN PUR

La force de l'un n'a donc rien à voir avec la puissance de l'être : elle en semble même l'antithèse. Joseph Combès note l'infini pouvoir qu'a l'un non pas de se donner mais de tout refuser, et d'abord, ajouterais-je, de se refuser lui-même, pouvoir dont la procession tire pourtant son être[201]. Laurent Lavaud note de son côté que « la puissance [du principe] réside dans le repos en soi et dans la résistance à la pesanteur de l'être qui pousse à s'incliner vers l'inférieur[202] », et j'ajouterai aussi : à se donner et à se diffuser ; puissance qui correspond exactement à ce que Proclus entend sous le terme de *dýnamis amyntikḗ*. Damascius, de façon encore plus singulière, parle, dans son *Traité des premiers principes*, du principe comme d'un *antísōmos* (ἀντίσωμος) ou d'un *antístathmos* (ἀντίσταθμος), un contrepoids à la pesanteur du monde, à sa *skédasis*, à sa fuite, contrepoids qui tient le monde en équilibre et en suspens et l'empêche de disparaître complètement[203]. D'où naît le sentiment que le principe ne se donne pas, mais se refuse, ou encore donne ce qu'il n'est pas. La force souveraine du principe se traduit d'abord par l'absence de mouvement vers l'inférieur, qui témoigne à son tour de sa résistance à l'entropie et de sa capacité à freiner et à stabiliser la *skédasis*. La puissance dans le néoplatonisme est liée à l'immobilisation et non à la mobilité, à la retenue et non à la production, alors que la modernité métaphysique repose au contraire sur la conjonction de la puissance et du mouvement. Au chapitre 16 du *Traité 49*, Plotin définit la force du principe comme *dýnamis amḗkhanos* (δύναμις ἀμήχανος)[204]. Le terme

201. « La procession tire son être de l'infini pouvoir qu'a l'un de tout refuser » (Joseph Combès, « Introduction », *in* Damascius, *Commentaire du Parménide de Platon*, I, éd. L. G. Westerink, J. Combès, A.-P. Segonds, Les Belles Lettres, Paris, 2001, p. XIV).

202. Laurent Lavaud dans Plotin, *Traités 38-41*, *op. cit.*, p. 284, n. 189.

203. « Le contrepoids [ἀντίσωμος] assure l'équilibre avec ce qui vient de lui » (Damascius, *De princ.* § 32 I, 93.5 CW ; voir aussi Damascius, *Traité des premiers principes*, I [De l'ineffable et de l'Un], éd. L. G. Westerink, trad. J. Combès, Les Belles Lettres, Paris, 1986, p. 163-164, note 2.) voir *infra*, « L'acte hénologique », p. 112.

204. Plotin, *Traité 49* [V 3] (*Sur les hypostases qui ont la faculté de connaître et ce qui est au-delà*), 16, 2-3.

amḗkhanos signifie d'abord que cette puissance est surprenante, merveilleuse, inconcevable, prodigieuse, inégalable, et donc supérieure à tout. Ce qualificatif rappelle l'exclamation « facétieuse » de Glaucon qualifiant l'*epékeina tēs ousías* de Socrate, au livre VI de la *République*, de *daimónia hyperbolḗ* (δαιμόνια ὑπερβολή)[205], d'hyperbole démonique, de merveilleux débordement de son invention philosophique auquel Socrate se trouve porté par son démon. Il faut ainsi concevoir sous cette forme l'*hyperbolḕ dynámeōs* que le néoplatonisme attribue à la force de l'un : non pas comme une surpuissance ou comme une surabondance de la puissance, mais bien plutôt comme une force démonique qui défie toutes les lois de la puissance ontologique. *Amḗkhanos* signifie aussi, de manière plus littérale, ce qui est sans moyen d'agir ou de vivre, impuissant, voire incapable. Si la puissance est ici merveilleuse et étonnante, c'est précisément parce que sa supériorité, par un stupéfiant et puissant paradoxe, dépend de son absence même de moyens pour se dispenser et agir. L'un se manifeste d'abord comme la force de l'impuissance, l'impuissance étant ici entendue comme absence de force ontologique.

Ce qui est impuissant, quelle que soit la nature de son impuissance, requiert une garde et une sauvegarde. L'un qui assure la *sōtēría* de l'être, sa conservation et sa protection, relève à son tour d'une *sōtēría*. La *sōtēría* de l'être est à son tour précédée par une *sōtēría* de l'un. La *sōtēría* métaphysique se redouble, dans une sorte de précédence absolue de l'un par rapport à l'être jusque dans leur sotériologie. En effet, pour que l'un garde l'être, il faut à son tour « garder [φυλάττειν] l'un sans relation avec toutes choses [ἄσχετον πρὸς πάντα] et dans une même transcendance [ou plus exactement dans un retranchement et un suspens constants : ὁμοίως ἐξῃρημένον] par rapport à toutes choses[206] » : non seulement retrancher par la pensée l'un de l'être mais aussi le garder et le conserver dans son suspens, le maintenir dans son *hyperokhḗ* (ὑπεροχή), empêcher qu'il ne retombe dans l'être par quelque nouveau processus de convertibilité dont l'histoire de

205. Platon, *La République*, VI, 509c ; voir sur ce passage fondateur les analyses éclairantes de Luc Brisson, dans *id.*, *Lectures de Platon*, Vrin, Paris, 2000, p. 83-87.

206. *Théol. plat.* II 5, 39.20-21 SW.

la métaphysique ne manque pas d'exemple. C'est la raison pour laquelle il est nécessaire de penser la force de l'un comme une constante sans acte ni puissance d'être. L'un se garde à travers sa constance. La constante est la garde de l'un aussi bien que de l'être.

On trouve ainsi dans le néoplatonisme, parallèlement au vocabulaire de l'ontologie traditionnelle, toute une série de termes plus singuliers dérivés non pas d'*eînai*, être, mais d'*ékhein* (ἔχειν) : avoir, mais surtout se comporter, maintenir et se tenir, ou encore contenir, et autres paronymes du verbe tenir que l'on retrouve dans des notions aussi fondamentales que *metékhein* (μετέχειν), participer, *periékhein* (περιέχειν), envelopper, *synékhein* (συνέχειν), tenir ensemble, voire dans le substantif *periokhḗ* (περιοχή), qui signifie autant la protection que l'enveloppement[207], l'enveloppement en vue de la protection, ou encore dans *hyperokhḗ*, qui réfère moins à la transcendance du principe qu'à la souveraine poigne dont l'un fait preuve pour maintenir, par la force de son *ékhein*, le monde suspendu dans son être[208] : des termes donc liés à la question de la tenue, du maintien, du soutien en vue de la conservation des étants. L'un est ainsi la force de l'*ékhein* et non de l'*eînai*, pour aller jusqu'au bout de l'équivocité qui règne entre le premier principe et le reste de la réalité.

Le néoplatonisme nous offre ainsi à penser une principialité du principe où, à l'impuissance de l'être dont témoigne son entropie, répond l'impuissance de l'un : impuissance de l'un due à son inaction, à la non-dispensation de sa force, et plus encore à sa singulière modalité d'être ou plus exactement d'état à l'égard de la procession de la substance, que Proclus définit comme sa « causalité acausale[209] ». L'un tire donc sa force propre non d'être la relève de ce que j'ai appelé la non-(puissance absolue)

207. Sur la *periokhḗ* (περιοχή) comme protection, voir *ibid.*, I 15, 70.23 SW.
208. Sur le suspens, voir *infra*, « L'acte hénologique », p. 112.
209. Voir *infra*, « D'une causalité sans cause », p. 116.

de l'être[210], autrement dit l'impossibilité pour l'être d'accéder à la puissance absolue, mais de ce que, par l'impuissance même de l'un, cette non-(puissance absolue) de l'être est maintenue dans sa non-absoluité.

La force de l'un rend ainsi par avance caduques les catégories médiévales de la puissance, et en particulier la distinction de la puissance absolue par rapport à la puissance ordonnée, puisque l'un, en tant que force constante, est à la fois et indistinctement le maximum de la puissance ordonnée (en effet, qu'y a-t-il de plus ordonné et de plus réglé qu'une constante ?) et le maximum de la puissance absolue, *ab-solutus*, c'est-à-dire déliée, séparée, en tant que l'un est imparticipable (ἀμέθεκτον) et incoordonnable (ἀσύντακτον). Rappelons la consécution de Proclus : « Parce que l'un est imparticipable, il opère toujours de la même façon[211] » – autrement dit, c'est en tant qu'absolu maximum que l'un est constance, autrement dit puissance au maximum ordonnée. Il n'est ici aucune place ni pour le miracle ni pour le régime d'exception.

On m'objectera : si la force de l'un est l'antithèse de la puissance de l'être, si la puissance totale est à ce point hétérogène et équivoque, selon qu'il s'agit de la force de l'un ou bien de la puissance de l'intellect et de l'être, ne risquons-nous pas d'instaurer un double régime de puissance cosmologique quasi contradictoire : une puissance de stabilisation d'une part (l'un) et d'autre part une puissance de production (l'être ou l'intellect), et ne retombons-nous pas ainsi dans le dualisme, voire dans la gnose, au prix de l'échec du projet hénologique ?

À cette objection, il est possible d'apporter deux réponses : il faut bien prendre en compte d'abord qu'entre l'un et l'être, nous n'avons pas affaire au choc et au conflit de deux puissances hostiles, mais bien plutôt à la rencontre de deux impuissances qui ne sont opératoires que par leur complémentarité. Par ailleurs, il faut aussi noter combien importe la signification du *sur-* de la surpuissance de l'un : « Rien ne lui est supérieur,

210. Voir *supra*, « *Skédasis* », p. 42.
211. *Théol. plat.* II 7, 50.10-11 SW.

rien ne l'emporte sur lui[212] » ; si l'*hyperbolḕ dynámeōs*, l'au-delà de la puissance, renvoie non à la constitution d'une surpuissance, mais à un « autrement qu'*être* puissant », il reste que cette altérité est une antériorité de cette force par rapport à toutes les autres, et cette antériorité une supériorité, « un état meilleur que la puissance[213] ». « Rien ne lui est supérieur, rien ne l'emporte sur lui » signifie qu'aucune actualisation ni même simplement aucune activité n'est possible en dehors de l'égide de l'un et de son processus d'unification : il n'y a production d'être, de puissance d'agir de la substance que parce que préexiste, antérieurement à celles-ci, une relation originelle à l'un constitutive de toutes réalités (ce que Proclus ou Damascius appellent l'*hýparxis*), à partir de laquelle l'étant se stabilise (*hypóstasis*), s'autoconstitue dans sa propriété et persiste dans l'être ; de sorte que cette puissance sans acte ni puissance d'engendrement qu'est l'un incoordonné et imparticipable finit ou plus exactement commence par être, aussi et en même temps, le principe ultime aussi bien que premier de la production de l'être. Autrement dit, si l'un est la cause de tous les êtres, c'est non parce qu'il est la cause de tous les êtres *ex nihilo* selon une logique créationniste, mais parce qu'il est, comme le dit Proclus, la cause de toutes les unités et, en tant que telle, la cause de tous les biens.

COSMOLOGIE ET LIBERTÉ

Il nous revient maintenant de définir ce que le principe fait au monde, la nature de son opérativité et de sa principialité, mais aussi la nature même du monde qu'il permet ainsi de déployer. Nous arrivons à la part cosmologique de la question hénologique. Se détermine ici, de façon essentielle, le rapport entre l'un et l'être. L'un n'est pas moins réalité que l'être. L'un

212. Plotin, *Traité 39* [VI, 8] (*De la liberté et de la volonté de l'Un*), 17, 23-24 ; trad. L. Lavaud *in* Plotin, *Traités 38-41*, *op. cit.*, p. 235.

213. Proclus, *In Parm.* VII 1189.8-11 Steel.

est positivité : non seulement il pose l'être par sa tranquillité et sa constance, mais lui-même a son assise, son soubassement et sa pose. Il n'est ni une cause errante ni un principe disparu. L'un est non moins réel que l'être. L'être (*ousía*) est la réalité qui procède, c'est-à-dire la substance en tant que celle-ci est appelée à se déployer et à s'étendre jusqu'à la matière en une succession de régions cosmologiques (les *diakosmēseis*) de moins en moins cohérentes, de plus en plus sujettes à la dispersion. L'un est la réalité qui, au contraire, ne procède jamais, restant dans son ermitage et dans sa solitude ; il est *apróïton* (ἀπϱόϊτον)[214], improcessible. Si l'un est dit « imparticipable », c'est précisément parce qu'il ne procède pas. Le terme *exēirēménon*, que Proclus ou Damascius utilise pour qualifier ce que les modernes appellent la transcendance du principe, signifie proprement ce qui se retranche et se soustrait : ce qui se retranche de la substance et se soustrait à sa procession. Damascius souligne l'aporie de la procession : si rien ne peut se convertir vers l'un sans en procéder, il reste qu'on est en droit de se demander comment quelque chose pourrait procéder de l'un sans se distinguer de lui, et en s'échappant sans se dissoudre en même temps dans le néant[215]. Il n'est qu'une seule façon de résoudre cette aporie : faire de l'être, et non de l'un, le sujet de la procession, ce qui a pour nom la substance, et faire de l'un l'instance qui précisément sauve ce qui procède de la disparition et du néant, et le sauve grâce précisément à son improcession et à son imparticipabilité. L'un, en tant qu'il ne procède pas, est la réalité dans sa plus grande positivité, là où il y a de la négativité non pas en soi, mais seulement pour nous, tandis que la procession de l'être implique nécessairement une négativité en soi, dont témoigne la *skédasis*.

L'un est cette part du réel irréductible à la procession de la substance et à la production de l'être. C'est en raison de son irréductibilité que l'un est le principe de l'être mais aussi, pour la même raison, un principe toujours à la limite de faire défaut à ce

214. Damascius, *De princ.* § 34 I, 101.9 CW
215. *Ibid.*, § 27 I, 74.16 – 75.16 CW.

dont il est le principe. L'être ne peut mobiliser l'un pour sa propre intensification. Non mobilisable par l'être, l'un est par excellence immobilité et tranquillité. Imparticipable, improcessible, immobile, il est la constante à laquelle le cosmos se tient suspendu[216] pour remédier à l'entropie et au chaos qui menacent sa procession.

Cette distinction entre les deux faces d'une même réalité, improcessible et processible, rend assurément plus simple à comprendre la différence hénologique. Si au contraire règnent la confusion et l'indifférence entre les deux faces, nous sommes alors conduits à l'un ou l'autre des extrêmes suivants. Soit, quand l'un subsume l'être, rien ne procède : c'est l'Égypte, sa pétrification, son désert ; soit au contraire, quand l'être subsume l'un, tout procède, au risque du hasard et du chaos. Entre ces deux extrêmes se déploie la liberté du monde, à condition que la différence entre l'improcessible et le processible puisse en ménager la possibilité. En tant que telles, toutes les métaphysiques ou presque reposent sur cette distinction, certes de façon plus ou moins assumée. Mais seul le néoplatonisme, qui en a fait son thème fondamental, en a eu la claire connaissance.

Cette distinction explique aussi l'équivocité des termes comme « acte », « puissance », « infini » qui revêtent une signification radicalement différente selon que la réalité procède ou ne procède pas. Insister sur la différence hénologique, sur la non-convertibilité de l'être et de l'un, signifie que la substance ne saurait procéder par elle-même, qu'elle a besoin d'un point fixe et constant qui permet à sa procession de ne pas se transformer en dispersion et en destruction. Nicolas de Cues affirme dans *La Docte ignorance* que le principe est à la fois le Maximum et le Minimum[217], et j'ajouterai qu'il est de l'essence de tout principe d'être à la fois maximal et minimal, même si chaque métaphysique organise ce rapport entre la maximalité du principe et sa minimalité selon sa visée propre.

216. Voir *supra*, « Constante », p. 80.

217. Nicolas de Cues, *La Docte ignorance*, I, 4, trad. P. Caye, D. Larre, P. Magnard, F. Vengeon, GF-Flammarion, Paris, 2013, p. 49.

Ici, l'un, antérieur à tout et au tout, est le principe minimal (ἓν τὸ ἐλάχιστον)[218], dénué de toute faculté, à la limite de l'impuissance (au sens ontologique de la puissance), en deçà de quoi il deviendrait un *anýparkton*, principe vide et sans assise, que les adversaires du néoplatonisme dénoncent en lui ; mais cette minimalité lui permet d'etteindre le maximum d'enveloppement, de procession et de déploiement de l'être, *précisément parce qu'il est le seul principe capable d'en garantir la liberté*. Telle est, par rapport à la tradition antique, la révolution cosmologique qu'engagent la métaphysique de l'un pur et sa différence radicale d'avec l'être.

Mais que faut-il comprendre par cette expression de « révolution cosmologique du néoplatonisme » ? Plotin est très tôt conduit dans son enseignement, dès le *Traité 3* (*Sur le destin*), avant même que le thème de l'un ne vienne à émerger expressément dans son œuvre, à remettre en cause les trois principaux systèmes cosmologiques antiques : l'atomisme, le stoïcisme et l'aristotélisme, assimilé ici au système ptolémaïque et à son astrologisme. Cette remise en cause initiale a quelque chose de déterminant pour l'ensemble de la démarche métaphysique plotinienne. Plotin commence sa revue des doctrines cosmologiques par la théorie épicurienne des atomes à laquelle il rattache les conceptions présocratiques des éléments : eau, feu, air terre. Ce sont ici des doctrines de nature physique qui fondent la cosmologie sur le primat des corps et de leur multiplicité. Plotin dénonce dans l'atomisme le paradoxe « absurde et impossible » qui, du chaos des atomes et de leur choc, fait naître spontanément un ordre[219]. À cette première catégorie de doctrines cosmologiques, Plotin oppose une seconde catégorie, non plus physique mais métaphysique, qui repose sur le primat

218. Damascius, *De princ.* § 24 I, 60.14 CW.

219. « Confier donc à des corps, qu'il s'agisse d'atomes ou de ce qu'on nomme des "éléments", le soin de régir toutes choses et ainsi engendrer, par le mouvement désordonné qui en procède, l'ordre, la raison et l'âme directrice s'avère donc, dans les deux cas [atomique ou élémentaire], absurde et impossible. » (Plotin, *Traité 3* [III, 1] (*Sur le destin*), 3, 1-4 ; trad. A. Petit in *Traités 1-6*, *op. cit.*, p. 152).

de l'unité et donc d'un principe unique susceptible de rendre raison de la totalité du réel à la fois dans son organisation et dans sa providence. Au sein même de ces cosmologies métaphysiques, Plotin distingue deux courants : le courant « énergétique » du stoïcisme, et le courant harmoniciste de l'aristotélisme et de son astrologisme. Le courant stoïcien explique l'ensemble du réel par l'action efficiente et productrice de la raison (*logos*) identifiée à un feu artiste modelant le monde réduit en quelque sorte à l'état de matière passive soumise à son action démiurgique[220]. Il faut noter que Plotin attribue au stoïcisme et non à lui-même l'idée selon laquelle le réel descend du principe (ἀπ'ἀρχῆς κατάγουσι πάντα), idée qui est à la base de l'émanatisme et qui connaîtra un si grand succès dans l'histoire de la philosophie. Enfin, à la dynamique d'un principe efficient qui transit l'ensemble du réel pour le configurer à son image, l'aristotélisme oppose l'idée d'un premier moteur immobile qui garantit l'harmonie des sphères et la parfaite circularité de leur rotation « dont toutes choses tiennent leur origine et qui enveloppe et produit tout par son mouvement, par les positions respectives des planètes et des étoiles fixes ainsi que par les figures qu'elles décrivent les unes par rapport aux autres[221] ».

Ces systèmes souffrent tous trois aux yeux de Plotin d'un même défaut : ce sont des systèmes déterministes qui ne laissent aucune liberté aux individus. Le chaos atomique vaudrait nécessité, du moins aux yeux de ses partisans[222] ; l'hégémonie du principe stoïcien s'étendrait jusqu'à la conception de nos pensées ; la rota-

220. « D'autres, remontant au principe de l'univers, en font tout descendre : pour eux, c'est une cause qui se répand en toutes choses et qui n'est pas seulement cause motrice [αἰτία κινοῦσα] [comme dans le cas de la doctrine suivante] mais aussi cause productrice [αἰτία ποιοῦσα] de chaque chose. [...] De ses mouvements résultent non seulement toutes les choses qui deviennent, mais aussi nos pensées [διανοήσεις] à la façon dont les différentes parties d'un être vivant se meuvent, non pas chacune par soi-même, mais en suivant la partie qui domine [ἡγεμονῶν] dans cet être vivant [en l'occurrence le principe "hégémonique" qui domine le monde identifié à l'être vivant] » (*ibid.*, 2, 17-25 ; trad. A. Petit, p. 151).

221. *Ibid.*, 2, 26-30 ; trad. A. Petit, p. 151.

222. *Ibid.*, 2, 14-15.

tion céleste nous livrerait tout entier à l'influence des planètes. Le néoplatonisme de son côté s'efforce d'élaborer une nouvelle cosmologie qui, tout en opérant la synthèse de ces trois systèmes, en réalité s'en extrait entièrement pour mieux libérer le monde, mais aussi le principe, de la nécessité, selon un processus d'entrelibération du principe et du monde[223] qui résout la dialectique de l'un et du multiple, l'antinomie du principe et du tout, et fait la grandeur et la grâce du néoplatonisme. Cette nouvelle cosmologie, qui repose sur la différence hénologique, poursuit l'ordre et la régularité harmonieuse du ciel aristotélicien, mais de façon moins mécanique ou machinique, laissant une part de la vie, de la puissance et de l'énergie du stoïcisme se substituer au mouvement et à l'acte. Si le néoplatonisme hérite ainsi d'un certain productivisme stoïcien, il le fait cependant selon une principialité non efficiente, non démiurgique, non métamorphique, j'oserais même dire non énergétique, à la limite même de l'impuissance et de l'improductivité, en faveur d'un réel libre et insoumis. Enfin elle rend pensable, par sa propre prise en compte de la réalité de la multiplicité[224], le multiple éclaté de l'atomisme, mais sans rien laisser au chaos.

Le long chemin de la liberté cosmologique passe d'abord par la remise en cause de toute conception démiurgique et créationniste du monde par le premier principe, et de toute détermination du principe comme cause efficiente.

POÏÉTIQUE NÉOPLATONICIENNE

La *kósmēsis* (κόσμησις), l'organisation du monde, ou plus exactement le déploiement de la substance en monde, est double : elle est de l'ordre à la fois du *parágein* (παράγειν) et du *synékhein* (συνέχειν). *Parágein,* que l'on traduit habituellement par « produire », signifie plus exactement « conduire la procession » et, en tant qu'on la conduit, lui donner un ordre de succession. Il s'agit donc non pas produire, et moins encore

223. Voir *infra*, « Entrelibération », p. 143.

224. Sur la question de la multiplicité réelle, voir *supra*, « *Skédasis* », p. 39-41.

de produire du non-être à l'être, mais de conduire, à travers la procession, l'être du désordre à l'ordre. *Synékhein* consiste à rassembler la procession et à lui donner sa cohésion pour maintenir dans l'unité le cosmos et pour le préserver de la dispersion. Si la cosmologie néoplatonicienne intéresse notre temps, c'est parce qu'elle noue la production à la conservation, à la tenue, au maintien et au soutien. Elle correspond ainsi parfaitement aux enjeux que notre monde économique et technique formule sous les expressions de « développement durable » ou de « sustainable development ». Nous montrerons que le néoplatonisme conditionne en réalité la production, la procession et le déploiement de l'être à sa tâche de conservation, de protection et de sauvegarde. C'est là aussi une leçon pour notre temps.

Si les interprétations habituelles du néoplatonisme valorisent au contraire sa dimension productive au détriment de sa fonction sotériologique, c'est faute de prendre en compte la distinction qu'au chapitre 28 du livre I de la *Théologie platonicienne* Proclus propose entre le *gennētikón* et le *poiētikón*[225] . Le *gennētikón* (τὸ γεννητικόν) correspond à la part maternelle de la production, la production proprement dite comme puissance de fécondité (γόνιμα), fabricatrice de vie (ζωοποιά), chorège du mouvement, de la prolifération des puissances, de la diversité et des processions (κινήσεως χορηγὰ καὶ πολλαπλασιασμοῦ τῶν δυνάμεων καὶ ποικιλίας καὶ προόδων)[226]. Le *gennētikón* est alors assimilé à l'illimité dans la dyade primordiale de l'illimité et de la limite : il est le rejeton de l'infini et de la multiplicité première (τῆς ἀπειρίας [...] ἔκγονα καὶ τοῦ πρωτίστου πλήθους)[227]. Mais au principe maternel vient se mêler le principe paternel (αἴτιον πατρικόν) qui symbolise le travail de l'un donnant à la procession ses limites, sa stabilisation et sa cohésion (συνέχειν-συνεκτικά)[228].

225. *Théol. plat.* I 28, 122.3 – 123.15 SW. Voir aussi II 9, 58.19 SW.

226. *Ibid.*, I 28, 123.13-14 SW.

227. *Ibid.*, 123.15 SW.

228. Sur la corrélation de ces deux causes, voir Platon, *Timée* 28c3, que commente Proclus dans son propre *Commentaire sur le Timée* : Proclus, *In Tim.* I 297.31-298.11 Diehl.

À ce titre, le principe paternel assure la garde (φρουρεῖν-φρουρητικά) et la sauvegarde du monde Or, précise Proclus, ce principe est proprement « poïétique » (ποιητικόν)[229]. De même, dans son *Commentaire au Timée*, Proclus assimilera la technique (τὸ τεχνικόν) au travail de délimitation, par la *poíēsis* divine (ἡ θεῖα ποίησις), de la procession[230]. Il importe de noter ce lien paradoxal que noue le néoplatonisme entre d'une part la limite, la garde ou la sauvegarde, et d'autre part la production. La création du monde n'est pas engendrement, mais délimitation par l'un du mouvement de procession, dont dépendent la sauvegarde, la protection et la conservation du réel. La rencontre de la délimitation et de la procession définit dans le néoplatonisme la notion de production ou *poíēsis* (ποίησις) : « La production divine est le mélange entre la limitation qu'elle s'impose [ὁ ἀπ'ἑαυτῆς ὅρος] et la procession qui résulte de l'être et de la substance [τὸ ἀπὸ τοῦ εἶναι καὶ τῆς οὐσίας προϊόν][231]. »

Plotin assimile l'engendrement à la surabondance, au débordement et à l'écoulement de soi qui fabriquent un autre (οἷον ὑπερερρύη καὶ τὸ ὑπερπλῆρες αὐτοῦ πεποίηκεν ἄλλο)[232]. Sous cette forme, la production semble relever de l'émanation et de la donation. Mais en réalité il s'agit là d'une métaphore puisque la formule est précédée d'*hoîon* (οἷον : « *comme* un débordement et une surabondance... », métaphore qui signifie la continuité et l'omniprésence, à tous les niveaux de la réalité, de l'un, malgré le caractère analogique voire équivoque de la substance et de son déploiement scalaire, degré par degré. Proclus revient sur cette définition de l'engendrement dans la Proposition 27 des *Éléments de Théologie* : « Tout producteur [*tò parágon* (τὸ παράγον), participe présent de *parágein* : ce qui conduit la procession] produit ce qui vient après lui par

229. *Théol. plat.* I 28, 123.8-12 SW.

230. Proclus, *In Tim.* I 60, 5-11 Diehl.

231. *Ibid.*, trad. modifiée A.-J. Festugière, *in* Proclus, *Commentaire sur le Timée*, t. I, l. I, Vrin/CNRS, Paris, 1966, p. 95.

232. Plotin, *Traité 11* [V, 2] (*Sur la génération et le rang des choses qui sont après le Premier*), 1, 8-9.

perfection et surabondance de puissance[233]. » Simplement le vocabulaire qu'utilise Proclus pour exprimer ce débordement et cette surabondance diffère de celui de Plotin. Proclus préfère parler de *dynámeōs periousía* (δυνάμεως περιουσία) plutôt que d'*hyperbolḗ dynámeōs*. L'expression ici vaut pour elle-même ; elle n'a rien de métaphorique. *Periousía* signifie d'abord le fait de survivre, d'être sauvé. Il faut de nouveau signaler l'importance, dans la terminologie néoplatonicienne, du rapport dialectique entre l'*eînai* et l'*ékhein*[234], et relier la *periousía* (de *perieînai*) à la *periokhḗ* (de *periéchein*), c'est-à-dire à l'enveloppement de l'être par l'un en vue de sa protection. La *periousía* est la substance en tant qu'elle est rassemblée et protégée par la *periokhḗ* de l'un ; de ce premier sens découle une seconde idée, celle de provision et d'épargne, loin de tout débordement et dépense de l'être : *dynámeōs periousía* exprime bien le fait que ce qui conduit la procession demeure en lui-même sans diminution ni amoindrissement[235]. De ce second sens dérive ultimement la signification de la surabondance, voire du superflu. Avec *periousía,* on est dans un tout autre champ sémantique : on quitte le vocabulaire de la physique, voire de la mécanique des fluides (ὑπερερρύη), pour évoquer bien plutôt la gestion des biens et du patrimoine fonciers qui se disent en grec *ousía,* comme la substance des philosophes.

Dans les *Éléments de Théologie,* Proclus revient sur cette fonction de garde de l'être (τὸ φρουρητικόν). « La garde [φρουρά] est la mesure immuable de la *táxis* de chaque chose [τὸ τῆς ἑκάστου τάξεως μέτρον ἀτρέπτως][236]. » Cet ordre est double : la garde maintient à son propre rang dans la procession chaque être considéré par rapport à lui-même et par rapport à ce qui le précède et le suit, ce qui constitue la *táxis* proprement dite ; mais elle assure aussi la cohésion interne des choses. En tant que telle, la fonction de garde

233. *Elem. Theol.,* § 27, p. 30.25-26 Dodds ; trad. J. Trouillard *in* Proclos, *Éléments de Théologie, op. cit.,* p. 80.

234. Voir *supra,* « La force de l'un pur », p. 97.

235. *Elem. Theol.,* § 26, p. 30.22-24 Dodds.

236. *Ibid.,* § 154, p. 136.4 Dodds.

préserve et maintient dans leur perfection propre tous ceux qui sont sous sa garde (διασῴζει καὶ συνέχει πάντα τὰ φρουρούμενα)[237]. La perfection consiste moins ici à accomplir son *érgon*, sa finalité fixée par l'ordre cosmologique, qu'à demeurer souverain en soi-même. La garde donne à chacun sa souveraineté (*hyperokhḗ*) par rapport à ce qui vient après lui et elle maintient chacun immuable en lui-même hors de tout mélange[238]. Bref, la limite et sa garde sont les conditions de possibilité de l'autoconstitution de tout étant[239].

Dans la mythologie grecque, telle que l'interprète le néoplatonisme, la garde de l'être est symbolisée par la déesse Athéna. Celle-ci est dotée, note Proclus, d'une double caractéristique : elle porte un armement (πανοπλία), dont elle se revêt pour se livrer à la danse (ὄρχησις) : « Athéna, revêtue de son armement complet, voulut se livrer à la danse[240] » – à la danse, autrement dit « au mouvement bien rythmé[241] ». L'armement symbolise la garde de l'être, dont la danse à son tour donne le sens. Ce que donne l'un aux étants n'est pas l'être, mais le rythme et l'ordre, c'est-à-dire à la fois la beauté[242], la vertu et la justice du monde[243] : la beauté de la limite, la justice de ce qui jamais ne la transgresse[244]. « Dieu est créateur de la beauté [καλλοποιόν] et créateur de l'unité [ἑνοποιόν] par l'intermédiaire de la beauté[245]. » Et si l'un est bien *ousiopoión* (οὐσιοποιόν), s'il dispense l'être (εἶναι) aux étants, comme l'affirme Proclus dans ses *Éléments de Théologie*[246], il le fait

237. *Ibid.*, p. 136.5 Dodds.
238. *Ibid.*, p. 136.6-7 Dodds.
239. Voir *infra*, « Autoconstitution de l'être », p. 131.
240. *Théol. plat.* V 35, 128.26 – 129.2 SW ; trad. H. D. Saffrey.
241. *Ibid.*, 129.6-7 SW ; trad. H. D. Saffrey.
242. Sur la beauté, faut-il rappeler qu'elle est l'objet même du premier traité de Plotin [I, 6] *Sur la beauté* ? Sur la vertu, voir Plotin, *Traité 9* [VI, 9] (*Sur le Bien ou l'Un*), 1, 15-17.
243. Sur la justice, voir *Théol. plat.* I 16,77.6 – 88.10.
244. *Ibid.*, 77.8-11 SW.
245. Proclus, *In Parm.* II 724.17-18 Steel.
246. *Elem. Theol.*, § 157, p. 138.15 Dodds (οὐσιοποιόν), et p. 138.6-7 Dodds (χορηγός).

en chorège (χορηγός), l'être ici n'ayant d'autre forme que la beauté, l'ordre et la justice. La poïétique de l'un est aussi une poétique.

L'ACTE HÉNOLOGIQUE

Nous sommes désormais en mesure de mieux définir ce que l'un fait à l'être, son acte. Dans un premier temps, nous avions écarté l'acte ontologique pour définir, de façon négative, l'opérativité de l'un[247]. Puis nous avions posé et défini, à partir de Proclus, les deux premiers éléments positifs de cette opérativité : l'*hýparxis* et la puissance propre de l'un[248]. Il nous restait donc à définir le troisième élément, celui qui agit directement sur l'être et fait ainsi la *kósmēsis* : l'acte de l'un. Au *Traité 39*, texte de toutes les ambiguïtés mais aussi de toutes les bifurcations, moins entre l'un et l'être au demeurant qu'entre la différence hénologique et la différence ontologique, Plotin définit l'acte de l'un comme l'acte premier, et premier précisément pour être antérieur et indépendant de la substance, *áneu ousías*, acte ou agir sans substance, comme si l'un était en quelque sorte un acte pur, l'*energeîn katharón* du *Commentaire au Parménide* du manuscrit de Turin, assimilé à l'être (*eînai*), force libre par rapport à l'ordre de la procession et des essences qu'elle transcende pour mieux le transgresser et transir le réel : nous serions ainsi conduits vers un principe défini comme toute-puissance. Mais ce n'est pas ainsi que Plotin comprend cet affranchissement de l'acte de l'un par rapport à l'activité ontologique de la substance. L'acte sans substance, et qui en tant que tel est l'acte premier de l'ensemble de la réalité, n'est pas celui de la donation, de la transience et de l'efficience, mais l'*hypostasis*, ce par quoi l'un à la fois est stable en lui-même et, par l'effet de sa propre constance, stabilise le reste de la réalité ; Il faut définir cet acte, dit Plotin, en

247. Voir *supra*, « L'activité sans acte », p. 65-70.
248. Voir *supra*, « La force de l'un pur », p. 95-99.

quelque sorte comme l'*hypostasis*[249]. Or, cet acte est *áneu ousías*, sans substance, précisément en ce que la substance, laissée à elle seule, sans le recours de l'un, ne peut par elle-même assurer sa stabilisation.

Stabilisateur, l'un est donc bien actif : il n'est pas un principe oisif, un dieu indifférent ; mais il est actif, on le comprend bien, dans un sens totalement étranger à l'acte ontologique entendu comme mise en œuvre, actualisation ou réalisation[250]. Il est donc bien l'acte sans acte, l'acte *anenérgêton*. En tant que tel, l'acte de l'un se définit essentiellement comme retenue, mais aussi comme veille.

La retenue est l'acte préjudiciel, celui par lequel la différence hénologique est maintenue ; si l'un ne se retient pas, « s'il s'écoule vers l'extérieur, il perdra l'être qu'il est[251] », et qui consiste précisément à être différent de la substance. Si l'acte ontologique est *pro-ducere*, mise au jour, avancée et émergence, l'acte hénologique est son contraire : retrait et retenue.

L'un d'abord prend appui sur lui-même[252], dit Plotin (πρὸς αὑτὸν στηρίζει). *Stērízei* (στηρίζει) signifie « enfoncer solidement », « fixer », « attacher », « fortifier », « persister », « rester stationnaire ». Même si on ne trouve pas le terme d'*hýparxis* chez Plotin, l'idée que l'un est *hýparxis*, qu'il n'est pas *anýparkton*, y est clairement présente. C'est en quoi, poursuit Plotin, l'acte par excellence de l'un est sa tenue et sa manence. La retenue exprime la dimension purement immanente de l'acte hénologique, ce par

249. Οὐδὲ γὰρ φοβητέον ἐνέργειαν τὴν πρώτην τίθεσθαι ἄνευ οὐσίας, ἀλλ'αὐτὸ τοῦτο τὴν οἷον ὑπόστασιν θετέον (« Il ne faut pas craindre de soutenir que l'activité première est sans substance, mais il faut soutenir que cela même est quasi la stabilisation ») (Plotin, *Traité 39* [VI, 8] (*De la liberté et de la volonté de l'Un*), 20, 9-11).

250. « Et si en prononçant ces mots – "il a stabilisé", "il a conduit" – nous employons des termes qui signifient l'acte, il ne faut pas s'en étonner ; en effet, nous lui appliquons des termes tirés des étants, signifiant, par des mots qui contiennent la notion d'acte [ὀνόμασιν ἐνεργητικοῖς], l'extériorisation sans acte de toutes choses à partir de l'un [τὴν ἀνενέργητον ἀπ'ἐκείνου τῶν πάντων σημαίνοντες ἔκφανσιν] » (Proclus, *In Parm.* VII 1168.30 – 1169.4 Steel).

251. Plotin, *Traité 39* [VI, 8] (*De la liberté et de la volonté de l'Un*), 16, 26-27 ; trad. L. Lavaud modifiée *in* Plotin *Traités 38-41, op. cit.*, p. 233.

252. *Ibid.*, 16, 19.

quoi l'un agit sur lui-même et, en tant que tel, s'autoconstitue, si tant est que l'autoconstitution de l'un et le dédoublement qu'elle implique soient pensables dans la stricte logique de l'hénologie, et ne relèvent pas du discours relâché propre au *Traité 39* d'où sont tirées ces définitions.

Témoigne de la retenue le vocabulaire même de la cosmologie métaphysique néoplatonicienne : l'éloignement et le retranchement du principe (ἐξῃρημένον) est le fait d'un arrachement (ἁρπάζειν)[253], qui est aussi une fixation, mais une fixation elle-même accrochée à rien, – comme si le principe, une fois soustrait à l'ordre du monde et de sa procession, se tenait suspendu en flottement –, qui néanmoins sert de point d'accroche au reste de la réalité, se tenant à son tour suspendu et retenu au principe comme à une cimaise[254]. « Tout est donc suspendu à lui [ἀπῃώρηται], et de cette façon en retire avantage, en étant retenu par lui [ἐχόμενα ὑπ'αὐτοῦ][255]. » *Harpágē* (ἁρπάγη) signifie non seulement la prise mais aussi le « croc » par lequel l'un à la fois arrache le réel à sa pesanteur, comme le seau du puits, et l'accroche pour mieux le suspendre et le tenir ou le soutenir. En réalité l'un n'est pas à proprement parler un point fixe : « Il est au-delà du mouvement et du repos », dit Plotin[256]. La *monḗ* n'est donc pas de l'ordre de la *stásis*.[257] Si la saisie du reste de la réalité par le croc de l'un, si

253. L'expression *harpázein heautó* ou *heautón* (ἁρπάζειν ἑαυτό) est fréquente chez Proclus : voir *In Parm.* I 628.8 Steel et VI 1067.2 Steel ; voir aussi Antelme-Édouard Chaignet *in* Proclus le philosophe, *Commentaire sur le Parménide,* II, E. Leroux, Paris, 1901, (réimpr. Francfort-sur-le-Main, Minerva, 1962), p. 277, n. 3. Voir en particulier le passage du livre VI du *Commentaire sur le Parménide* de Proclus (VI 1067.1-4 Steel) où le verbe ἁρπάσαν est relié à la fois à la solitude de l'un (μάλιστα πάντων μόνως ἓν ἐστι), à son incoordination (ἀσύντακτον), à son imparticipabilité (ἀμέθεκτον) et à son retranchement (ἐξῃρημένον).

254. « De surcroît, il faut poser le Bien comme ce à quoi toutes choses sont suspendues [ἀνήρτηται], alors que lui n'est suspendu à rien » (Plotin, *Traité 54* [I, 7] (*Sur le souverain bien et les autres biens*), 1, 21-22 ; trad. J.-F. Pradeau *in* Plotin, *Traités 51-54, op. cit.*, p. 246). Voir aussi sur ce terme Aristote, *Métaphysique*, Λ, 7, 1072b14.

255. Damascius, *De princ.* § 36 I, 111.16-17 CW ; trad. J. Combès.

256. [...] μὴ κινούμενον, οὐχ ἑστώς (Plotin, *Traité 9* [VI, 9] (*Sur le Bien ou l'Un*), 3, 42.). v. aussi Proclus, *In Parm.* VII 1169.21-30 Steel.

257. *Id.*, *Traité 43* [VI, 2] (*Sur les genres de l'être* II), 3, 4-5.

l'accroche du réel au croc est ferme et fixe, le croc quant à lui reste flexible. Il ne sert pas plus à fixer l'être qu'à le dynamiser. Ou plus exactement il sert à la fois et simultanément à fixer l'errance de l'intellect et à lui assurer sa productivité que traduit le mouvement de conversion entre l'intellect, ses opérations intelligibles et ses formes intelligibles, comme si la dialectique négative (ni repos ni mouvement) de l'un rendait possible la dialectique positive de la substance noétique (à la fois repos et mouvement) dont dépend la morphogénèse des formes intelligibles. Autrement dit, l'un se meut avec la substance sans jamais bouger, précisément parce que cette fixation n'est accrochée à rien, ou encore parce que l'un, imparticipable, ne dépend pas des coordonnées de la substance. C'est là proprement l'œuvre de la suspension, et c'est en quoi l'un est une constante et non un dogme ; l'un est ce qui se tient avec soi-même, et non pas ce qui ne resterait fixe et stable qu'en fonction d'une référence extérieure qui ne serait pas lui, à savoir la procession : type de fixité et de stabilité qui de son côté renverrait à la *stásis*. Il y a une dialectique du suspens entre l'un et l'être : l'un se retranche et se soustrait pour se tenir en suspens, en n'ayant d'autre assise que lui-même, pour qu'à son tour l'être puisse s'y accrocher et s'y suspendre (ἐξαρτάω[258] ou ἀπαρτάω[259]) au point que Damascius va jusqu'à définir ce qui procède comme « la réalité suspendue », l'*apaiṓrēma* (ἀπαιώρημα), du verbe *apaiōréō* (ἀπαιωρέω), « laisser pendre » ou « suspendre »[260], l'un s'arrachant et se mettant en quelque sorte sur orbite pour à son tour suspendre l'être et le retenir dans sa chute, selon la logique du contrepoids[261].

Or, le réel est en suspension, parce que la matière ne peut servir ici de substrat comme dans l'aristotélisme. La matière néoplatonicienne oscille entre le rien et le néant : elle n'est

258. *Id., Traité 39* [VI, 8] (*De la liberté et de la volonté de l'Un*), 18, 6.

259. *Id., Traité 38* [VI, 7] (*Comment la multiplicité des idées s'est établie et sur le Bien*), 42, 21.

260. Damascius, *De princ.* § 32 I, 93.7 CW.

261. Sur la notion de contrepoids ou ἀντίσωμος, voir *supra*, « La force de l'un pur », p. 95.

rien, et surtout pas une cause comme chez Aristote, en tant qu'elle ne représente aucune réalité hypostatique, c'est-à-dire susceptible de stabilisation, et plus encore en tant qu'elle reste étrangère à tout processus de stabilisation, n'émergeant elle-même qu'à la suite de la constitution des corps à partir de la quantité ; elle se fait néant ou néantisante parce qu'en tant que rien, elle devient attraction vers le non-être, menace permanente de déstabilisation, contribuant ainsi à la *skédasis*. Nous comprenons alors la nature de la constante de l'un. L'un est non pas une force de gravité, mais au contraire une force antigravitationnelle. Il retient la chute des êtres et les maintient dans un suspens qui devient ballet et harmonie sous le couvert de la chorégie. C'est en tant qu'arrachement, suspens et force antigravitationelle que l'opérativité de l'un relève du retrait et de la soustraction bien plus que de la production. Se dessine ainsi une cosmologie gracieuse et élégiaque, fondée sur la séparation radicale entre l'un et l'être, le principe et ce dont il est le principe : séparation qui, pour être radicale, n'en est pas moins amoureuse. Je ne suis pas sûr que les termes de « transcendance » (pour le principe) et de « dépendance » (pour ce dont il est le principe), que notre tradition philosophique utilise pour traduire ce vocabulaire grec, rendent bien raison de ce qui est ici en jeu.

Le second acte, la veille, explique comment, sans contrevenir à la solitude de l'un, retrait et retenue possèdent néanmoins une action sur le reste du réel. Plotin dit que l'acte de l'un est veille ou vigilance : *egrēgorsis* (ἐγρήγορσις)[262], permanente attention à soi-même et au reste du réel, ce par quoi l'un toujours opère au point, ajoute Plotin, que la veille et le veilleur, l'acte et l'instance sont identiques[263]. Ce qui justifie pour l'un sa nature de constante. *Egrēgorsis* ou *egrēgórēsis* viennent d'*egeírō* (ἐγείρω) : « éveiller », « faire lever », « ériger », « dresser », « mettre debout » (en latin *statuo*), « faire vibrer les cordes de la lyre »

262. Plotin, *Traité 39* [VI, 8] (*De la liberté et de la volonté de l'Un*), 16, 31.
263. *Ibid.*, 16, 31-32.

(et l'on songe ici à l'harmonie cosmique), enfin « être vigilant ». On retrouve, sous le couvert de l'*egrḗgorsis,* toutes les conditions du faire-monde néoplatonicien. Cette vigilance ne se contente donc pas d'assurer la permanence de la constante un, mais a en vue la garde (*phrourá*) et la sauvegarde (*sōtēría*) de l'être. C'est une providence, mais une providence « hypernoétique », une *hypernóēsis* (ὑπερνόησις)[264] au-delà de toute intellection et de toute prudence, et au-delà même de la vie et de son engendrement[265], une providence qui ne veille sur l'être et n'y pourvoit que par la permanence de la constante toujours en veille, en une sorte de conservation continuée. La veille et l'éveil sont la trace de l'un en nous. Parce que l'un veille, il s'éveille en nous et ce faisant nous éveille (δέοντος ἀνεγείρειν τὸ ἐν ἡμῖν)[266].

Plutôt que de *poioúmenon* (ποιούμενον)[267], de produit, Plotin préfère parler d'*enérgēma* (ἐνέργημα)[268] pour définir le résultat de ce type d'acte hénologique : l'un est le résultat de son propre acte. Laurent Lavaud note à juste titre qu'à travers cette activité de l'un – et j'ajouterai : qu'elle soit transitive aussi bien que réflexive, qu'elle porte sur ses effets aussi bien que sur lui-même –, « l'on se trouve par là confronté à une étrange production [...] où seul subsiste un producteur pur pourrait-on dire, mais où rien ne se trouve réellement produit[269] ». On est alors en droit de parler d'improduction.

D'UNE CAUSALITÉ SANS CAUSE

Si « le rapport de cause à effet est la chose la plus commune, la plus grossière et la plus immédiate que l'humaine perdition, face à l'étant, puisse prendre pour étalonner

264. *Ibid.*, 16, 32.
265. *Ibid.*, 16, 36.
266. Proclus, *In Parm.* VI 1081.4 Steel.
267. Plotin, *Traité* 39 [VI, 8] (*De la liberté et de la volonté de l'Un*), 20, 5.
268. *Ibid.*, 16, 16.
269. Laurent Lavaud *in* Plotin, *Traités 38-41, op. cit.*, p. 320, n. 367.

ses explications[270] », alors le néoplatonisme représente le plus grand effort spéculatif jusqu'à Hume pour préserver l'être de cette menace. On retrouve chez Heidegger, ici comme en maints autres endroits de son œuvre, le thème néoplatonicien de la *sōtēría* au sens métaphysique et non pas eschatologique du terme : un salut de l'être et non seulement de l'homme, ou encore un salut de l'homme par le salut de l'être et non par la rédemption que lui offre le dieu ; or, cette *sōtēría* passe par le refus d'accorder la causalité au premier principe. Il est vrai que le principe de causalité, en tant qu'il rend le principe nécessairement participable de quelque façon que ce soit, engage non moins nécessairement la dispersion de l'être. C'est pourquoi, de même que l'un est au-delà de la substance, antérieur à l'acte et à la puissance, il est aussi antérieur à la causalité, *prò tôn aitíōn* (πρὸ τῶν αἰτίων)[271] ou encore il est le *proaitíos* (προαίτιος)[272]. « Le premier principe ni n'engendre ni ne produit rien, ni ne préexiste comme une fin aux êtres qui viennent après lui[273] », de sorte, conclut Proclus, qu'il est impossible « de lui rapporter par nos raisonnements aucune espèce de causalité »[274]. De même, chez Damascius, on ne peut dire de l'un qu'il est cause efficiente ou finale, « car c'est là une distinction *postérieure* à ce dieu et relative à ses effets multiples et déjà produits, et qui sont comme tel en quête de l'un[275] ». De même, pour Plotin, l'un n'est pas la cause, mais le père de la cause, la fonction proprement causale appartenant à l'intellect[276], de sorte, précise-t-il au *Traité 43*, que « sans doute il ne

270. Heidegger, *Apports à la philosophie. De l'avenance*, trad. F. Fédier modifiée, Gallimard, Paris, 2013, p. 137.

271. *Théol. plat.* II 9, 58.23-24 SW.

272. Proclus, *In Parm.* VII 1210.9 Steel ; *Théol. plat.* II 9, 59.24 SW ; voir aussi Damascius, *De princ.* § 31 I, 91.15 CW.

273. *Théol. plat.* II 9, 57.16-17 SW.

274. *Ibid.*, 60.4-6 SW.

275. Joseph Combès, *in* Damascius, *Commentaire du Parménide de Platon*, III, *op. cit.*, p. 204 (et n. 1, *ad* § 343, p. 132).

276. Plotin, *Traité 10* [V, 1] (*Sur les trois hypostases qui ont rang de principes*), 8, 4-5 ; *id.*, *Traité 39* [VI, 8] (*De la liberté et de la volonté de l'Un*), 14, 37-38. Ici le principe est dit père de la cause en tant qu'il est aussi le père de la substance,

faut même pas dire que l'un est la cause des autres êtres[277] ». L'un n'est pas la cause, mais la condition de possibilité de la causalité ; toute cause n'est efficace que par l'opération de l'unité.

Antérieur à la causalité, l'un n'est pourtant pas sans effet sur la réalité. Il fait sentir sa présence à l'être, mais sans le produire, l'informer ou le finaliser, c'est-à-dire sans opérer par les voies de la quadricausalité (forme, efficience, finalité, voire matière) qui caractérise l'ontologie antique. Il n'est causalité que de notre point de vue. Les choses sont les effets de l'un, mais l'un n'est pas directement la cause de ces effets. Il est, dit Proclus, une cause sans causalité, une causalité sans cause : *anaitíōs aítion* (ἀναιτίως αἴτιον)[278]. Si causalité il y a dans le néoplatonisme, elle est essentiellement le fait du second principe, l'intellect, et non pas de l'un[279]. La causalité est une affaire interne à la substance et à sa procession, causalité que l'un désarme (autrement dit : dont il protège la substance et sa procession des effets dispersifs) autant qu'il la conditionne. D'où le terrible contresens de la tradition interprétative qui assimile le principe néoplatonicien à la cause primordiale (*prōtístē aitía*), comme en témoigne la substitution d'*aitía* à *ousía* par Taylor, le traducteur anglais de la *Théologie platonicienne*[280] ; d'où, plus fondamentalement encore, la dérive radicale, par rapport au néoplatonisme original, du *De causis*, qui contribue à assimiler l'un au Dieu tout-puissant et efficient de la création dans les religions monothéistes.

L'un est donc antérieur à la causalité. J'oserais même dire que l'un est plus vieux que la cause. Pourtant, l'être ne vient

elle-même qualifiée d'*aitiṓdēs* (καὶ αἰτίας καὶ οὐσίας αἰτιώδους πατήρ), c'est-à-dire de forme causale ; voir aussi Platon, *Lettre VI*, 323d4-5.

277. Plotin, *Traité 43* [VI, 2] (*Sur les genres de l'être* II), 3, 20-21 ; trad. L. Brisson *in* Plotin, *Traités 42-44*, éd. L. Brisson, J.-F. Pradeau, Paris, GF-Flammarion, 2008, p. 147.

278. *Théol. plat.* II 9, 58.24 SW.

279. *Ibid.*, I 21, 98.23-24 SW.

280. Voir *supra*, « La déduction de l'un », p. 31.

pas après l'un ; tout est simultané dans le système néoplatonicien[281] ; c'est en quoi le système néoplatonicien est « éternité ». Certes, le philosophe néoplatonicien utilise très souvent, pour expliquer la structuration du réel, l'ordre de succession entre l'avant et l'après (cet ordre que les Grecs appellent proprement *táxis*), mais c'est en vue de souligner les opérations de distinction nécessaires pour apprécier la richesse des très nombreuses dimensions de l'être que fait émerger la procession néoplatonicienne. Si, malgré tout, on est en droit de parler d'une antériorité *quasi* chronologique du principe, c'est précisément dans le cas de cette antériorité de l'un par rapport à la causalité. Il se passe assurément, dans et par l'un, quelque chose pour l'être d'antérieur à la causalité. L'un prend par là même, dans la naissance de l'être, une dimension archaïque (dans un sens à la fois temporel et philosophique, « ce qui concerne l'*arché̄* »), voire immémoriale qui défie les règles de l'explication causale. Au livre VI de la *République*, Platon affirme non seulement que l'un est au-delà de l'être (*epékeina tês ousías*), mais il précise : au-delà « par sa vieillesse » ou encore « par sa vénérabilité » sa *presbeía* (πρεσβεία)[282]. Vénérable, assurément l'un l'est, devant lequel on s'incline non dans un esprit de soumission parce qu'il serait le tout-puissant, mais avec recueillement, de la même façon que, près de Trévise, au cimetière de la famille Brion, conçu et dessiné par Carlo Scarpa, l'on baisse la tête en passant sous le bas linteau de la porte d'entrée, pour saluer l'abri, l'asile, l'ermitage qui accueille l'être en repos hors de toute procession.

Proclus définit la causalité comme un simple indice (ἔνδειξις)[283] du principe, « une indication tel un doigt pointé vers un point sur l'horizon lointain et flou, donnant seulement une direction[284] », un symbole qui qualifie et signifie, de façon plus ou moins adéquate, ses effets sans rien dire de sa nature, car, dit Proclus, « le retranchement et l'exhaussement de l'un [ou plus

281. Sur l'axiome de simultanéité dans le néoplatonisme, voir Plotin, *Traité 47* [III, 2] (*Sur la Providence* I), 1, 15-26.

282. Platon, *République*, VI, 509b9.

283. *Théol. plat.* II 9, 58.1 SW.

284. Carole Tresson-Métry, *L'Aporie...*, *op. cit.*, p. 346.

exactement son exhaussement retranché ou son exhaussement par soustraction, *exēirēmenē hyperbolḗ* : ἐξῃρημένη ὑπερβολή], dépassent incroyablement ce genre d'indices[285] ».

Le premier indice, le plus faible, le moins pertinent, est la cause efficiente ou productrice qui considère l'un comme le « ce à partir de quoi [ἀπ'αὐτῆς][286] », que cette efficience soit poïétique aussi bien que génératrice, paternelle aussi bien que maternelle. L'efficience correspond donc à la procession. Si l'efficience est l'indice le plus faible et le plus éloigné de la véritable opération du principe, c'est parce qu'elle est la forme de causalité la moins capable d'exprimer la souveraineté de l'un, en lui imposant une addition contraire à sa simplicité première[287]. Un principe parfait n'a pas besoin de produire. « Le fait de pouvoir produire quelque chose au moyen de soi-même est, on le sait, le propre non pas de ce qui a bonne tenue, [*eû ékhontos* (εὖ ἔχοντος) à la fois ce qui se tient bien et ce qui maintient bien], mais de ce qui produit et se meut en raison de son imperfection. Aux êtres qui sont parfaitement bienheureux, il suffit de rester immobiles en eux-mêmes [ἐν αὐτοῖς ἑστάναι] et d'être ce qu'ils sont[288]. » Tenir n'est donc pas produire.

Ainsi, c'est parce que l'instance productrice – en l'occurrence, dans le néoplatonisme, l'intellect démiurgique et l'âme – est défaillante qu'elle a besoin de s'extérioriser sous la forme d'un produit, précisément pour pallier cette défaillance. S'il est vrai que l'utilisation du modèle causal par le néoplatonisme vise à « expliquer la structure intelligible des choses, et non à rendre

285. *Théol. plat.* II 9, 59.2-4 SW. Plus radicalement, Damascius dira dans son *Traité des premiers principes* que « l'un n'est ni la cause efficiente (car il y a d'autre causes avant celle-ci), ni la cause exemplaire (car une autre la précède) ni, comme on pourrait le croire, la cause finale elle-même […] ; il n'est pas non plus les trois causes ensemble comme s'il était la cause totale » (Damascius, *De princ.* § 37 I, 112.17-21 CW ; trad. J. Combès modifiée).

286. *Théol. plat.* II 9, 58.16 SW.

287. *Ibid.*, 60.13-14 SW.

288. Plotin, *Traité 47* [III, 2] (*Sur la Providence* I), 1, 38-42 ; trad. R. Dufour modifiée, *in* Plotin, *Traités 45-50, op. cit.*, p. 217.

raison du fait qu'elles viennent à l'être à partir d'un état antérieur de non-être[289] », alors toute production est toujours une production d'intelligibilité bien plus que de réalité, ou encore une production de réalité à travers son intelligibilité, et tout produit n'est qu'un moyen, voire un *párergon*[290], au demeurant toujours insuffisant, pour permettre à l'agent de mieux comprendre ce qu'il contemple, faute lui-même d'être en mesure d'accéder sans médiation à une contemplation parfaite. C'est pourquoi le *noûs* n'a pas besoin de produire, puisqu'il est, quant à lui, contemplation parfaite et immédiate de lui-même, de même que l'un au-delà du *noûs* a encore moins besoin de produire, puisque, étant au-delà du *noûs,* il n'a même pas besoin de contempler. L'un, dit Plotin, est l'*epékeina toû poioûn*[291], l'au-delà du produire : la condition improductive de toute production. Restent, pour produire, l'intellect démiurgique ou l'âme qui ne viennent qu'après les deux premiers principes. C'est la raison pour laquelle aussi l'efficience dans le néoplatonisme, si efficience il y a, n'est jamais directement une production de l'être[292], mais essentiellement, par la mise en ordre du monde dans le cadre d'une forme unique (διακοσμεῖ μονοειδῶς)[293], la production de sa beauté (τῶν καλῶν αἴτιον)[294] en vue de favoriser son intelligibilité. Nous sommes à l'opposé des théologies du Dieu créateur, dont témoignent le *De causis* ou, plus nettement encore, l'*Épître sur l'agent parfait et imparfait* d'Al-Kindi, où Dieu produit l'être à partir du néant, et fait montre ainsi de sa toute-puissance, tant il est vrai que la toute-puissance des théologies monothéistes est toujours étroitement corrélée

289. Cristina D'Ancona, *Recherches sur le* Liber de causis, Vrin, Paris, 1995, p. 174-175.

290. Plotin, *Traité 30* [III, 8] (*Sur la contemplation*), 8, 26.

291. *Id.*, *Traité 49* [V, 3] (*Sur les hypostases qui ont la faculté de connaître et ce qui est au-delà*), 10, 3-5 : ἐπέκεινα τούτου (l. 5), τούτου renvoyant à τὸ ποιοῦν (l. 3).

292. Sur le rapport de l'un, non pas à la constitution des étants, mais à leur autoconstitution et, en tant que tel, sur le caractère indirect de ce rapport, voir *infra*, « Autoconstitution de l'être », p. 131.

293. *Théol. plat.* II 9, 61.8-9 SW.

294. *Ibid.*, 60.12 SW.

à l'efficience. La gnose affirme que le principe est capable de détruire le monde précisément parce qu'il est capable de le produire. C'est la clef de sa *sōtēría* théologique. Inversement, il n'est pas de plus sûre garantie de l'indestructibilité du monde par le principe que le caractère improductif de celui-ci. Le principe ne crée pas le monde *ex nihilo*. Il ne peut donc le reconduire au néant d'où il l'aurait tiré. Le monde reste certes toujours menacé par la dissolution et le non-être, mais en raison de sa propre entropie, et non du caractère pervers de la puissance qui le soutient. C'est la clef de la *sōtēría* métaphysique que prodigue le néoplatonisme.

Il existe un deuxième type d'indice qui caractérise, plus adéquatement que l'efficience, le rapport entre l'un et les étants : c'est la cause finale, c'est-à-dire l'un comme *hoû héneka* (οὗ ἕνεκα : ce en vue de quoi)[295], ce vers quoi s'exercent toutes les activités[296], et qui signifie non pas la procession mais la conversion. Le fait que cette cause finale soit privilégiée par rapport à la cause efficiente signifie combien, dans le néoplatonisme, la conversion importe plus que la procession. L'un devient « la fin commune de tous les étants en vertu d'une unique causalité précédant toutes les autres causalités », dit Proclus, de sorte que « tous les désirs des étants se convertissent vers le premier principe »[297], pour trouver ainsi leur accomplissement. On reconnaît sans peine le principe de finalité qui définit le premier moteur aristotélicien communiquant le mouvement au reste de la réalité par son attractivité bien plus que par son efficience. Il existe cependant, dans le néoplatonisme, par rapport à la finalité du premier principe aristotélicien, deux différences essentielles qui expliquent que la cause finale n'est ici qu'une simple indication insusceptible de signifier ce qu'a de plus fondamental l'opération de l'un sur le reste du réel.

295. *Ibid.*, 58.6-7 SW.
296. Plotin, *Traité 54* [I, 7] (*Sur le souverain bien et les autres biens*), 1, 1-14.
297. *Théol. plat.* II 9, 58.2-3 SW.

– Dans l'aristotélisme, le premier moteur soutient le mouvement entéléchique de chaque chose : il enclenche le passage de la puissance à l'acte par lequel chaque chose s'accomplit dans son *érgon* et y trouve sa perfection. Dans le néoplatonisme, la perfection est moins accomplissement de soi que simple unification qui, au demeurant, est d'abord notre propre unification, qui s'accomplit moins en vue de l'un que sous son couvert, par référence à lui. Il en est ainsi parce que les étants dans le néoplatonisme ne sont pas des formes substantielles, qui possèdent un plan unique de développement activé par l'accomplissement de leur *érgon*, mais des divisibles ou des multiplicités réelles qu'il faut stabiliser et unifier pour qu'ils accèdent à l'existence, sans qu'on puisse ici parler de leur finalité, mais seulement de la condition même pour les choses d'avoir une activité et une finalité.

– La deuxième différence concerne le rapport non pas des étants au principe, mais du principe aux étants. Si le principe rend conforme les choses au bien, ce n'est pas parce qu'il est un moteur, mais simplement parce qu'il est une constante, autrement dit, « si l'un rend les autres choses conformes au bien, ce n'est pas en dirigeant vers elles son activité, car ce sont elles qui dirigent vers lui leur activité. Il ne doit pas être le bien du fait de son activité ni du fait de son intellection, mais il est le bien par son seul repos. Car, puisqu'il est au-delà de la substance, il est également au-delà de l'activité, et au-delà de l'intellect et de l'intellection[298] ». C'est la raison pour laquelle, note Proclus, on ne saurait proprement « appeler le principe le "ce en vue de quoi"[299] ». En effet, comment désirer une constante ? On peut simplement désirer s'y conformer, non en faire son but. En posant

298. Plotin, *Traité 54* [I, 7] (*Sur le souverain bien et les autres biens*), 1, 15-20 ; trad. J.-F. Pradeau modifiée *in* Plotin, *Traités 51-54*, *op. cit.*, p. 246. Voir aussi Proclus, *In Parm.* VII 1169.5-9 Steel : « Le premier par soi, sans multiplicité, produit seulement comme cause finale de tout, afin qu'en lui accordant de tout produire on ne soit pas obligé de lui donner un acte sur les choses qui viennent après lui ; car, s'il est seulement cause finale, toutes les choses sont en acte par rapport à lui, mais lui n'agit sur aucune. »

299. *Théol. plat.* II 9, 60.8-9 SW.

que toutes choses existent en vue du principe, continue Proclus, on éveille en nous l'idée qu'il y a une conformité préalable entre les choses et le processus de leur unification, autrement dit que leur unification ne contrevient pas à leur désir et à leur élan pour l'être et l'existence qui eux sont leur véritable finalité, et qu'il existe ainsi une *koinōnía* (κοινωνία) et une *sýntaxis* (σύνταξις)[300] en chaque chose entre son être et son unification, entre le fait d'être et le fait d'être unifié.

Il existe un troisième type de cause qui constitue, aux yeux de Proclus, l'indice le plus adéquat de l'opérativité du premier principe et qui ne signifie ni sa procession ni sa conversion, mais sa manence, l'état meilleur que la puissance. C'est la cause *perì autó* (περὶ αὐτό) ou *perì hó* (περὶ ὅ)[301], ce qui fait exister ou, plus exactement, ce qui contribue à stabiliser tous les autres êtres en référence à ce dont elle est l'indice[302]. *Perí* accompagné de l'accusatif signifie le fait d'être autour de quelque objet, qui à ce titre peut être dit objet de référence, à l'égard ou au nom duquel chacun se tient et existe. « Cela suppose ajoute Proclus que le premier principe de son côté ni n'engendre [γεννᾶν], ni ne produit rien [παράγειν], ni ne préexiste comme une fin aux êtres qui viennent après lui[303]. » La cause *perì autó* est la causalité non de la procession mais de la conversion : c'est une causalité *a posteriori* qui naît de la liaison que les choses nouent avec l'un à partir de leur propre unification. Cette causalité référentielle est étrangère à la quadricausalité aristotélicienne : elle est donc bien une causalité sans cause, c'est-à-dire sans causalité ontologique. Elle correspond parfaitement à l'efficacité sans

300. *Ibid.*, 60.10-11 SW.

301. *Ibid.*, 59.10 et 60.26 SW.

302. Proclus déduit au demeurant ce type de cause de ce passage du *Traité 39* de Plotin : « Si, de façon générale, nous refusons qu'un acte soit en l'un, et si ce sont les autres choses qui assoient leur stabilité en agissant *autour de lui* [ἀλλὰ τἄλλα περὶ αὐτὸν ἐνεργοῦντα τὴν ὑπόστασιν ἴσχειν] […] » (Plotin, *Traité 39* [VI, 8] (*De la liberté et de la volonté de l'Un*), 12, 25-27 ; trad. L. Lavaud modifiée *in* Plotin, *Traités 38-41*, *op. cit.*, p. 225).

303. *Théol. plat.* II 9, 57.16-17 SW ; trad. H. D. Saffrey.

efficience, dénuée d'action et de mouvement, qui caractérise le premier principe, où les choses sont les effets de l'un, sans que l'un soit directement la cause de ces effets. Elle se démarque de la causalité aristotélicienne parce qu'elle est une causalité néguentropique qui rend raison de la conservation du monde et non de sa production.

En réalité, cette causalité part des effets et opère directement en eux sans que la cause proprement dite ait à opérer. « Nous possédons (indirectement) quelque chose de l'un, même si l'un ne nous donne (directement) rien ; nous sommes (indirectement) des effets de l'un, mais l'un n'est pas (directement) la cause de ces effets[304]. » Cette causalité est au service de l'autoconstitution des effets à partir d'eux-mêmes, autoconstitution qui se réalise néanmoins en référence, sous le couvert ou au nom du principe[305]. La cause ici est notre affaire et non celle du principe. « Dire que l'un est une cause, ce n'est pas lui donner un attribut à lui, mais plutôt à nous, car c'est nous qui détenons quelque chose qui vient de lui, tandis que lui, il reste en lui-même[306]. »

Cette causalité n'est pas vaine, ni même simplement régulatrice ou idéale : par elle, l'un garantit aux choses rien moins que leur puissance, la puissance d'être chacune ce qu'elle est. C'est en cela que l'un est dit aussi être le bien. L'*ousía*, affirme Plotin, tire sa force de l'un (ἐξ ἐκείνου ἡ οὐσία, καὶ ῥώννυται παρ'ἐκείνου)[307]. Qu'il n'y ait pas de malentendu ! La puissance est par essence relation et non pas instance : il n'y a de puissance que parce qu'il y a relation de l'un aux choses. Mais il faut prêter attention à la direction de cette relation. Il y a puissance ici non parce que l'un est en rapport avec l'être, mais parce que l'être est en rapport avec l'un. L'un ne communique pas

304. Francesco Fronterotta *in* Plotin, *Traités 7-21, op. cit.*, p. 107, n. 55.

305. Sur la question de l'autoconstitution de la réalité, voir la section suivante, *infra*, « Autoconstitution de l'être », p. 130-140.

306. Plotin, *Traité 9* [VI, 9] (*Sur le Bien ou l'Un*), 3, 49-51 ; trad. F. Fronterotta *in* Plotin, *Traités 7-21, op. cit.*, p. 81.

307. *Id.*, *Traité 10* [V, 1] (*Sur les trois hypostases qui ont rang de principes*), 7, 15-16.

sa puissance à l'être. Il n'y a pas à proprement parler, de la part de l'un, dispensation ou donation de puissance. Si c'était le cas, l'un serait cause efficiente. Nous ferions le saut de la constante à la causalité. C'est ici que l'axiome fondamental du néoplatonisme – l'un donne ce qu'il n'est pas ou ce qu'il n'a pas – prend tout son sens. Que la constante un ne dispense pas sa puissance à l'être signifie que la puissance gagnée par l'être n'est pas celle de l'un, mais celle que l'être se gagne au contact de l'un. Car, si la puissance de l'être était la pure force de l'un, l'être deviendrait à son tour une constante au détriment de sa richesse et de sa vie, de sa diversité et de sa multiplicité. La puissance naît non de la dispensation de l'un à l'être, mais au contraire de la relation que l'être noue avec l'un en se tournant vers lui comme vers sa référence, ce que le néoplatonisme appelle l'*epistrophḗ*. Simplement, l'être prend conscience de sa propre puissance (συναίσθησις τῆς δυνάμεως) au contact de l'un[308], une puissance propre ontologique dont la nature reste nécessairement équivoque par rapport à la force de l'un. C'est en quoi le néoplatonisme juge que l'un n'est le bien que par rapport à nous, à ce que nous en faisons dans nos propres processus d'unification, mais non en lui-même. D'où le fait, pour revenir à la question précédente, que l'un ne saurait être considéré comme cause finale *stricto sensu*. L'être tire de sa référence à l'un la puissance de s'autoconstituer, d'être à soi-même sa propre cause. La notion d'*aítion heautoû* (αἴτιον ἑαυτοῦ), de *causa sui*, si célèbre par la suite dans l'histoire de la métaphysique, et sur laquelle nous reviendrons peu après[309], concerne non l'un lui-même, mais les autres réalités, toutes celles en tout cas qui sont capables de prendre conscience de leur puissance propre, en se référant à l'un.

Ce type de causalité correspond parfaitement à la différence hénologique : elle respecte la séparation, l'imparticipabilité, la solitude et la tranquillité de l'un. C'est la causalité

308. *Ibid.*, 7, 12. Voir sur ce point la note de F. Fronterotta *in* Plotin, *Traités 7-21*, *op. cit.*, p. 196, n. 121.

309. Voir *infra*, p. 126.

de sa constante, la causalité hénologique par excellence. En effet, affirme Proclus, « cette façon de s'exprimer [selon le *perì autó*] n'ajoute rien à l'inconnaissable, respecte son retranchement par rapport à tout l'univers, ne multiplie en rien ce qui est établi au-delà de toute unité, ni ne met en relation ou en communion avec les êtres inférieurs ce qui est totalement imparticipable[310] ». « En effet dire que tous les êtres n'ont de consistance qu'*en référence* à lui, révèle le fondement des êtres inférieurs tout en laissant ce qui est au-delà de tout l'univers sans aucune liaison [συμπλοκή] avec les êtres qui le suivent[311]. »

On comprend mieux alors l'acausalité en jeu dans cette causalité sans cause de l'un. L'acausalité est ici la causalité de ce qui se retranche et se retire et non de ce qui s'avance et produit : « Ce qui en chaque chose est indicible et provient de la cause indicible [...] demeure, selon l'analogie, "soustrait" [ἐξῃρημένον] par rapport à tout ce qui vient sans cesse à la suite ; et cela ne mérite d'être appelé ni productif [γεννητικόν] *ni stérile* [ἄγονον] [*ni stérile* : car il y a bien une efficace sans efficience : l'un n'est ni *anypóstaton* ni *anýparkton*], parce que, par rapport à ce qui vient après, cela est au-dessus de tout, comme l'unique cause l'est, on le sait, par rapport à tout. Mais peut-être que cela aussi qui demeure est-il encore fécond et causant de tout ce qui vient après lui, quoique sur le mode du retranchement [ἐξῃρημένως], en demeurant en soi-même et sans agir [οὐ [...] ἐνεργοῦν] à travers les réalités de second rang[312]. » Le retranchement relève d'un double saut : le premier saut soustrait la causalité à son horizon substantialiste, à sa fonction constitutive des étants, l'efficience ou la finalité, au profit de la référence ; mais la référence n'est pas d'une autre nature que les deux autres causes : elle est, elle aussi, de l'ordre de l'indice et de la vraisemblance qui se contentent de suggérer la véritable opérativité du principe sans jamais

310. *Théol. plat.* II 9, 57.18-22 SW ; trad. H. D. Saffrey modifiée.
311. *Ibid.*, 59.10-13 SW ; trad. H. D. Saffrey.
312. Damascius, *In Parm.* § 132 I, 12.19 – 13.3 CW ; trad. J. Combès modifiée.

pouvoir la définir, et qui en tant que telle appelle la pensée à un second saut.

Nous sommes désormais mieux à même de comprendre deux expressions significatives, mais ambiguës, que Plotin utilise pour caractériser la causalité du premier principe ; il s'agit d'*aítion heautoû* (αἴτιον ἑαυτοῦ)[313], la cause de soi, mieux connue dans sa traduction latine de *causa sui*, puis d'*aítion toû aitíou* (αἴτιον τοῦ αἰτίου)[314], la cause des causes ou plus exactement – la nuance est de taille – la cause de la cause. Ces deux syntagmes peuvent donner l'impression que Plotin, en particulier au *Traité 39*, attribue à l'un une surcausalité qui identifierait l'hénologie à une surontologie, à la toute-puissance de l'être ; mais il est aussi possible d'en avoir une lecture plus conforme à la différence hénologique, qui permette de mieux comprendre la force de l'un comme constante métaphysique du monde.

Aítion heautoû : en réalité, l'expression « être cause de soi » convient mieux aux entités intelligibles, divisibles et multiples, qui ont besoin de s'unifier et, en s'unifiant, de s'autoconstituer qu'au premier principe, car celui-ci, étant parfaitement simple, ne peut *stricto sensu* entamer un processus de retour sur soi et d'autoréflexion, au risque de son dédoublement[315]. Poser l'autoconstitution de l'un impliquerait qu'il procéderait en lui-même et de lui-même (ἀφ'ἑαυτοῦ γὰρ πρόεισιν)[316]. Par là même, il engagerait la procession et s'y engagerait, participerait à l'être et perdrait son irréductibilité. Du reste, au *Traité 39*, Plotin refuse, dans un premier temps, d'appliquer au principe la notion de *causa sui*, avant de décrire plus tard, non sans contradiction, les processus réflexifs d'autoconstitution du principe. L'un n'est pas

313. Plotin, *Traité 39* [VI, 8] (*De la liberté et de la volonté de l'Un*), 14, 41.

314. *Ibid.*, 18, 38.

315. Ce qui agit sur lui-même n'est pas un, comme en témoigne le *noûs* qui « n'est pas un puisqu'il se pense lui-même et agit sur lui-même » (*Elem. Theol.*, § 20, p. 22.24-25 Dodds).

316. *Elem. Theol.*, § 40, p. 42.25 Dodds.

cause de soi, parce qu'« une chose est incapable de se produire elle-même et de se porter elle-même à l'existence[317] ». Toute autoconstitution se fait toujours sous le couvert de l'un. L'un ne s'autoconstitue pas, au risque sinon d'en appeler, en une régression infinie, à un nouvel un supérieur, qui garantisse à son tour l'autoconstitution du principe précédent.

De fait, la problématique de l'autoconstitution de soi est étroitement liée au multiple bien plus qu'à l'un, et cela à un triple titre :

– d'abord parce que seul ce qui est divisible et multiple en acte a besoin de s'autoconstituer pour s'unifier ou plus exactement de s'unifier pour accéder à sa constitution et à son existence[318]. Ce n'est qu'une fois unifié que l'autoconstitué peut à son tour être dit indivisible[319], indivisible non pas du point de vue du principe comme si l'unifié était entièrement assimilé à l'un, mais du point de vue de sa propre singularité, « par rapport à lui-même[320] », en tant qu'il est désormais, sous le couvert de l'un, indissociable en ses parties.

– Ensuite, parce qu'il n'existe pas d'autoconstitution absolue de la totalité, mais seulement des autoconstitutions partielles et plurielles, relevant certes d'un principe unique et absolu, qui, pour sa part, ne s'autoconstitue pas. Le néoplatonisme nous permet ainsi de penser la dissociation entre principe et autoconstitution. Le principe absolu ne s'autoconstitue pas, de même que ce qui s'autoconstitue ne joue un rôle de principe que de façon dérivée et relative.

317. Plotin, *Traité 39* [VI, 8] (*De la liberté et de la volonté de l'Un*), 7, 25-26 ; trad. L. Lavaud *in* Plotin, *Traités 38-41*, *op. cit.*, p. 215.

318. « Si l'*authupóstaton* [τὸ αὐθυπόστατον] est de quelque manière divisible, et si l'un n'est pas divisible, l'un ne serait donc pas le subsistant par soi-même, mais la condition de tous les subsistants par soi-même par le fait même que tout est préservé par la médiation de l'un [τῷ πάντα σῴζεσθαι διὰ τὸ ἕν] » (Proclus, *In Parm.* VII 1150.13-16 Steel). Ce passage est donc une réponse au *Traité 39* de Plotin et en particulier aux passages où Plotin définit le principe comme *causa sui* ou *aítion heautoû*, ou encore comme œuvre de lui-même, *enérgēma* (ἐνέργημα) (*Traité 39* [VI, 8] (*De la liberté et de la volonté de l'Un*), 16, 16).

319. *Elem. Theol.*, § 47, p. 46.32 Dodds

320. Aristote, *Métaphysique* Z,17, 1041a19.

– Et, par conséquent, la puissance de l'être reste toujours à l'état divisé (διηρημένως). Il n'y a pas de sursomption de la multiplicité de l'être par l'unité de sa puissance.

Parler de cause de soi pour caractériser l'opérativité du principe fait partie de « ce relâchement de la pensée dans le discours[321] » qui, de l'aveu même de son auteur, caractérise le *Traité 39* à partir du chapitre 13. L'autocausalité est en réalité un thème gnostique signifiant la toute-puissance et l'efficience de Dieu, qui s'autoproduit et, en se produisant, se transforme à l'infini et à volonté, conformément au premier principe de la secte gnostique des Naasséniens : « Je deviens ce que je veux[322]. » Nous sommes très éloignés de la notion de constante. Prise au pied de la lettre, l'autocausalité transforme radicalement la principialité du principe, ce qui fait que le principe principie. En effet, dès lors, l'infini ne serait plus une modalité de l'un, mais à l'inverse l'un ou l'unitotalité deviendrait une modalité de l'infini par le perpétuel renouvellement qu'autorise l'autocausalité. Sous le couvert de l'autocausalité, l'infini s'affirme comme l'essence du principe. L'autocausalité des gnostiques annonce l'infini des Modernes.

C'est pourquoi Pierre Hadot ne voit dans l'*aítion heautoû*, lorsque le néoplatonisme en fait usage, qu'une métaphore, la transposition à l'un *epékeina toû noû* du modèle de l'intellect Kronos dévorant ses enfants et s'en nourrissant dans un processus de renouvellement permanent qui relèverait effectivement de l'autocausalité, *si du moins ce processus ne se faisait pas sous le couvert de l'un*[323]. De fait, dans la tradition néoplatonicienne postérieure à Plotin, la notion de cause de soi sera le plus fréquemment appliquée non au premier principe, mais au second[324]. Le *Traité 39* de Plotin propose ainsi, à travers le thème de l'autocausalité du principe, une synthèse surprenante et inédite entre son hénologie et la noétique d'Alexandre

321. Plotin, *Traité 39* [VI, 8] (*De la liberté et de la volonté de l'Un*), 13, 4-5.

322. Hippolyte, *Réfutations*, V, 7, 25, 3.

323. Pierre Hadot, « Causa sui », *in Plotin, Porphyre, études néoplatoniciennes*, Les Belles Lettres, Paris, 1999, p. 33-36.

324. Jean-Marc Narbonne, « Plotin, Descartes… », art. cit., p. 187.

d'Aphrodise ou encore celle des écoles dites médioplatoniciennes, où l'intellect joue le rôle de premier principe, au risque de réduire la différence entre l'un et le premier être : réduction qui caractérise le relâchement de la pensée.

En réalité, dans le néoplatonisme, la « *cause de soi* » appliquée au principe marque simplement l'autosuffisance de l'un, son *autárkeia* et, par conséquent, sa liberté. Cette causalité ne renvoie pas au rapport de la cause et de l'effet, encore moins à la causalité efficiente (comme le veut Descartes), mais se contente de traduire la formule traditionnelle de la sagesse antique qu'affirment Aristote aussi bien que les stoïciens : est libre celui qui est pour lui-même et non pour un autre[325]. Du point de vue grammatical, il faut prendre *heautoû* pour un génitif subjectif et non pas objectif. Le « soi » ici n'est pas l'objet de la cause, ce qu'elle produirait, mais son sujet, le fait que le soi en est le détenteur et le maître : il s'agit de la cause propre du principe, et de nul autre : une cause à soi, et non une cause de soi. Le génitif ici est de possession. Dans ces conditions, *aítion heautoû* veut simplement dire que l'un possède un régime de causalité autonome et antérieur à toute causalité. L'un produit ses effets d'une manière qui par définition nous échappe, puisque sa causalité s'excepte du monde de l'être, des formes et de la prédication. La causalité du principe est renvoyée à la puissance que celui-ci a d'être tel qu'il est de toute éternité. *Aítion heautoû* exprime ainsi la capacité du principe à exister par sa propre force, autrement dit la puissance de sa constante. Le *heautoû* ou *per se* doit alors être compris au sens du *sine causa. Aítion heautoû* signifie en définitive la même chose qu'*anaitíōs aítion*, la causalité sans cause. C'est pourquoi il est plus opportun, comme le propose Jean-Marc Narbonne, de substituer à ce syntagme *aítion heautoû*, qui n'est qu'une façon de parler, la notion d'aséité, de ce qui est sans

325. Voir sur ce point Jean-Luc Marion, *Sur le prisme métaphysique de Descartes. Constitution et limites de l'onto-théologie dans la pensée cartésienne*, Puf, Paris, 1986, p. 272-273. Sur la liberté du principe, voir *infra*, « Entrelibération », p. 143.

cause : « C'est bien l'*acausalité* et non l'*autocausalité* qui réalise la pensée ultime du fondement[326]. »

Aítion toû aitíou : de même, être cause de la cause ne signifie pas être cause des causes, cause ultime et souveraine de la totalité, au sommet de la hiérarchie des causes. Si l'un est bien en définitive *prōtístē aitía*, c'est d'abord pour être la condition de possibilité de la causalité intelligible, en ce que seul l'un permet aux intelligibles de subsister en tant que tels et en tant que cause. « Cause de la cause veut dire que l'un est toujours présent dans l'activité des formes causales ou des raisons organisatrices, mais non qu'il soit lui-même ce qui cause. C'est donc la deuxième hypostase qui est le fondement réel d'où vient la procession et auquel la participation se rapporte[327]. » Telles sont la nature et la justification de sa primauté. Comme le précédent syntagme *aítion heautoû, aítion toû aitíou* nous renvoie à la causalité acausale de l'*anaitíōs aítion*, une causalité qui cependant ne cesse d'opérer puisque la causalité ontologique, réduite à une condition métaphorique, ne peut donner une cohérence au réel sans en passer par la constante de l'un. Il importe ainsi de souligner le lien entre l'*aítion heautoû* et l'*aítion toû aitíou*, le rapport existant entre d'une part l'acausalité et l'aséité de l'un, et d'autre part le fait que l'un soit la *condition de possibilité* de toute autoconstitution de l'être (*aítion toû aitíou*).

AUTOCONSTITUTION DE L'ÊTRE

Non seulement l'un n'est pas autoconstitution, mais il n'est pas même constituant ; s'il était constituant, il n'y aurait pas d'*auto*-constitution de l'être, mais simplement constitution de l'être par l'un, autrement dit par l'autre que l'être. L'un ne communique pas

326. Jean-Marc Narbonne, « Plotin, Descartes… », art. cit., p. 177.
327. Jérôme Laurent, *Les Fondements de la nature selon Plotin. Procession et participation,* Vrin, Paris, 1992, p. 15.

aux choses leur détermination, mais se contente de leur accorder le pouvoir, je dirais même la faveur, de se déterminer elles-mêmes à partir de leur unification. Car l'unification permet à tous les êtres de participer moins de l'un lui-même que de leur propre principe : *metékhei pánta tês heautôn archês* (μετέχει πάντα τῆς ἑαυτῶν ἀρχῆς)[328], ou de ne participer de l'un que pour mieux participer de leur propre principe. L'un est moins la fin des autres réalités que ce qui conditionne l'accomplissement de leur fin propre. Et les autres réalités ne remplissent la fin du principe qu'en tant qu'elles remplissent leur fin propre. L'un donne ainsi à chaque être la force d'être ce qu'il est. « Grâce au fait que l'un est par nature un seulement, les autres pour ainsi dire se produisent d'eux-mêmes[329]. » Par l'unification, chaque être révèle son fond propre qui constitue l'origine de son être. L'un n'est pas un surêtre, mais sa présence unificatrice renforce l'être qui n'est pas lui, révèle, libère et circonscrit une force qui n'est pas la sienne. À travers l'autoconstitution de l'être que l'un favorise, se vérifie une nouvelle fois le fameux axiome néoplatonicien : « L'un donne ce qu'il n'est pas. » Il assure à l'être l'unification dont lui-même n'a nul besoin, étant non multiple et donc non unifié et non unifiable. C'est en quoi l'un est bien, s'il est vrai que donner à chaque étant la capacité et la puissance de se développer lui-même, voire de s'auto-engendrer, d'être à lui-même sa propre cause définit ce qu'il y a de meilleur pour lui. « La nature originelle [ἡ ἀρχαῖα φύσις] et le désir du bien [ἡ ὄρεξις τοῦ ἀγαθοῦ], c'est-à-dire précisément le désir de soi-même, conduit réellement vers l'un : toute nature s'élance à la fois vers l'un et vers elle-même. Car le bien, pour cette nature qui est une, c'est de s'appartenir à elle-même et d'être elle-même[330]. » Or, être soi-même, c'est d'abord être un, car par définition « tous les êtres sont uns[331] ». L'expérience de l'un est la condition de l'expérience de soi.

328. *Théol. plat.* II 3, 24.11-12 SW.

329. Damascius, *De princ.* § 35 I, 109.3-7 CW ; trad. J. Combès.

330. Plotin, *Traité 23* [VI, 5] (*Sur la raison pour laquelle l'Être, un et identique, est partout tout entier* II), 1, 16-19 ; trad. R. Dufour *in* Plotin, *Traités 22-26*, *op. cit.*, p. 55.

331. *Ibid.*, 1, 26.

Donner ce qu'on n'a pas ou ce qu'on n'est pas n'est pas à proprement parler une donation ou une dispensation. Car ce type de donation est nécessairement relatif. Ce qui manque dans la donation (manque que traduit le « ce qu'il n'a pas ») est compensé par ce qu'opère la réception. La donation ici ne vaut qu'en fonction de sa réception. Or, s'il est vrai que le principe est absolu, il ne pourrait se donner, si donation il y a, qu'absolument sans que la réception ait le moindre rôle déterminant. Mais si la donation est relative, dépendant de la réception de ceux qui en bénéficient, soit le principe participe de ce dont il est le principe, soit il n'y a pas à proprement parler de « donation » ni de l'un ni par l'un : l'un n'est pas un donateur, et l'unité n'est pas un donné. Chaque réalité construit son unité propre, à partir de la simple trace ou *íkhnos* (ἴχνος) de l'un en elle[332]. La relativité de la donation est d'autant plus marquée que la réception elle-même se doit d'être active. L'un donne moins l'unité qu'il ne la garantit à ceux qui l'assument autant qu'ils la reçoivent. Si l'unité n'était que donation, si elle était subie de façon purement passive, l'un serait soit toute-puissance et donc procession soit, au contraire, si l'on continue à le concevoir dans son improcession, il ne serait rien, *anypóstaton* et *anýparkton*. Il est donc nécessaire pour chaque entité de se déterminer dans son unité propre pour fonder son rapport à la substance et, au-delà, à l'un premier. Davantage, le fait de recevoir activement l'unité constitue l'acte premier pour toutes choses, celui à partir duquel chaque chose accède à l'existence.

Si la donation est d'abord affaire de réception, c'est parce que l'un est en nous, comme le Dieu d'Augustin, *interior intimo*

332. *Id.*, *Traité 38* [VI, 7] (*Comment la multiplicité des idées s'est établie et sur le Bien*), 17, 13 et 39 ; *id.*, *Traité 39* [VI, 8] (*De la liberté et de la volonté de l'Un*), 18, 15 : « des traces obscures [ἀμυδρὰ (...) ἴχνη] », qu'il s'agit d'éveiller selon le thème de l'*egrégorsis* (voir *supra*, « L'acte hénologique », p. 113). Proclus parle aussi de *spérma* (σπέρμα) (Proclus, *In Parm.* VI 1082.8 Steel), que le latin traduit par *semen unius* ; voir aussi Damascius, *De princ.* § 8 I, 24.25 CW ; § 29 I, 82.7 CW ; § 33 I, 97.17-18 CW ; § 34 I, 99.15 CW ; § 34 I, 102.2 CW (μέτρα τοῦ ἑνὸς καὶ ἴχνη).

meo, plus intime en moi que moi-même, tant il est vrai que l'expérience de l'unité précède et commande celle de l'identité à soi. Il y a quelque chose de déroutant dans le mode d'exposition par les auteurs néoplatoniciens de leur cosmologie : ils la présentent en extension : extension spatiale – il y a un ici (ἐνθάδε) et un là-bas (ἐκεῖ) –, voire extension temporelle – une supériorité pensée comme une antériorité, et des dérivés pensés comme postérieurs. Mais, en réalité, tout ici est simultané et coprésent à tout. La cosmologie néoplatonicienne se structure en profondeur et en intension : chaque chose contient et concentre en soi sa part d'unité, d'intelligibilité et de vie indissociablement mêlées. Mais l'un, comme « cette terre qu'on nomme Ceramite [...] grasse, forte, lize et dense [...] qui n'en est facilement fait escours ni exhalaison », qu'évoque Rabelais au *Tiers Livre*[333], se tient au plus profond, sans connaître d'autre site que ce fond. Dans les tréfonds du réel, l'un est certes loin, là-bas, mais il reste aussi toujours présent, dans la plus grande proximité aux choses. C'est précisément parce que l'un est profondeur que l'existence de chaque chose s'exprime d'abord par son *hýparxis*, son soubassement. Or, ce qui est au fond a tendance à rester enfoui et oublié. C'est pourquoi, dit Proclus, il importe d'éveiller l'un en nous et de le réchauffer (τὸ ἐν ἡμῖν ἕν ἀνεγείραντες καὶ ἀναθάλψαντες)[334].

Pour favoriser cet éveil, il faut se convertir vers l'un : ce que le néoplatonisme appelle l'*epistrophḗ* (ἡ ἐπιστροφή). Cette conversion ne consiste pas à se tourner vers le tout pour accéder, au-delà, à son principe où se fondre. Ce type de conversion représente la dimension mystique de l'unification que Plotin avoue n'avoir expérimentée que quatre fois dans sa vie, et Porphyre qu'une seule fois. La conversion ne peut être opératoire que si elle est permanente, quotidienne et surtout ordinaire, à la portée de tout être. Cette conversion permanente

333. François Rabelais, *Le Tiers Livre*, chap. v, in *id. Œuvres complètes*, éd. M. Huchon avec la collaboration de F. Moreau, Gallimard, Paris, 1994, p. 368.

334. Proclus, *In Parm.* VI 1072.6-7 Steel.

et ordinaire est chez l'homme de nature non pas mystique mais morale : il s'agit de se convertir à soi pour accéder à l'un. Si l'unification précède l'identité et en conditionne la possibilité, à l'inverse l'expérience de l'un passe d'abord par l'expérience de soi. Car l'un n'est pas seulement en soi, il est soi. Chercher l'un en soi, c'est d'abord poursuivre ce qu'il y a de plus propre en soi, « chercher non pas un autre, mais soi-même[335] », ce qui conduit à se tourner et s'incliner vers le centre de sa vie, grâce auquel on s'appartient[336]. C'est pourquoi Damascius va jusqu'à affirmer que l'un non seulement n'est pas producteur de multiplicité (πολλοποιόν), mais qu'il n'est même pas, à proprement parler, unificateur ou en tout cas *producteur* d'unité (ἑνοποιόν)[337], puisque l'unification est d'abord autoconstitution, et que l'opérateur de l'autoconstitution de l'être est par définition l'être lui-même et non pas l'un. De fait, s'autoconstituer, c'est d'abord « être capable de s'engendrer soi-même sans besoin d'un appui extérieur[338] ». Et ce n'est que « par ce qui est propre que nous sommes mis en contact avec ce qui est commun », c'est-à-dire avec l'un[339].

On retrouve ici la fameuse distinction stoïcienne entre les *tà éph'hēmîn* (τὰ ἐφ'ἡμῖν) et les *tà ouk eph'hēmîn* (τὰ οὐκ ἐφ'ἡμῖν), entre ce qui relève de nous et ce qui nous échappe. Mais le néoplatonisme a une vision plus restrictive encore que le stoïcisme du périmètre des *tà eph'hēmîn*. Car il faut envisager au départ que rien ne nous est propre, ni notre corps ni même notre raison[340]. Le néoplatonisme est marqué par la crainte de l'hétéronomie que produisent multiplicité et entropie. Ainsi

335. Plotin, *Traité 34* [VI, 6] (*Sur les nombres*), 1, 10-11 ; voir aussi *id.*, *Traité 9* [VI, 9] (*Sur le Bien ou l'Un*) 11, 38-39 : « L'âme ne parviendra pas à quelque chose d'autre mais à elle-même » (trad. F. Fronterotta *in* Plotin, *Traités 7-21*, *op. cit.*, p. 97).

336. *Théol. plat.* I 3, 15.24 – 16.1 SW.

337. Damascius, *De princ.* § 34 I, 102.16-17 CW ; § 35 I, 107.3-4 CW.

338. *Elem. Theol.*, § 41, p. 44.1-2 Dodds ; trad. J. Trouillard modifiée *in* Proclos, *Éléments de Théologie*, *op. cit.*, p. 88.

339. Damascius, *De princ.* § 34 I, 106.2-3 CW.

340. Plotin, *Traité 3* [III, 1] (*Sur le destin*), 4, 20-24 ; *Traité 39* [VI, 8] (*De la liberté et de la volonté de l'Un*), 7, 15-24.

on ne saurait parler d'*oikeíōsis* (οἰκείωσις) dans le néoplatonisme, c'est-à-dire de familiarité avec la nature, ce par quoi la constitution de l'homme ou des animaux est spontanément adaptée à son milieu ; à l'*oikeíōsis*, le néoplatonisme substitue la notion de *dioíkēsis* (διοίκησις), c'est-à-dire l'« administration » du cosmos en vue de son salut. L'étymologie de ces deux termes est proche – l'*oîkos* (οἶκος) : la famille, le foyer, la maison –, mais le sens de cette habitation et de cette communauté avec le cosmos est radicalement différent dans l'un et l'autre cas. De la même façon, loin de nous libérer de l'extériorité et de constituer le moyen de notre hégémonie sur nous-mêmes, la raison, sous la forme de la *diánoia* (διάνοια), du raisonnement et des calculs de l'entendement, nous soumet à une double nécessité : celle de l'intellect qui en fixe les modèles et celle de l'extériorité avec laquelle elle a affaire. Pour Plotin ou Proclus, nous sommes essentiellement des êtres sous dépendance, soumis à l'altérité que nous imposent *non pas l'un*, mais la substance et son procès : « Nous ne sommes donc pas une substance [οὐσία] à proprement parler, ni même la substance en soi [αὐτοουσία]. Voilà pourquoi nous ne sommes pas maîtres de notre substance [διὸ οὐδὲ κύριοι τῆς αὑτῶν οὐσίας] [...]. Nous ne sommes pas maîtres de notre propre substance, mais c'est la substance en soi qui est maîtresse de nous [καὶ κύριοι οὐχ ἡμεῖς τῆς αὑτῶν οὐσιάς, ἀλλ'ἡ οὐσιά αὐτὸ ἡμῶν][341]. » Si rien n'est originellement à nous, il faut alors s'arracher à la division des *tà eph'hēmîn* et des *tà ouk eph'hēmîn*. On ne saurait réduire la liberté « à ce qui dépend de toi ou moi[342] ».

Si nous avons d'abord posé l'expérience de l'un comme expérience de soi, il nous faut maintenant procéder à l'inverse en posant l'expérience de soi comme expérience de l'un. Seule la participation à l'un peut expliquer le soi, autrement dit chaque étant doit pouvoir circonscrire son propre par rapport à la substance et à sa procession. Or, nous n'avons en propre véritablement

341. *Id.*, *Traité 39* [VI, 8] (*De la liberté et de la volonté de l'Un*), 12, 8-11 ; trad. L. Lavaud modifiée *in* Plotin, *Traités 38-41*, *op. cit.*, p. 224-225.

342. *Ibid.*, 7, 6-11.

que notre unification qui nous reconduit à notre présence à soi. Le centre de la vie, dit Proclus, est notre unité : une unité en deçà ou au-delà (et finalement la distinction entre en deçà ou au-delà importe peu ici) de toute connaissance et de toute activité, et, en tant que telle, non reliée à l'extériorité, sous quelque forme que celle-ci se présente.

La conversion à notre unité intime et propre passe par une ascèse, au sens propre du terme : un retranchement. On accède à l'un en soi en se débarrassant de la multiplicité et de la diversité des puissances infiniment variées que contient l'âme. « La sortie hors de soi est soit vaine soit sous la contrainte de la nécessité ; chacun est plus, non pas quand il devient multiple ou grand, mais lorsqu'il s'appartient, et il s'appartient s'il s'est incliné vers lui-même[343]. » On doit d'abord se simplifier, s'unifier soi-même en niant sa propre multiplicité, revenir au centre de soi. Il faut à cette fin « nous arracher nous-mêmes à nos propres habitudes, simplifier la bigarrure de la vie, se dépouiller de nos innombrables soucis[344] » ; en bref il faut vivre en niant la pluralité en nous[345]. En procédant ainsi, on accède à cette terre céramite dont parle Rabelais, là où nous trouvons appui, assise et fondation (ἵδρυσις), notre constitution stable et permanente (μόνιμος κατάστασις), et finalement la sérénité (ἠρεμία)[346], en deçà de toute connaissance et de toute activité, causes quant à elles de multiplicité. Ce que Proclus définit comme *hýparxis* : soubassement et fondement. L'*hýparxis* est la force propre de toute réalité, une force antérieure à toute puissance et à tout acte. C'est à partir de ce soubassement qui donne à chaque entité son assise et son assiette que celle-ci se constitue et se produit elle-même : « Ce qui est capable de demeurer ferme en soi-même [ἐν ἑαυτῷ μένειν] et de se fonder sur soi-même [ἱδρῦσθαι] a le pouvoir de se produire soi-même

343. *Id., Traité 34* [VI, 6] (*Sur les nombres*), 1, 11-14.

344. Proclus, *In Parm.* VI 1094.23-25 Steel.

345. *Ibid.,* 1095.1 Steel.

346. *Théol. plat.* I 14, 65.9 SW et I 25, 109.25-110.1 SW ; trad. H. D. Saffrey modifiée.

[ἑαυτοῦ παρακτικόν][347]. » L'ascèse implurifiante nous reconduit ainsi à notre relation originelle et constitutive à l'un, grâce à laquelle l'étant se stabilise, s'autoconstitue, émerge à l'existence et persiste dans son être.

Il arrive, certes très rarement, que cette ascèse, qui nous concentre sur les conditions de notre unité propre, prépare un autre type d'expérience de l'un, la fusion mystique en l'un qu'évoque Plotin à la fin du *Traité 9* par la formule « fuir seul vers le seul[348] ». Il est même possible d'affirmer que cette ascèse est la condition préjudicielle à ce type d'expérience mystique. Il reste que ces deux expériences sont en réalité totalement contraires, car, si l'ascèse cristallise l'autoconstitution de l'être, la fusion mystique en favorise au contraire la dissolution dans l'un.

Un certain nombre d'interprètes insistent à juste titre sur la présence de la notion stoïcienne d'*héxis* (ἕξις) dans le néoplatonisme[349], qui, il est vrai, n'y est jamais véritablement thématisée en tant que telle. L'*héxis* stoïcienne permet sans aucun doute de mieux comprendre les notions néoplatoniciennes d'assise (*hídrysis*), de stabilisation (*hypóstasis*), de constitution stable et permanente (*mónimos katástasis*), de soubassement (*hýparxis*). L'*héxis* définit dans le stoïcisme la disposition ferme de chaque chose, grâce à laquelle celle-ci assure sa cohésion et son maintien[350]. Si le terme *héxis* n'est guère présent dans le corpus néoplatonicien, on y trouve en revanche, à de très nombreuses reprises, le verbe *échein* – « tenir », « maintenir », « soutenir » –

347. *Elem. Theol.*, § 41, p. 44.3-4 Dodds ; trad. J. Trouillard *in* Proclos, *Éléments de Théologie, op. cit.*, p. 89.

348. Plotin, *Traité 9* [VI, 9] (*Sur le Bien ou l'Un*), 11, 51 ; trad. F. Fronterotta *in* Plotin, *Traités 7-21, op. cit.*, p. 97.

349. Victor Goldschmidt, *Le Système stoïcien et l'idée de temps*, Vrin, Paris, 1977[3], p. 153-155 ; Pierre Hadot, *Porphyre et Victorinus*, I, Études augustiniennes, Paris, 1968, p. 228-230 ; Jean-Marc Narbonne, *La Métaphysique de Plotin*, Vrin, Paris, 1994, p. 72-79.

350. Plutarque, « *De stoicorum repugnantiis* » [Traité 70], 1053F dans *id.*, *Œuvres morales*, XV/1 (*Traités 70-71*), éd. M. Casevitz, D. Babut, Les Belles Lettres, Paris, 2004, p. 81.

dont il provient. Nous avons vu l'importance que revêt dans le néoplatonisme le thème du maintien et de la cohésion[351]. Même si cette disposition est une force (ἰσχύς)[352], il reste que l'*héxis* n'est pas spécifiée par cette force et par son intensité, mais par l'étrange faculté d'être ce que l'on est à partir de soi-même, à l'exemple de « la bouture qui produit *d'elle-même* à nouveau ses racines, de la glaise qui se change *elle-même* en terre, de la guérison qui se produit de soi-même chez le malade », exemples qui soulignent « l'autocausalité »[353] » ou l'autoconstitution des étants. Indépendante de sa force et de ses variations d'intensité, l'*héxis* par définition reste égale à elle-même. Elle est une constante au même titre que l'un, et c'est pourquoi ces mêmes interprètes sont en droit d'assimiler l'*héxis* à l'un ou du moins à sa trace.

Dans le stoïcisme, l'*héxis* est le soubassement d'une filière qui, à partir d'elle-même, conduit à la vie, puis de la vie à l'âme et enfin de l'âme à l'intellect et à la raison[354]. Les réalités ne sont pas toutes nécessairement noétiques, ni psychiques, ni même vivantes, mais toutes ont une *héxis*, même la pierre. L'*héxis* est universelle, de même que l'un concerne tout étant, serait-il le plus éloigné du monde intelligible, de sorte que tout étant, et non seulement l'homme, est capable de se convertir vers l'un. Il suffit d'être un quelque chose (*ti*) pour se tourner vers l'un si bien que toute nature, tout étant sont le résultat d'une autoconstitution dont dépend nécessairement leur venue à l'existence.

Il reste que l'*héxis* est une notion essentiellement physique qui se traduit dans le stoïcisme sous la forme d'un souffle

351. Voir *supra*, « La force de l'un pur », p. 97.

352. Plutarque, *De la vertu morale* [Traité 28], 4, 443D6, dans *id.*, *Œuvres morales* VII/1 (*Traités 27-36*), éd. J. Dumortier, J. Dufradas, Les Belles Lettres, Paris, 1975, p. 28.

353. Jean-Marc Narbonne, *La Métaphysique de Plotin*, *op. cit.*, p. 73 ; voir aussi Otto Rieth, *Grundbegriffe des Stoichen Ethik. Eine traditionsgeschichtliche Untersuchung* (Problemata Forschungen zur Klassischen Philologie, Heft 9), Weidmannsche Buchhandlung, Berlin 1933, p. 120 *sq.*

354. Plutarque, « De la vertu morale » [Traité 28], 12, 451B, *op. cit.*, p. 45.

et d'une tension pneumatique censés assurer la cohésion et le maintien des corps dans leurs limites. Davantage, à partir de cette cohésion pneumatique, se met en place un processus d'émergence et de morphogénèse du vivant qui conduit jusqu'aux êtres intellectifs en passant par la *psychḗ*. Or, pour le néoplatonisme, aucun souffle vital ne pourrait suffire à assurer la cohésion et le maintien de l'être ; le souffle, en raison de sa nature physique et corporelle, voire élémentaire (l'air) et matérielle, est nécessairement voué à l'épuisement et propice à l'entropie. Ce qui est principe d'émergence dans le stoïcisme se présente en sens inverse comme abaissement (*hýphesis*) dans le néoplatonisme. C'est pourquoi le néoplatonisme fait de l'*héxis* non le point de départ *donné* d'une constitution physique de l'être, mais le terme *construit* de la conversion métaphysique, sous le couvert de l'un, de chaque étant vers son centre de cohésion et d'unification.

Il est une seconde notion importante pour comprendre l'autoconstitution de l'être : l'*epitēdeiótēs*, l'aptitude qu'a chaque chose à recevoir la marque de l'un et à s'unifier. S'il est vrai que tout étant est susceptible de participer de l'un, il reste que cette participation est plus ou moins forte, que la conversion vers l'un est plus ou moins unifiante et plus ou moins autoconstituante. « Ce qui est présent est présent selon l'aptitude [*epitēdeiótēs*] de ce qui le reçoit[355]. » En raison des différences d'aptitude à l'unification se met en place une gradation dans l'unification et dans l'indivisibilité des êtres. La hiérarchie néoplatonicienne entre les divers niveaux de réalité est moins le fait de la dégradation progressive de la puissance propre à l'un et de son abaissement que de l'incapacité des choses qui accueillent l'un à en bénéficier totalement. La procession est en quelque sorte la synthèse de l'entropie et de la conversion, la conversion et les processus d'autoconstitution qu'elle

355. Plotin, *Traité 22* [VI, 4] (*Sur la raison pour laquelle l'Être, un et identique, est partout tout entier* I), 11, 3-4 ; trad. R. Dufour *in* Plotin, *Traités 22-26*, *op. cit.*, p. 43.

favorise permettant à la procession de se dérouler avec ordre et régularité sans tomber dans le chaos ni dans la métamorphose des espèces. La résistance à l'entropie et à la dissémination est le fait moins de l'un en tant que tel que de l'autoconstitution de l'être qu'il favorise. « Si un être est capable de se convertir vers lui-même [...] il n'agit plus seulement tourné vers lui-même, mais relève aussi de lui-même dans son être et se donne de lui-même sa propre cohésion [συνέχεσθαι] et sa propre perfection [τελειοῦσθαι][356]. » L'autoconstitution de l'être est, en tant que telle, un facteur essentiel de la *sōtēría*. Elle est étroitement liée au fait de se maintenir soi-même sauf (τὸ ἑαυτοῦ σωστικόν)[357]. La cohésion assure la sauvegarde de l'être autoconstitué : « Car ce qui est capable de s'engendrer soi-même se donne à lui-même sa propre cohésion et trouve en lui-même sa sauvegarde [...][358]. » Autoconstitution, cohésion et sauvegarde font cercle. L'être s'autoconstitue par son unification et son maintenir sauf, autant que sa conversion et son autoconstitution conditionnent sa cohésion et sa sauvegarde. La cohésion est la condition de l'autoconstitution, et la sauvegarde sa fin. Davantage, Proclus lie indéfectiblement la condition et la fin en une totale et parfaite convertibilité entre la cohésion et la sauvegarde. Cohésion et sauvegarde font cercle. Ils sont redondants. Si la cohésion de l'être garantit son salut, il est vrai aussi que la *sōtēría*, le souci de soi et de sa sauvegarde, forme le mobile même de toute cohésion et de toute constitution.

356. *Elem. Theol.*, § 44, p. 46.9-11 Dodds ; trad. J. Trouillard *in* Proclos, *Éléments de Théologie, op. cit.*, p. 90.

357. *Ibid.*, p. 46.7 Dodds.

358. *Ibid.*, § 41, p. 44.1-3 Dodds ; trad. J. Trouillard, p. 88.

ENTRELIBÉRATION

Plotin, au *Traité 39*, qualifie l'un d'*eleutheropoión* (ἐλευθεροποιόν), de libérateur, de faiseur de liberté[359]. La nature de l'un est manifestement de rendre libre, de nous affranchir du procès de la substance dont Plotin affirme, nous l'avons vu, qu'elle est notre maîtresse[360]. Car dans le néoplatonisme l'être, la substance, la procession enchaînent tandis que l'un libère. C'est pourquoi la différence entre l'un et l'être est irréductible. Grâce à l'un, les autres choses, soumises à la substance, néanmoins « possèdent la capacité de dépendre d'elles-mêmes[361] ». Par leur unification autoconstitutive, celles-ci deviennent indépendantes les unes par rapport aux autres et restent séparées par rapport à l'un au risque de son oubli[362]. L'expérience de l'un en nous « nous rend plus que libres, et plus que librement disposés [πλέον ἢ ἐλεύθεροι, καὶ πλέον ἢ αὐτεξούσιοι][363] ». L'un ne produit pas l'être, mais seulement l'un ; ou plus exactement il produit, au moyen de l'unification, la liberté, et c'est à son tour cette liberté qui produit l'être, en distinguant chaque réalité dans la procession de la substance. « La liberté de l'un ne signifie donc pas la contingence des choses, mais leur suffisance[364]. »

L'un donne ce qu'il n'a pas : la liberté, telle qu'elle se constitue dans le mouvement de conversion de chaque chose vers son centre, n'est pas celle de l'un, mais est la liberté propre à chaque réalité ; et j'ajouterais que nous n'avons en propre que notre liberté, et qu'il n'y a pas d'autre liberté que celle qui nous est

359. Plotin, *Traité 39* [VI, 8] (*De la liberté et de la volonté de l'Un*), 12, 19.

360. *Ibid.*, 12, 10-11. voir *supra*, « Autoconstitution de l'être », n. 341, p. 135.

361. *Ibid.*, 7, 4 ; trad. L. Lavaud, *in* Plotin, *Traités 38-41*, *op. cit.*, p. 214.

362. Voir sur ce point Plotin, *Traité 10* [V, 1] (*Sur les trois hypostases qui ont rang de principes*), 1, 1-17 ; sur l'oubli de l'un, voir *infra*, chap. III, *L'un à l'épreuve du devenir*, p. 192 *sq*.

363. *Id.*, *Traité 39* [VI, 8] (*De la liberté et de la volonté de l'Un*), 15, 22-23 ; trad. L. Lavaud *in* Plotin, *Traités 38-41*, *op. cit.*, p. 227.

364. Jean-Louis Chrétien, « L'un donne ce qu'il n'a pas », art. cit., p. 262.

propre. Si l'un donnait *sa* liberté, c'est-à-dire si les autres réalités étaient soumises à sa volonté toute-puissante, celles-ci seraient condamnées à la servitude. Il n'y aurait pas d'autre liberté que celle du principe, ni d'autre expérience de la liberté que de participer à la donation de la puissance et de se soumettre au destin de sa dispensation. La liberté se confondrait nécessairement avec la puissance du principe. Or, la donation pure (pure en tant qu'elle donne ce que le donateur n'a pas) conduit à la liberté pure (pure en tant qu'elle n'implique pas une donation de puissance). Mieux encore, la liberté pure est l'objet exclusif de la donation pure, la donation ne pouvant donner autre chose que la liberté, à partir du moment où l'une et l'autre sont considérées dans leur pureté.

Donner la liberté que l'on n'a pas, qui n'est pas sienne, c'est non pas produire l'être, mais « laisser chaque chose être ce qu'elle est [αὐτὰ ἕκαστα ἐάσεις, ὡς ἔχει] » et plus exactement « la laisser être dans son *héxis* [ὡς ἔχει] » telle qu'elle se tient et se maintient dans la procession[365]. Qu'il n'y ait pas de malentendu en ce qui concerne ce « laisser être ». Il ne s'agit pas de laisser être l'être dans sa procession et sa dispensation, de libérer la procession de son ordre en vue d'en intensifier la puissance, c'est-à-dire d'en infinitiser les possibilités jusqu'aux limites de l'impossible ; il s'agit tout au contraire de maintenir cet ordre, tout en libérant les étants de sa nécessité et de son déterminisme qui les réduisent à la contingence. L'un organise la liberté des singularités par rapport à l'ordre dont elles procèdent ; tels sont le don et la faveur que l'un fait aux choses ; en tant que tel, l'un est au-delà de la nécessité. Mais, pour ce faire, il n'a pas besoin de libérer la procession d'elle-même, car si la liberté de l'être découlait directement de la liberté de sa procession, les choses seraient contraintes de se sacrifier à cette liberté, et *in fine* condamnées au néant ; c'est pourquoi l'un maintient la procession corsetée dans la rigueur de son ordre, à l'abri du chaos. L'un est ainsi au-delà de la nécessité

365. Plotin, *Traité 38* [VI, 7] (*Comment la multiplicité des idées s'est établie et sur le Bien*), 42, 6-7.

et de la liberté. Nous reviendrons sur ce point en conclusion de ce chapitre[366]. Quoi qu'il en soit, nous assistons à la mise à l'écart définitive de la causalité, dont nous avions commencé plus haut à souligner les limites dans le système néoplatonicien[367] : une mise à l'écart qui signe et garantit la liberté des choses par rapport à leur principe. « Notre discours cherche le "pourquoi", alors que ces réalités [intelligibles] sont bonnes par elles-mêmes, le "pourquoi" [διότι] étant le "que" [ὅτι][368] . »

En même temps que l'être se libère par son autoconstitution, il libère l'un de toute fonction productive et causale. L'autoconstitution de l'être décharge l'un. « Le Bien n'a aucune fonction, car rien ne l'oblige à exercer une fonction, il se suffit à lui-même et n'a rien à chercher en dehors de lui parce qu'il est au-dessus de tout. Il se suffit à lui-même et il suffit aux autres. Parce qu'il est ce qu'il est[369]. » Si l'un laisse être les choses, à notre tour il nous revient de laisser l'un être à lui-même ce qu'il est. Comme nous y enjoint Plotin, « laisse-lui son "il est" [εἴασε τὸ "ἔστιν"][370] ». L'un est remis par l'être à la libre disposition de lui-même, ce que le grec définit sous le terme d'*autexoúsion* (αὐτεξούσιον). Si, au *Traité 9*, Plotin nous enjoignait de tout abandonner pour fuir seul vers l'un seul[371], au *Traité 39* il nous recommande au contraire de l'abandonner à son tour, de le laisser à lui-même [αὐτὸν δέ ἔα] »[372]. Tout abandonner pour l'abandonner à son innocence : non pas le laisser être, mais le laisser un. Nous atteignons le sommet du délaissement. Nous avons vu que si l'un protège l'être de l'entropie, il avait lui

366. Voir *infra*, « Une alternative au système », p. 150-152.

367. Voir *supra*, « D'une causalité sans cause », p. 114 *sq*.

368. Plotin, *Traité 38* [VI, 7] (*Comment la multiplicité des idées s'est établie et sur le Bien*), 19, 18-20 ; trad. F. Fronterotta *in* Plotin, *Traités 38-41*, *op. cit.*, p. 75.

369. *Ibid.*, 37, 28-31 ; trad. F. Fronterotta, p. 102

370. *Id.*, *Traité 32* [V, 5] (*Sur l'intellect et que les intelligibles ne sont pas hors de l'intellect, et sur le Bien*), 13, 13.

371. *Id.*, *Traité 9* [VI, 9] (*Sur le Bien ou l'Un*), 11, 51.

372. *Id.*, *Traité 39* [VI, 8] (*De la liberté et de la volonté de l'Un*), 18, 2 ; v. aussi *id.*, *Traité 32* [V, 5] (*Sur l'intellect et que les intelligibles ne sont pas hors de l'intellect, et sur le Bien*) 13, 13, cit. *infra*, chap. III, *L'un à l'épreuve du devenir*, p. 195-196.

aussi besoin de protection[373], ce dont témoigne précisément cette remise de l'un à soi par l'autoconstitution de l'être, en une sorte d'entreprotection de l'un et de l'être, du principe et de ce dont il est le principe, remise à soi qui garantit son imparticipabilité et le maintient sauf par rapport à l'être et à sa procession. La sauvegarde, aussi bien celle de l'un que celle de l'être, est d'abord affaire de liberté.

L'un imparticipable, préservé de la substance et de sa procession, « exerce son activité sur lui-même et non sur les autres[374] », comme le signifie, de façon certes « relâchée », ambiguë et insatisfaisante pour le reste de la tradition néoplatonicienne, le thème de la réflexivité du principe au *Traité 39* de Plotin. Il faut interpréter ce traité non pas comme l'origine des philosophies de la volonté, même si on peut être aisément conduit dans cette voie, mais simplement comme une tentative de faire du principe une instance non pas nécessaire, mais libre, parce qu'il semble impossible de justifier la liberté des étants dans leur autoconstitution si le principe de la cosmologie reste l'expression de la pure nécessité. Cette liberté au demeurant ne peut être qu'une liberté mutuellement donnée par le principe et par ce dont il est le principe, au risque d'abolir, si l'on fait de la liberté de l'un un absolu, toute possibilité pour l'être d'accéder à sa propre liberté, et par conséquent de reconduire le principe à la nécessité, serait-elle celle de sa liberté. Le néoplatonisme s'efforce ainsi de penser la liberté du principe sans remettre en cause la liberté de ce dont il est le principe, en pensant la liberté non comme un absolu mais comme un processus d'entraffranchissement de l'être et de l'un, autrement dit du réel par le réel : du réel processible par le réel improcessible et vice-versa

Car, comme le note Jean-Louis Chrétien dans *La Voix nue,* le mouvement par lequel les êtres se constituent et deviennent présents à eux-mêmes est le même que le mouvement par lequel ils sont à tout jamais distants et distincts de l'un, et par

373. Voir *supra,* « La force de l'un pur », p. 96.
374. *Théol. plat.* I 14, 62.18-19 SW ; trad H. D. Saffrey.

conséquent le même mouvement aussi que celui par lequel l'un se trouve reconduit à sa station et à son ermitage[375]. S'opère ainsi une entrelibération du principe et de ce dont il est le principe, comme si le maître, après avoir affranchi l'esclave, se trouvait à son tour affranchi de *sa propre* domination, qui en définitive place sous un même joug celui qui l'exerce et celui qui la subit[376]. Il n'est au demeurant de libération que de l'entrelibération : on ne se libère qu'en s'entrelibérant, c'est-à-dire en libérant de son aliénation, par sa propre libération, ce qui nous aliène. Il s'agit ici d'une entrelibération et non d'une entredétermination.

Le principe et ce dont il est le principe restent en relation mutuelle (*entre*libération), ne serait-ce que par la protection qu'ils s'assurent mutuellement, mais cette relation n'implique pas de coparticipation, de codétermination ni de coévolution (entre*libération*). L'entreprotection se fait par la liberté, et toujours par une liberté qui ne se possède pas, ce en quoi elle est pleinement liberté. L'affranchissement marque l'opération de l'un sur le reste du réel, mais une opération grâce à laquelle l'un affirme son imparticipabilité. Si les êtres, en tant qu'ils s'autoconstituent, ne sont pas de simples attributs du principe, le principe lui non plus, en tant qu'il s'en remet à soi et à sa libre disposition, n'est pas un simple attribut de l'être ou un simple moment de la substance et de son déploiement. L'entrelibération reconduit l'un à sa différence. Elle exprime même l'essence de la différence hénologique.

Ce mouvement d'entrelibération est l'essence du don : on ne peut donner que la liberté, et ce don est par essence don de ce que l'on n'a pas, car, si l'on donnait ce que l'on a, l'identité finirait par abolir la liberté, et la domination par se substituer à l'affranchissement. Par conséquent, dans l'essence du don (comme fait de donner ce que l'on n'a pas) se joue aussi l'essence de la liberté. La liberté que donne l'un à l'être n'est

375. Jean-Louis Chrétien, « L'un donne ce qu'il n'a pas », art. cit., p. 264.
376. Voir *infra*, chap. IV, *D'un état meilleur que la puissance*, p. 222.

pas de même nature que la sienne ; il n'y a pas même d'analogie entre les deux types de liberté, ou alors une analogie purement négative en ce sens que tous deux, l'un et l'être, favorisent, chacun, par le mouvement de sa propre liberté, la liberté de l'autre, mais à chaque fois une liberté qu'il n'a pas. En effet, la liberté de l'être est (auto)causalité, (auto)constitution et (auto)production, tandis que l'un exprime sa liberté par son retrait et son aséité. Il y a ici une symétrie de l'asymétrie, le fait que chacun assure à l'autre (symétrie) les conditions de sa séparation mais selon de tout autres conditions et une tout autre essence de la liberté (asymétrie). Alors que la domination produit de l'identité entre le maître et l'esclave, la liberté, en tant qu'entrelibération, favorise au contraire altérité et différence dans la relation. Si le principe n'est asservi à rien, pas même à lui-même et à sa propre réflexivité, c'est parce qu'il est un, absolument un, alors que tout processus d'assujettissement demande le deux : un sujet et un objet, un dominant et un dominé. « En vérité ce principe est situé au-delà, seul, vraiment libre parce qu'il n'est pas asservi à lui-même [*je commente* : il n'est pas asservi à lui-même parce qu'il n'est pas réflexif et donc il ne se dédouble pas], mais il est seulement lui-même et réellement lui-même, alors que chacun des autres êtres est à la fois lui-même et autre chose [*je commente* : ce sans quoi il n'y aurait pas d'autoconstitution parce que, sans ce dédoublement et cette multiplicité de l'être, celle-ci ne serait pas nécessaire][377]. » L'un est libre par l'absence en lui de multiplicité et donc d'hétéronomie. Mais l'impossibilité de l'*hétéro*nomie – le fait qu'il ne peut y avoir de l'autre en lui – marque aussi l'impossibilité de son auto*nomie* : le fait que le principe n'a pas à se normer, à se donner à lui-même, de façon réflexive, son *nomós*, et cela précisément parce qu'il n'a pas de toute-puissance à mesurer et à régler. L'un est au-delà de l'hétéronomie et de l'autonomie. C'est pourquoi sa liberté ne peut relever que d'un entraffranchissement qui abolit en même temps l'autonomie

377. Plotin, *Traité 39* [VI, 8] (*De la liberté et de la volonté de l'Un*), 21, 30-33 ; trad. L. Lavaud *in* Plotin, *Traités 38-41, op. cit.*, p. 242.

(par la relation que crée l'*entr*affranchissement) et l'hétéronomie (par la liberté qu'apporte l'entr*affranchissement*).

Sous le régime de cette double liberté et de son entrelibération, le maximum de séparation du principe sert le maximum de déploiement de l'être : l'absence se fait de plus en plus présente ; la soustraction et le retrait du principe appellent l'être dans et par sa liberté. Et inversement, plus il y a d'autoconstitution ontologique, moins l'être est soumis à l'un et, par conséquent, plus il y a de séparation hénologique, plus l'un est conduit à se retirer ; la présence se fait de plus en plus absente. L'aporie du principe, de l'un et du tout, telle que nous l'avons formulée avec Damascius au début de ce chapitre (soit le principe se dissout dans ce dont il est le principe, soit il n'est au principe de rien[378]) est désormais résolue et dépassée, puisqu'ici la séparation du principe, dans sa plus extrême radicalité, devient la condition même de son opérativité.

Mais de quoi faut-il en définitive se libérer ? Il faut se libérer du dieu enchaîné (ὁ θεὸς [...] δεδεμένος)[379]. Le dieu enchaîné n'est nul autre, pour Plotin, que l'intellect (*noûs*) et le monde des idées et des formes intelligibles qui soumettent l'ensemble du réel à la structure rigoureuse de ses archétypes. Le *noûs* enchaîne le réel, parce que lui-même est enchaîné par la nécessité inexorable de son ordre éternel selon lequel l'un ne cesse de dévorer le multiple comme Kronos ses enfants. Le *noûs* est l'antithèse de l'un premier : l'un pur libère le multiple tandis que l'intellect le soumet à son unitotalité. L'un libère parce qu'il est libre, le *noûs* enchaîne parce que lui-même est soumis dans son propre déploiement à la nécessité de l'ordre qui réduit le multiple à l'unitotalité. Cet enchaînement est nécessaire car, sans idée ni forme, non seulement tout ne serait que chaos, mais il n'y aurait ni monde ni être. Si l'un pur et imparticipable est liberté, l'être intelligible est quant à lui nécessité. Mais c'est précisément parce que l'être est nécessité qu'il est condamné à l'entropie. Tout ordre

378. Voir *supra*, « L'antinomie de l'un et du tout », p. 49.
379. Plotin, *Traité 31* [V, 8] (*Sur la beauté intelligible*), 13, 1.

est nécessairement voué à se défaire. Il n'y a d'ordre que du multiple. L'un pur n'a pas besoin d'être ordonné. Il est au-delà de l'ordre et du désordre, du chaos et de l'éther, dit Proclus dans le sillage des *Oracles chaldaïques*[380]. Or tout multiple est voué à l'entropie. C'est un axiome fondamental du néoplatonisme. L'ordre ne supprime pas l'entropie de l'être ; il se contente de la régler et de l'organiser en sorte qu'elle ne bascule pas dans le chaos et le néant mais au contraire soit mise au service du déploiement du monde. Cet ordre, il revient non à l'un mais à l'intellect, au monde des idées et des formes intelligibles, de le mettre en place. L'intellect est lui aussi multiplicité quand bien même cette multiplicité serait au plus haut point unifiée. L'ordre est la multiplicité (des âmes) organisée par la multiplicité (des idées). Il est la multiplicité enchaînée moins par l'un que par elle-même. Pour surmonter l'épuisement qui le menace, l'ordre a besoin de se libérer, de se défaire de son enchaînement, au double sens du terme : l'enchaînement entendu comme consécution nécessaire de la procession, l'enchaînement des causes des stoïciens, mais aussi comme emprisonnement, étouffement et épuisement. Cette liberté, seul l'un, en tant précisément qu'il est au-delà de l'ordre et du désordre, au-delà aussi de la causalité, est en mesure de la procurer.

Il ne suffit pas d'accomplir son *érgon*, de correspondre parfaitement à l'archétype dont on provient pour être libre ; l'entéléchie n'est pas assez puissante pour protéger le réel de l'entropie. Au demeurant, c'est la raison pour laquelle, comme le note Proclus[381], la cause finale ne saurait exprimer proprement la fonction de l'un. La vie ne saurait se résumer à l'actualisation d'une puissance elle-même déterminée, circonscrite et enchaînée de toute éternité par la logique des genres et des espèces. Mais la liberté ne consiste pas non plus à bouleverser le monde des archétypes, à en renouveler la production, à le soumettre à une logique de l'invention permanente, et moins encore à étendre le domaine de la puissance pour intensifier celui de l'acte. Nous nous contenterions de

380. Proclus, *In Parm.* VI 1121.20-22 Steel.

381. Voir *supra*, « D'une causalité sans cause », p. 120.

passer d'une nécessité à l'autre, de plus en plus contraignante et dominante à chaque renouvellement. Nous aurions à la fois le chaos et la nécessité. La liberté ne se substitue pas à la nécessité, au risque que la nécessité finisse toujours par se substituer à la liberté. La nécessité est là ; elle se tient. Le néoplatonisme se donne néanmoins bien plus de moyens que le stoïcisme pour ménager de la liberté au cœur de nécessité ; le stoïcisme fait tout reposer sur la pointe infime de la raison pure de l'homme : l'*hēgemonikón*. L'homme se pense alors comme un petit empire dans l'empire, capable de se ménager un espace de liberté intérieure où ce qui lui est propre semble pouvoir résister à l'extériorité. De son côté, le néoplatonisme mobilise l'ensemble de la métaphysique et repense toutes les conditions de la réalité en vue de subvertir de l'intérieur, au moyen de la différence hénologique, la nécessité ontologique de la substance et d'en desserrer l'étreinte pour l'ensemble de la réalité, *y compris pour l'un*. De cette subversion dépend la sauvegarde de l'être ; il n'est plus nécessaire d'en passer par l'*ekpýrōsis* ou déflagration radicale du monde, telle que les stoïciens l'ont imaginée, pour renouveler le *kósmos* et remédier à l'entropie qui l'affecte. La liberté néoplatonicienne n'est pas simplement une fuite, une retraite ou un abri par rapport à la nécessité, comme les derniers mots du *Traité 9* semblent la définir : « fuir seul vers le seul[382] ». Elle est certes une échappée par rapport à l'unitotalité que symbolisent l'intellect et le monde des idées, mais cette échappée s'avère la condition même de survie de toute réalité, la cimaise à laquelle tout se tient suspendu.

Le principe est au-delà de la nécessité et de la liberté. D'une façon générale, la radicalité de questionnement sur le principe et sur sa principialité que conduit le néoplatonisme vise toujours en définitive à libérer la pensée des couples d'opposés qui n'ont d'autre fonction que de régler la procession de la substance, et ne sauraient donc rendre raison de l'improcession du principe. C'est en tant que le principe est affranchi de l'opposition de la nécessité et de la liberté qu'il peut être qualifié de « producteur de la liberté » (*eleutheropoión*). Au-delà de la nécessité, le principe l'est

382. Plotin, *Traité 9* [VI, 9] (*Sur le Bien ou l'Un*), 11, 51.

précisément en tant qu'il échappe à la détermination du *noûs* et à l'ordre des archétypes, de sorte qu'aucune forme ne saurait en déterminer ni le sens ni l'opération, et qu'il n'est au service d'aucun monde prédéterminé. Mais il se tient aussi au-delà de la liberté, en tant qu'il reste une constante, qui n'impose certes aucune loi et aucun ordre, mais qui, en tant que constante, s'interdit la liberté de choix et la toute-puissance de la volonté. C'est ainsi que le néoplatonisme, tout en prenant ses distances avec le nécessitarisme des autres philosophies antiques, évite soigneusement de tomber dans le volontarisme des nouvelles théologies de son temps.

UNE ALTERNATIVE AU SYSTÈME

Il importe, pour conclure ce chapitre, de revenir à l'antinomie fondamentale de l'un que formule Damascius[383]. Celle-ci comporte donc deux lemmes : 1) le principe ne peut être hors du tout (sinon il n'est pas principiant) ; 2) le principe ne peut être dans le tout (sinon il n'est pas premier, il n'est donc pas principe). La modernité métaphysique – c'est-à-dire les philosophies du système mises en place par l'idéalisme, et j'entends ici par système l'articulation de l'homme, du monde et du principe en vue de leur développement ou déploiement mutuel – a essayé de résoudre le second lemme, c'est-à-dire de prouver, par la logique même du système et de son procès, qu'il était possible de conjoindre le principe et le tout, d'instaurer de la supériorité (mais non pas de l'antériorité ni de la simplicité) dans l'immanence de la totalité, autrement dit d'instaurer de la différence au sein du tout, à partir du tout. La différence au sein de l'être, produite par le tout dans son autoprocession systématique, renvoie à la notion de différence ontologique, dont le but est précisément de créer, par le jeu même de la différence, de la principialité (de la principialité sinon du principe : la fonction sans l'instance) au sein du tout, et donc de la supériorité, ce qui renvoie à ce que j'ai appelé plus haut la surontologie[384].

383. Voir *supra*, « L'antinomie de l'un et du tout », p. 49.
384. Voir *supra*, chap. I, *Unité, totalité, multiplicité*, p. 17.

Nous sommes arrivés au bout de cette histoire engendrée par le second lemme de l'aporie de Damascius, dans une situation où le procès systématique n'assure plus le développement ou le déploiement des trois termes (le monde, l'homme, le principe), et donc n'assure plus la synthèse du principe et du tout, moment où, pour le dire autrement, le système ne fait plus histoire, moment de rupture du système, là où le système devient, selon un terme utilisé par Heidegger, extème[385], autrement dit où il ne peut plus fonctionner qu'à la limite de sa désarticulation, voire que par sa désarticulation même (*ex-* et non pas *syn-*), comme en témoigne l'ontologie heideggérienne.

Nous sommes revenus, pour notre part, au point d'intersection des deux lemmes pour nous engager sur l'autre voie, c'est-à-dire pour résoudre le premier lemme de la contradiction qui affirme que le principe ne saurait être hors du tout ; autrement dit il s'agit donc pour nous de surmonter cette impossibilité, de rendre pensable cette extériorité à la totalité, pour voir comment ce qui est absolument hors du tout, ce qui est, comme le dit le néoplatonisme, *asýntakton* (et tout importe dans ce terme : *a-syn-taxía* : la privation [*a*] de toute coordination [*syn-*] qui fait ordre [*táxis*]), ce qui est donc sans aucune liaison ni articulation avec le reste du réel – ce que j'appelle la « disjonction » – contribue pourtant à structurer le réel ou, pour le dire autrement et plus précisément, nous conduit à penser le passage de l'un à l'être, du principe improcessible au reste de la réalité qui procède sans passer ni par la causalité ontologique et sa productivité, ni par l'unitotalité et sa totalisation. Cette voie est celle de la soustraction et non de l'intensification de l'être, de sa surrégénération, de son supplément de puissance que propose l'articulation du système pour résoudre le premier lemme de l'antinomie.

La soustraction du principe au regard de l'ensemble des réalités qui composent le monde comporte certes le risque d'un « monothéisme abstrait[386] », conduisant au culte du désert et à

385. Sur cette notion, voir *supra*, « De l'irréductibilité du principe à la puissance », p. 79 et n. 158.

386. Souad Ayada, *L'Islam des théophanies. Une religion à l'épreuve de l'art*, CNRS, Paris, 2010, p. 65 *sq*.

la calcination de l'humanité. Mais, aujourd'hui, ce n'est plus la soustraction qui est cause du désert, de la calcination et de la terreur, mais bien plutôt la dissolution du principe dans le tout, la complexité exacerbée du réel, l'excès de ses interactions qui conduisent le rapport de l'homme, du monde et du principe à la limite de la désarticulation. L'économie ou le procès de l'être au bord de l'épuisement se révèle incapable de porter et d'assumer le coût de l'intensification (épuisement des ressources naturelles, transhumanisme, etc.) et les conséquences de la destruction créatrice qui l'anime. La distinction entre le supplément de la surontologie et la soustraction correspond clairement à la différence entre la différence ontologique (qui est de l'ordre du supplément et de l'intensification) et la différence hénologique qui, quant à elle, repose sur la pure soustraction du principe ; or, penser l'*asýntakton* et la soustraction qu'il implique répond pleinement à la désarticulation du système à laquelle conduit l'épuisement de l'être et de son processus de régénération par la destruction créatrice. Nous avons besoin aujourd'hui d'un effort de soustraction pour retisser du réel, pour résister à l'entropie accélérée de l'automate cybernétique qui caractérise la mondialisation et sa gouvernance, et pour définir un nouveau rapport, néguentropique, au monde, fait non plus de consommation et de dévoration, mais de garde et de sauvegarde, de tenue et de maintien.

Chapitre III

L'un à l'épreuve du devenir

« Il nous faut donc à nouveau
le dire : le monde est devenir. »[1]

COMME UN NOUVEL ATLAS

Il est temps d'expliquer le titre de notre ouvrage, *Comme un nouvel Atlas*. Il s'agit d'abord d'une référence au *Phédon* de Platon, et, précisons-le, d'une référence qui, sous la plume de Platon, prend une dimension critique puisque, sous le nom d'Atlas, Platon dénonce les nouvelles explications cosmologiques du monde, celle par exemple, qui « entourant la Terre d'un tourbillon, la fait rester tranquille en invoquant l'action du ciel », ou encore celle qui la considère « comme une vaste et plate huche, plaçant l'air en-dessous pour lui servir de support »[2]. Ce que reproche Platon à ce type d'explications cosmologiques, c'est le fait qu'elles font l'impasse sur cette puissance ou cette force divine, ce bien et cette

1. Proclus, *In Tim.* I 297.14 Diehl.

2. Platon, *Phédon*, 99b-c ; trad. L. Brisson, *in* Platon, *Œuvres complètes*, Flammarion, Paris, 2008, p. 1220.

nécessité « qui lient et maintiennent les choses et assurent qu'elles se trouvent disposées dans l'état où il veut le mieux pour elles d'être placées[3] ». Face à cette puissance ou force divine qui fait l'objet de l'enquête de Platon, ces nouvelles cosmologies opposent donc un « Atlas », qui plus est, « un Atlas plus fort, plus immortel [que cette puissance], plus capable de maintenir la cohésion de l'ensemble[4] ». Comme si un support pouvait être plus fort que la force qui transit et ordonne le réel ! Platon est d'abord et essentiellement un penseur de la *koinōnía*, de la communauté que les choses partagent entre elles, de leur interrelation aussi hiérarchisée soit-elle, pour former un monde où chaque réalité est à la fois singulière et coordonnée aux autres, comme un tissu, par chaîne et trame, en vue d'un tout dense et cohérent, un cosmos harmonieux, convergeant sous une même *sýmpnoia* (σύμπνοια), un même souffle et une même entente. On retrouve sans aucun doute dans le néoplatonisme et, en particulier chez Plotin, cette conception du monde comme interdépendance des réalités entre elles : « Par "être tel" je veux dire le fait que les choses possèdent, en même temps que leur propre réalité, la cause de leur existence, de sorte que celui qui observe ensuite chacune d'entre elles est capable de dire le pourquoi de chacun des éléments qui la constituent, par exemple, quelle est la cause de son œil, la cause qui explique que tels pieds appartiennent à tels êtres ; il peut dire aussi que la cause qui engendre ensemble chaque partie appartient à chacune de ces parties, et que leurs parties existent les unes par les autres. Pourquoi les pieds ont-ils telle longueur ? Parce que telle chose est telle qu'elle est, c'est-à-dire parce que le visage est tel qu'il est, que les pieds sont tels qu'ils sont. Et, en règle générale, l'accord ou *symphonía* [συμφωνία] de toutes les parties entre elles fait qu'elles sont causes les unes vis-à-vis des autres[5]. » L'essence de l'être dans la tradition platonicienne n'est donc ni acte ni puissance, mais communauté (*koinōnía*) et disposition synthétique de

3. *Ibid.*, 99c ; trad. p. 1220.

4. *Ibid.* ; trad. p. 1220.

5. Plotin, *Traité 39* [VI, 8] (*De la liberté et de la volonté de l'Un*), 14, 20-28 ; trad. L. Lavaud *in* Plotin, *Traités 38-41, op. cit.*, p. 229-230.

l'ensemble du réel à la totalité : « À la différence de l'un, l'être est donc conçu par Plotin comme une sorte de *sunthésis*. En effet, la totalité des étants forme un tissu de déterminations ou de traces qui s'appellent les unes les autres et qui, toutes ensemble, présentent une certaine configuration. Cette configuration générale résultant des liens qu'entretiennent entre eux les différents étants, c'est l'être lui-même, le τὸ εἶναι [...]. On ne peut penser l'être sans faire immédiatement référence aux étants dont il est le "total" ou l'universel *post rem* ; et l'on ne peut appréhender un étant singulier sans référence aux autres avec lesquels il fait tissu et figure, et donc sans être ultimement reconduit à la perspective globale de l'être lui-même [...]. L'être pris abstraitement ou en soi ne peut être le principe suprême parce qu'il est d'emblée de nature *relationnelle* ; le fait même d'être, ou encore *l'être-infinitif* pour reprendre la formule héritée de Porphyre, n'a de réalité que celle que lui confère l'ensemble des étants formant réseau. Il n'est rien d'autre, à part soi, qu'eux[6]. » Dans ces conditions, le monde semble parfaitement autosubsistant, sans référent externe, de sorte qu'il n'a effectivement plus besoin de support ou d'Atlas. C'est la raison pour laquelle ce qui fait principe, le bien, la nécessité, revêt chez Platon un tel degré d'abstraction, et semble être l'effet de la cohérence de la *koinōnía* plus encore que leur cause, dimension régulatrice du principe que l'on retrouve dans la conception de l'intellect, de la *nóēsis noēseōs* comme cause finale de l'ensemble des réalités, qu'Aristote thématise au livre Λ de la *Métaphysique*.

Le néoplatonisme à la fois va au bout de cette logique de la *sýnthesis* et en découvre les limites, c'est-à-dire l'impossibilité de sa parfaite autosubsistance, la nécessité de trouver à cette synthèse ontologique un support qui la garantisse de l'entropie, *un nouvel Atlas* qui lui offre un fondement au sens propre du terme, non pas une cause, qu'elle soit efficiente ou finale, formelle ou matérielle, mais un soubassement et un appui où elle puisse trouver assise et repos. Ce que le néoplatonisme appelle l'un, hypothèse que Platon, rappelons-le, jugeait dans

6. Jean-Marc Narbonne, « *Henosis* et *Ereignis*. Remarque sur une interprétation heideggérienne de l'Un plotinien », *Études philosophiques*, 1999, p. 116-117.

son *Parménide* impossible[7], et par conséquent vaine et inutile. Damascius de son côté réduit Atlas à une simple force titanesque (le titan qui porte le monde sur ses épaules), c'est-à-dire une force exclusivement matérielle et physique, qui ne saurait constituer un principe de liaison, mais seulement de séparation entre le ciel et la terre[8]. Mais c'est précisément parce que l'un remet en cause l'autosubsistance du tout, et qu'il est autant principe de séparation, de diastématisation que de liaison, qu'il est, lui aussi, à sa façon, un Atlas. Il est vrai que ce nouvel Atlas, dont nous avons montré, au chapitre précédent, qu'il était effectivement plus fort que la *dýnamis* et l'*enérgeia*, présentant « un état meilleur [ou plus fort] que la puissance » selon les termes de Proclus, mieux capable aussi de maintenir l'ensemble des choses, ne se limite pas aux quatre éléments des philosophes ioniens, terre, eau, feu ou air, dont Platon doutait de l'efficace, mais s'élève au même degré d'abstraction du bien et de l'ordre que Platon requérait et dont le néoplatonisme à son tour est en mesure de rendre raison, selon des voies nouvelles qui concilient liberté et nécessité, stabilité et procession, singularité (*mónōsis*) et communauté (*koinōnía*), un Atlas si fort qu'il est en définitive capable de donner assise à tout type d'ontologie, quel que soit le degré de force ou de faiblesse, de cohérence ou de chaos de celle-ci.

LA REDONDANCE MÉTAPHYSIQUE

La métaphysique antique, et en particulier le néoplatonisme qui en forme la synthèse, sont à l'image de l'architecture de leur époque, surétayée par rapport à ce que demande la résistance des matériaux. L'ossature est trop massive ; on compte trop d'éléments porteurs par rapport aux charges que ceux-ci doivent porter. C'est que cette métaphysique, comme cette architecture, témoigne d'une même

7. Platon, *Parménide*, 142a.

8. « *The Greek Commentaries on Plato's Phaedo* », vol. II, *Damascius* II, § 72 ; ed. L. G. Westerink, North-Holland, Amsterdam, 1977, p. 327-329.

crainte, d'une même angoisse latente à l'égard de la fragilité des choses, de leur incapacité à tenir, au point qu'il semble ici nécessaire de redoubler de précautions, de faire preuve de redondance, en l'occurrence de redondance métaphysique, c'est-à-dire de surédifier une hénologie sur l'ontologie alors que l'ontologie néoplatonicienne semblerait se suffire parfaitement à elle-même. Et, de fait, on est en droit de se demander quel rôle peut bien remplir l'un par rapport à un être plein, continu, qui repose sur une parfaite isomorphie, où la ressemblance, l'exemplarité et l'imitation ordonnent toute procession, de sorte que le monde, comme le définit Platon, apparaît comme un immense animal, une totalité organique infrangible. C'est ici non la multiplicité pure, comme le proposent les métaphysiques de notre temps, mais au contraire la belle totalité de l'être ordonné et harmonieux, qui semble rendre inutile l'hénologie. Il y a un risque de double emploi entre l'un et l'être qui conduit nécessairement à leur convertibilité et à leur réunion de sorte que finalement, si l'un ici existe, il ne saurait être qu'unitotalité, parfaitement intégré à la totalité de l'être, sans rupture ni séparation, c'est-à-dire sans différence hénologique. C'est en tout cas ce à quoi conduit la loi de l'intelligible. Lorsqu'on lit les livres III et IV du *Commentaire* de Proclus au *Parménide* sur la théorie des idées et de la participation, on a l'impression que les fonctions conservatrice et télésiurgique (qui porte l'être à sa perfection) sont pleinement assurées par les idées et l'intellect sans qu'il soit besoin de faire appel à l'un, au point que la pensée et l'être intelligible, l'*óntōs ón*, se convertissent avec la vie.

Et pourtant il existe de la différence hénologique. La différence hénologique est bien la condition de la tenue, du maintien et de la *sur*vie de l'être, plus encore que de sa vie. Cette apparente redondance entre l'un et l'être signifie deux choses :

– que l'être n'est pas autosuffisant ni autosubsistant ; que l'unitotalité de l'être ordonné et harmonieux est en réalité fragile et faillée ; que la multiplicité se dissimule sous la puissance de l'être[9], et que le monde, même intelligible, est menacé

9. « Car plus un être est apparenté à l'un, plus il cache sa multiplicité, et plus il se définit par sa seule unité » (Proclus, *Théol. plat.* III 9, 39.22-24 SW ; trad. H. D. Saffrey).

de dispersion, tous points que nous avons déjà notés au chapitre précédent et sur lesquels nous ne reviendrons pas ;

– et par conséquent que l'un n'est finalement jamais aussi nécessaire, *c'est-à-dire jamais moins redondant avec l'ontologie,* que dans le cadre d'une ontologie incomplète, discontinue, dysmorphique et instable, de sorte que le rapport fondamental entre l'un et l'être, et la vérité même de l'un en tant que principe de tenue et de maintien, se décident à mon sens dans l'articulation qu'entretient la première hypothèse du *Parménide* (l'un séparé) non avec la seconde hypothèse (l'unitotalité achevée du monde intelligible) mais avec la cinquième (la matière) voire, davantage encore, avec la sixième et la huitième (la multiplicité hors toute unitotalité), chemin qu'il importe d'emprunter pour accéder à l'hénologie dans sa plus grande radicalité. De fait, si les philosophies de la multiplicité s'efforcent de penser l'être sans l'un, dans ce qui apparaît en tant que tel comme une ontologie pure, l'hénologie, prise dans sa radicalité, se doit de procéder à l'inverse, en prouvant la validité de l'un dans son rapport direct au devenir et à ses multiplicités, sans les étais de la substance, en tout cas de la première substance, la substance intelligible éternelle, sous quelque forme qu'elle procède, de façon tantôt plus spontanée (Plotin), tantôt plus ordonnée (Proclus). Or, cette expérience radicale de l'un n'est pas seulement l'accomplissement logique de l'un séparé et de l'hénologie comme différence, mais est déjà, de manière latente, en jeu dans le corpus néoplatonicien originaire.

LES NEUF HYPOTHÈSES DU *PARMÉNIDE*

Il importe de rappeler ici la contrariété radicale entre l'un de la première hypothèse du *Parménide* et l'unitotalité de l'être de seconde[10]. Ce qui est affirmé de l'être, de la substance, de l'unifié, de l'« un qui est » de la seconde hypothèse est, rappelons-le, nié par l'« un qui n'est pas » de la première hypo-

10. Voir *supra*, chap. II, *La force de l'un*, p. 92.

thèse. L'un principe est le contraire du monde unifié et de l'unitotalité qu'il forme avec l'être, alors que, par ailleurs, seul le semblable engendre le semblable. Nous avons donc affaire à deux métaphysiques dissemblables, une hénologie radicale et une ontologie totale, rassemblées au prix d'une massification étouffante de la métaphysique En tant que contraires, les deux hypothèses sont en réalité exclusives l'une par rapport à l'autre, de sorte que leur conjonction est nécessairement non seulement superflue et redondante, mais aussi contradictoire, s'annihilant mutuellement, car non seulement « l'un est autre chose que le tout et le tout autre chose que l'un[11] », mais davantage, de notre point de vue du moins, l'un détruit le tout, comme le tout détruit l'un[12].

On ne saurait donc en rester à ces deux premières hypothèses et à leur symétrie renversée. Pour sortir de cette contradiction, pour éviter la redondance, il faut aussi sortir du rapport spéculaire entre les deux premières hypothèses afin de mieux considérer le plan d'ensemble de l'hénologie et d'aller jusqu'au bout des neuf hypothèses, sans hiérarchie, c'est-à-dire sans privilégier nécessairement les premières au détriment des dernières sous prétexte que les premières seraient plus proches de l'un pur et, en tant que telles, plus « véritablement être [ὂντως ὄν] ».

Le *Parménide* et, en particulier, ses commentaires néoplatoniciens constituent dans l'histoire de la métaphysique le manuel par excellence de l'unification. Ils déclinent, à travers la diversité de leurs hypothèses, l'ensemble des processus d'unification, permettant « à la fois de se rendre compte, du haut en bas de l'échelle, des différents niveaux qui en dessinent les lignes majeures, ainsi que du principe qui gouverne le tout et en fait un ensemble, susceptible d'un ordre strict et total. La dialectique du *Parménide*, selon l'exégèse des maîtres

11. Damascius, *De princ.* § 36 I, 111.7-8 CW.

12. « Car si nous avons les yeux fixés sur le simple et sur l'un, nous faisons périr l'immense et parfaite totalité de ce principe ; mais si nous concevons toutes choses ensemble, nous faisons disparaître l'un et le simple » (*ibid.*, § 28 I, 80.21 – 81.1 CW ; trad. J. Combès).

néoplatoniciens, proposait un modèle de cet ordre strict par la mise en œuvre d'un principe d'unité qui, du maximum au minimum, égrène, en multiples scansions, son pouvoir multiforme d'unification[13] ». Or, on ne peut comprendre la force de l'un que si l'on prend la mesure de la multiformité de son pouvoir d'unification.

Quelles que soient les nombreuses divergences d'interprétation sur les neuf hypothèses, sur leur signification et sur leurs relations, les exégètes néoplatoniciens du *Parménide* s'accordent tous pour distinguer parmi celles-ci deux groupes :

– le premier groupe, constitué par les cinq premières hypothèses, définit l'un de façon affirmative, c'est-à-dire affirme la *présence de l'un* pour mieux déterminer le jeu de l'unité et de la multiplicité dans son entier au service d'une fondation unitotalisatrice du réel. Il part de l'un absolu de la première hypothèse pour s'achever dans la multiplicité pure de la matière définie par la cinquième, en passant par l'un-multiple de l'intellect propre à la seconde hypothèse, par l'un *et* multiple de l'âme de la troisième hypothèse, puis par le multiple et un de la quatrième hypothèse, posant le monde des formes corporelles, des *lógoi* (λόγοι) ou « formules rationnelles » qui, issues de l'âme, s'avancent pour informer la matière ;

– le deuxième groupe, constitué par les quatre dernières hypothèses, fait au contraire l'hypothèse de l'*absence de l'un*, une absence aussi bien *quoad nos* que *per se*, résultant aussi bien de l'oubli de l'un (*quoad nos*) que de son retrait (*per se*). Mais cette absence revêt dans ce cadre deux modalités distinctes : elle est soit relative, soit absolue. L'absence relative renvoie à la nature imparticipable (*améthekton* ou *amétochon*) et incoordonnable (*asýntakton*) de l'un par rapport au reste de la réalité, tandis que l'absence absolue renvoie au caractère *anypóstaton* et *anýparkton*, sans consistance ni soubassement, du principe. L'absence *relative* correspond aux hypothèses 6 et 8, qui renvoient au domaine des objets sensibles, des composés

13. Stanislas Breton, *Matière et Dispersion*, J. Millon, Grenoble, 1993, p. 144.

faits des *lógoi* de la quatrième hypothèse et de la matière de la cinquième (hypothèse 6) ainsi qu'au monde d'images et de fantasmes qu'ils engendrent (hypothèse 8), en vue d'une métaphysique de la pluralité pure – c'est-à-dire d'une multiplicité qui échappe entièrement à l'unitotalité que le premier groupe d'hypothèses de son côté met en œuvre –, pour former un monde où les masses n'apparaissent un tant soit peu cohérentes et unifiées que parce qu'elles se défont et se refont sans cesse en de nouveaux agrégats différents à chacune de leurs variations. En revanche, l'absence *absolue* de l'un signifie l'impossibilité de tout monde aussi labile et fuyant soit-il, entraînant un néant absolu (hypothèse 7), qui à son tour interdit toute manifestation et toute existence de l'être, aussi multiples et dégradées soient-elles, conduisant à une nescience absolue, une impossibilité de toute connaissance, pas même par le moyen de l'image, du rêve ou du fantasme (hypothèse 9). La septième hypothèse définit ce qu'il en est de l'absence absolue (et non pas relative) de l'un, et la neuvième ce que ce signifie ce néant hénologique absolu pour le reste de la réalité.

Il est clair que l'absence relative, l'imparticipabilité et l'incoordination de l'un à l'être, exprime la nature essentielle de la première hypothèse, ce par quoi celle-ci s'oppose à la seconde, comme si les hypothèses 6 et 8 étaient, elles aussi, au plus près de la vérité de l'un pur. Mieux encore, c'est au cœur même de ce deuxième groupe que passe la frontière fragile mais décisive, propre à l'absence, entre la plus haute souveraineté de l'un et sa totale inexistence.

Il existe dans la tradition néoplatonicienne deux façons de lire les neuf hypothèses. Si ces deux façons s'accordent à reconnaître la division entre un premier et un second groupe d'hypothèses, fondée sur l'opposition entre la présence et l'absence du principe, elles divergent radicalement sur le statut de ces deux groupes.

Pour Proclus et son maître Syrianus, les deux groupes d'hypothèses ne sont pas contraires mais contradictoires : si l'un est absent, tout est aboli, la procession aussi bien que le principe. « Si l'on disait que la première hypothèse entretient le même rapport aux autres hypothèses que le premier principe de l'universalité des choses aux étants, que les quatre hypothèses suivantes du premier groupe ont affaire aux principes qui sont après l'un, et que les quatre qui viennent après celles-là concluent que l'un, étant supprimé, tout ce qui a été démontré dans le cadre des quatre hypothèses [précédentes] est à son tour entièrement anéanti, on donnerait peut-être bien là une interprétation correcte[14]. » Pour Proclus, l'ensemble des quatre dernières hypothèses témoigne en réalité de l'absence absolue de l'un de sorte que le groupe entier des hypothèses négatives a essentiellement pour tâche de démontrer par l'absurde la vérité du premier groupe[15]. Bref, les dernières hypothèses sont, pour Proclus, de l'ordre de la pure fiction et non de la réalité.

De son côté, Damascius, à la suite de Porphyre ou de Jamblique, conçoit les deux groupes dans leur continuité cosmologique bien plus que dans leur opposition logique, une continuité qui organise le réel jusque dans ses formes sensibles. Pour Damascius, les cinq premières hypothèses n'épuisent pas le réel. S'il s'accorde avec Proclus pour voir dans les hypothèses 7 et 9 la suppression absolue de l'un et partant leur impossibilité radicale[16], il juge en revanche que la sixième et la huitième hypothèses ne sont négatives qu'en tant que le non-être compose ici avec l'être pour définir avec celui-ci le *devenir sensible*. La sixième hypothèse, qui permet de déduire l'existence des êtres sublunaires matériels et composés qui naissent, s'altèrent et périssent, traite selon Damascius de l'un phénoménal (τὸ φαινόμενον ἕν) comme principe d'ap-

14. Proclus, *In Parm.* VI 1060.2-8 Steel.

15. Voir sur ce point Jules Combès, « Introduction », *in* Damascius, *Commentaire du Parménide de Platon*, I, *op. cit.*, p. XII-XVI.

16. « Ce n'est pas là la conclusion des quatre [dernières] hypothèses, comme le dit [Proclus], car elles ne concluent pas toutes aux impossibles, mais des deux seulement dans lesquelles le non-être signifie, on l'a vu, la négation complète, car c'est à celles-ci que se rattache le néant » (Damascius, *In Parm.* § 460 IV, 135.11-15 CW ; trad. J. Combès modifiée).

parition des sensibles et de déroulement du devenir, tandis que la huitième présente les images ou simulacres de cet *un non-être, en tant précisément* que les choses du monde tiré de la sixième hypothèse sont accompagnées de la propriété de ne jamais être ce qu'elles semblent être[17]. À travers ces deux hypothèses, Damascius pense que Platon continue à déployer l'ordre des réalités ; loin d'être des hypothèses impossibles, 6 et 8 constituent les hypothèses positives de la multiplicité opposées aux hypothèses négatives, néantisantes de la multiplicité, que sont les hypothèses 7 et 9.

Cette lecture ouverte de l'hénologie que propose Damascius implique deux conséquences de première importance :

1) Ces deux hypothèses « positives » démontrent la capacité qu'a l'un de se tenir non seulement au-delà de l'être, mais aussi de passer en deçà, dans le monde sensible et dans le devenir sans s'y dissoudre complètement, *et de pouvoir passer en deçà précisément parce qu'il est au-delà* ; mieux encore, elles démontrent sa capacité à tenir un monde, le monde sensible et son devenir, dans l'absence de toute « ontologie véritable » (*óntōs ón*). Par le jeu complexe des hypothèses, l'un réussit à transgresser la ligne canonique du platonisme de la *République* entre l'intelligible et le sensible. L'absence relative de l'un signifie alors que l'un a bien un minimum de subsistance au niveau du monde sensible et du devenir, mais sans pouvoir pour autant unifier en une totalité ce type de monde qu'il rend néanmoins possible. Il le rend possible car, serait-il *absolument* absent, sans subsistance ni soubassement, comme le montrent les hypothèses 7 et 9 qui servent ici de contrepoint à 6 et 8, il n'y aurait rien : ni être ni connaissance de quelque ordre que ce soit. La force de l'un opère, mais son opération n'est pas de l'ordre de l'unification unitotalisatrice qui rend l'un redondant et inutile par rapport à l'être unifié. L'un ici tient sans unifier. C'est ce que j'appelle précisément l'hénologie

17. *Ibid.*, *In Parm.* § 436 IV, 90.1-2 CW.

radicale, débarrassée non de l'être mais de la redondance de celui-ci par rapport à l'un.

Ce passage qui conduit l'un de l'intelligible au sensible est nécessaire à penser dans le néoplatonisme en raison de la conception que cette doctrine se fait de la contemplation. En effet, Plotin étend par hypothèse la contemplation à tous les vivants. La contemplation est une propriété du vivant en général et non plus seulement de l'intellect comme chez Platon ou Aristote[18]. La monadologie de Leibniz porte trace de cette universalité de l'expérience hénologique. Si la contemplation était le privilège de l'intellect, il n'y aurait nul besoin de penser le rapport de l'un au sensible et au devenir. Mais, pour Plotin, toute forme de vie, la plante aussi bien que les dieux, a non seulement rapport à l'un, mais, par le fait même de vivre sa vie propre, est en mesure d'en avoir l'expérience et, à travers cette expérience, de le contempler. La sensation, l'habitude, le moindre usage de soi nous conduisent à l'un aussi sûrement peut-être que l'intellect. Si la tortue, qu'évoque Sénèque dans les *Lettres à Lucilius*[19], une fois renversée sur le dos, réussit néanmoins à se remettre sur ses pattes, à retrouver son assiette et à éprouver sa constitution propre et familière, c'est parce que, expliquerait le néoplatonicien au stoïcien, au même moment et par le même geste la tortue contemple l'un qui, par l'opération même de cette contemplation, à la fois la rassemble sur elle et la sauve.

Dans son *Commentaire au Timée*, Proclus se pose à cet égard une question fondamentale : pourquoi le devenir ne procède-t-il pas directement de l'un ? Parce que, répond-il en substance, le passage direct de l'un au multiple pur est affecté d'une contradiction insurmontable qui défie la raison. C'est pourquoi il faut en passer par la médiation de l'être immuable et éternel, de l'unifié, synthèse accomplie de l'un et du multiple, qui fait pont entre l'un et le devenir, comme si finalement le devenir constituait l'authentique souci de l'un et le terme

18. Plotin, *Traité 30* [III, 8] (*Sur la contemplation*), 1, 1-8.
19. Sénèque, *Ad Luc.* XX, lettre 121, § 8.

de l'odyssée cosmologique que tracent les neuf hypothèses : « Pourquoi donc, pourrait-on demander, le devenir ne sort-il pas directement de l'un ? C'est que, répondrons-nous, faire dériver immédiatement le multiple entièrement de l'un est chose tout à fait absurde. Il faut donc admettre l'existence de l'être réellement être, lequel procède primordialement de l'un, pour ne pas faire du tout premier [l'un] la cause seulement des tout derniers, mais aussi la cause, antérieurement à ceux-ci, de la substance duquel sort le devenir[20]. » Cette phrase exprime parfaitement le paradoxe néoplatonicien, la volonté de constituer une relation à la fois privilégiée et inassumée de l'un et du devenir, mais médiée par le monde éternel des archétypes intelligibles, monde qui finit par se substituer fonctionnellement à l'un et par conséquent par détruire la relation qu'il était pourtant censé rendre possible.

2) Une telle lecture « ouverte » du *Parménide* vers le devenir et le monde sensible modifie l'organisation des hypothèses. Il y a bien deux groupes d'hypothèses : celui de l'être éternel intelligible d'une part, et celui du devenir sensible de l'autre. Simplement, faire droit au devenir sensible des dernières hypothèses conduit nécessairement à dissocier la première hypothèse des quatre suivantes formant le premier groupe, pour la distribuer également à l'un et l'autre groupes en tant que l'un de la première hypothèse est nécessairement au-delà de sa présence et de son absence, de même qu'il est au-delà de tous les couples d'opposés de la métaphysique[21] (voir schéma ci-dessous). Le néoplatonisme, qui poursuit l'harmonie en toutes choses, ne peut que se satisfaire de l'instauration de cette nouvelle symétrie dans l'ordre des neuf hypothèses du *Parménide*.

20. Proclus, *In Tim.* I 228.20-25 Diehl ; trad. A.-J. Festugière modifiée *in* Proclus, *Commentaire sur le Timée*, t. II, l. II, CNRS/Vrin, Paris, 1967, p. 54.

21. Sur cette question, voir *supra*, chap. II, *La force de l'un*, p. 149.

Les 9 hypothèses du *Parménide*

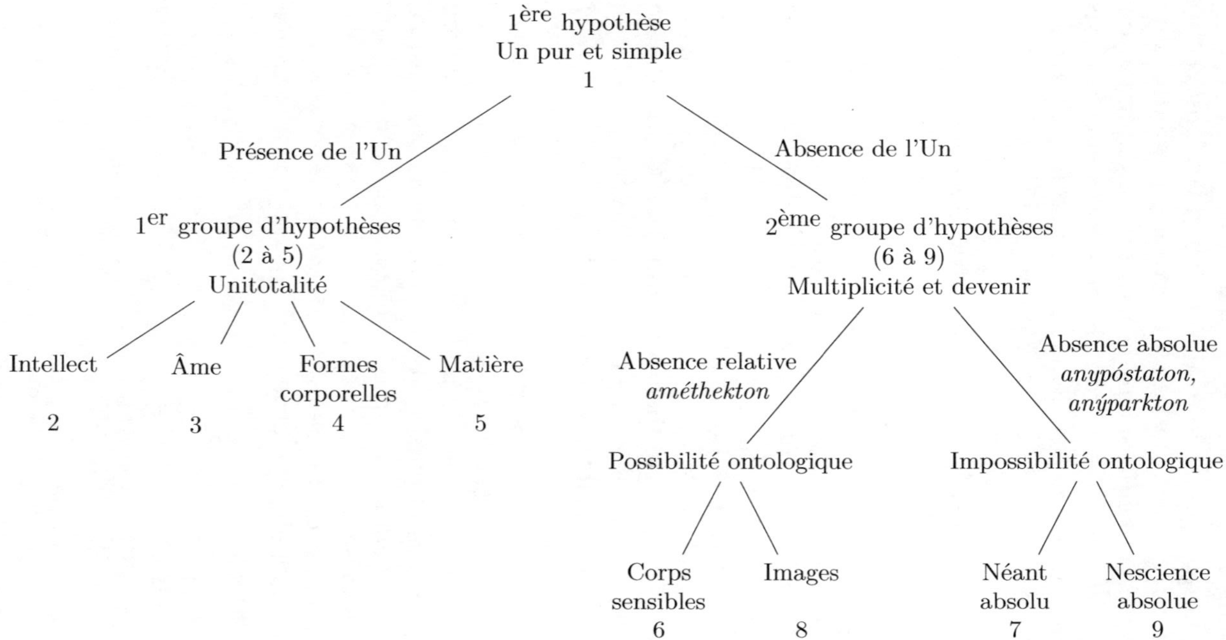

LE PAS DE CÔTÉ

Anne-Gabrièle Wersinger, dans son admirable analyse de la *khõra* (χώρα) dans le *Timée* de Platon, note un point fondamental[22]. L'introduction de la *khõra* ou de la matière (pour le dire vite), au milieu du dialogue (à partir de *Timée* 49a), marque un pas en arrière (ἀναχωρητέον)[23] par rapport à la traditionnelle explication démiurgique de la constitution du monde à partir des archétypes intelligibles. Platon se propose alors, une fois franchi le pas en arrière, de prendre un nouveau départ, différent (ἑτέραν ἀρχὴν αὖθις αὖ), en repartant depuis le début (πάλιν ἀρκτέον ἀπ'ἀρχῆς)[24], et de refonder la cosmologie sur de toutes nouvelles bases pour faire droit à un monde sensible autonome par rapport à l'architecture harmonieusement ordonnée que produit le démiurge à partir du monde intelligible et de ses archétypes. Il s'agit certes, comme le note Platon, d'un raisonnement bâtard et illégitime (λογισμός νόθος)[25], mais ce discours s'impose si l'on tient compte du poids de la nécessité et de l'existence de la cause errante avec lesquels l'intellect a « nécessairement » affaire.

D'une certaine façon, nous allons, nous aussi, en lisant avec Damascius les hypothèses 5, 6 et 8 du *Parménide*, faire preuve de bâtardise, et nous engager dans une voie illégitime par rapport au primat néoplatonicien de l'intelligible, même si la signification de ce pas en arrière, ou plus exactement de ce pas de côté, n'est pas exactement la même que dans le *Timée* : dans le *Timée*, la *khõra* permet d'accéder à une nouvelle articulation du sensible à l'intelligible sans en passer par l'architecture démiurgique, tandis que les hypothèses 5, 6 et 8 du *Parménide*, telles du moins que Damascius les lit, ménagent au devenir la possibilité d'accéder

22. Anne-Gabrière Wersinger, *Platon et la dysharmonie. Recherches sur la forme musicale*, Vrin, Paris, 2001, p. 44-49 ; *id.*, « À quoi fait référence la *Chôra* de Platon ? », in *Res per nomen* VI, *Les Catégories*, 2018, p. 10-30.

23. Platon, *Timée*, 48a7.

24. *Ibid.*, 48b2-3.

25. *Ibid.*, 52b3.

directement à l'un sans en passer nécessairement par le monde intelligible et par sa *koinōnía*.

DU RAPPORT SPÉCULAIRE DE L'UN ET DE LA MATIÈRE

Il importe de s'arrêter sur le passage par l'un de la frontière canonique entre l'intelligible et le sensible et sur le lien privilégié que l'un est ainsi susceptible d'entretenir avec le devenir. Ce franchissement a lieu en deux étapes. La première étape nous porte directement, sans médiation, de la première à la cinquième hypothèse, celle la matière pure, plus proche de la *khốra* platonicienne, c'est-à-dire du réceptacle (ὑποδοχή) ou la matière comme « ce *en* quoi », que de l'*hýlē* (ὕλη) aristotélicienne, le matériau, la matière comme « ce *à partir de* quoi ». Les hypothèses 2 (intellect), 3 (âme), 4 (formes ou *lógoi* des réalités corporelles) sont essentiellement liées à la substance et à sa procession, et manifestent d'abord la rivalité, dans la redondance, de l'être par rapport à l'un. La matière au contraire, à la limite du non-être, étrangère à toute démiurgie de l'être et de sa procession, entretient paradoxalement un lien bien plus direct avec l'un.

L'autre que l'être est double : au-delà de l'être, il y a l'un pur et séparé et, en deçà, la matière, le devenir et le temps. Il existe donc un non-être supérieur à l'être (le principe) et un non-être inférieur à l'être (le devenir et la matière). À partir du moment où l'on affranchit le néoplatonisme de son ordre hiérarchique et de sa redondance ontologique, devient possible une expérience qui conduit directement de l'en deçà de l'être à son au-delà, en court-circuitant directement le niveau ontologique, bref qui nous permet d'accéder directement à l'un par la voie de la matière, du devenir et du temps.

L'un est donc antérieur à la substance et à sa procession, mais il en est aussi, à travers la matière, postérieur, venant après la substance (μετὰ τὴν οὐσίαν)[26]. « Car là-haut l'un est au-dessus

26. Damascius, *In Parm.* § 425 IV, 66.12-14 CW.

de l'être, mais ici-bas il vient après l'être [intelligible][27]. » La matière referme le cercle de l'un non substantiel sur la substance intelligible.

Il existe ainsi un rapport spéculaire entre l'un et la matière, « ces choses du dernier rang où se trouve la privation (στέρησις) de tout ». Proclus parle de leur similitude, même si cette *homoíōsis* est non seulement dissemblable, *an-homoíōs* (ἀνομοίως)[28], mais aussi, si on me permet de jouer sur les mots, *a-nomos* (ἄνομος), sans règle et sans critère : anomique[29]. La matière n'est rien d'autre que l'un ultime, l'*éschaton hén* (τὸ ἔσχατον ἕν)[30] . Damascius précise que « tout ce qu'on peut dire au sujet de la première hypothèse, on le dira aussi de la cinquième et de l'ineffable de la matière[31] ». C'est parce qu'existent ce rapport et cette similitude que la cinquième hypothèse, l'hypothèse de la matière pure, fait bien partie des hypothèses de la présence de l'un, alors qu'elle est à la limite du néant. De fait, tout comme l'un, la matière néoplatonicienne est complètement incorporelle, dépourvue de quantité et de grandeur. En tant que telle, elle est non sensible : on ne la voit pas, on ne la touche pas, on ne l'éprouve pas, au point que, tout comme l'un, elle est qualifiée d'« indicible » (ἄρρητον)[32]. Davantage, tout comme l'un encore, la matière néoplatonicienne est sans puissance ni acte. La matière est inengendrée et incorruptible[33] ; elle est impassible et ne saurait être modifiée par aucune forme[34] ; de même, elle est parfaitement inerte, dépourvue de toute activité. Elle est en tant que telle éternelle, non soumise au devenir.

27. *Id.*, *De princ.* § 8 I, 23.21 CW.

28. Proclus, *In Parm.* I 639.3-4 Steel.

29. Sur la notion de *nomós* chez Proclus, voir *infra*, chap. IV, *D'un état meilleur que la puissance*, p. 221.

30. Damascius, *In Parm.* § 425 IV, 66.8 CW.

31. *Ibid.*, § 444 IV, 117.1-3 CW ; trad. J. Combès.

32. *Ibid.*, § 438 IV, 95.1 CW.

33. *Ibid.*, § 429 IV, 73.3-4 CW.

34. « Il n'y a pas [de composition] de matière et de forme parce que la toute dernière matière ne saurait être modifiée par la forme » (*ibid.*, § 431 IV, 77.22-24 CW ; trad. J. Combès). Référence au *Timée* 50e1-5 ; 51a1-6.

Un et matière se ressemblent parce que ni l'un ni l'autre ne font monde en eux-mêmes. Mais ils précèdent et encadrent le monde : le monde intelligible unifié pour l'un et le monde sensible dispersé pour la matière. La matière est à l'un qui-n'est-pas du devenir ce que l'un est à l'un-qui-est du monde intelligible : le soubassement, ou encore le composé forme-matière du monde sensible est analogue au rapport de l'être et de l'un dans le monde intelligible de la seconde hypothèse[35]. Mais ce rapport spéculaire ne conduit pas au dualisme ; il n'y a pas d'opposition et de partage un/matière qui correspondrait à la séparation de l'intelligible et du sensible. La matière est l'instrument de l'un et en provient. Par sa proximité et sa familiarité avec l'un, la matière projette l'un vers le sensible et le devenir. L'un est non seulement au-delà du tout, il en est aussi en deçà, ce dont témoigne le devenir sensible. « À l'un qui est au-delà de tout correspond l'un qui est en deçà de tout [τῷ μὲν ἐπέκεινα πάντων τὸ ἐπίταδε πάντων ἀναλογεῖ][36]. » L'un ne peut être souverainement un que s'il est toujours et à la fois au-delà et en deçà. Il y a deux façons de penser le rapport de l'un au monde sensible : indirectement par l'intelligible, ce dont traitent les hypothèses 2, 3 et 4, et directement par la matière dont traitent les hypothèses 5, 6 et 8. *Par l'intelligible*, l'un « règne » et domine le sensible. Plotin parle à cet égard des chaînes d'or qui tiennent captive la matière[37] et la retiennent de répandre la multiplicité pure. *Par la matière*, l'un entre en contact direct avec le sensible : son rapport n'est plus de l'ordre du règne et de la domination, mais devient alors libre et innocent, au risque il est vrai de la dissolution du monde et du néant, comme en témoignent les hypothèses 7 et 9, risque dont la médiation intelligible est censée nous exempter, ce qui

35. La matière est à l'un qui-n'est-pas du devenir ce que l'un est à l'un-qui-est du monde intelligible : l'assise (*ékbasis*) quand il s'agit de la matière, le fondement (*hýparxis*) quand il s'agit de l'un ; ou encore le composé forme-matière du monde sensible est analogue au rapport de l'être et de l'un dans le monde intelligible de la seconde hypothèse, la forme étant assimilée à l'être et la matière à l'un (v. *ibid.*, § 438 IV, 97.1-2 CW).

36. *Ibid.*, § 435 IV, 85.6-7 CW ; trad. J. Combès.

37. Plotin, *Traité 51* [I, 8] (*Quels sont les maux et d'où viennent-ils ?*), 15, 25.

explique en quoi celle-ci reste la voie royale que le néoplatonisme a finalement privilégiée et qui s'est perpétuée tout au long de l'histoire de la métaphysique.

Si les similarités entre l'un et la matière sont nombreuses, on ne saurait, pour autant, identifier l'un et la matière. Si l'un présente toutes ces qualités par dépassement (*hyperbolê*), la matière les exprime par défaut. Si la matière est incorporelle, insensible, sans acte ni puissance, c'est non pas parce qu'elle est au-delà de l'être, mais en deçà. Elle est l'expression de l'indigence et de la pauvreté absolues de ce qui est privé de toute forme d'être ; quand l'un est la condition de possibilité de la procession, la matière est quant à elle le point où la procession s'épuise au risque de ne plus pouvoir faire retour vers son principe.[38] L'épuisement de la procession et l'impossibilité de son retour à l'un marquent la totale absence de bien dans la matière ; la matière est à ce titre l'expression du mal et donc l'antithèse de l'un. Et c'est paradoxalement à ce point que le rapport spéculaire entre l'un et la matière est le plus fort. Car quand il n'y a plus de procession, il y a encore et toujours de l'un, s'il est vrai que l'un pur est cette part de la réalité qui ne procède pas ; quand il n'y a plus d'*epistrophê*, il y a encore et toujours de l'un, s'il est vrai que l'un est au-delà de la cause finale et peut donc se soutenir lui-même et maintenir le reste de la réalité sans même que celui-ci en éprouve le besoin et le désir[39] ; et enfin, quand il n'y a plus de bien, il y a encore et toujours de l'un, s'il est vrai que le bien finalement n'est dans le néoplatonisme que l'un vu de la substance et de sa procession.

Mais on est en droit de se demander en quoi, dans ces conditions, la matière n'est pas pur néant, plus proche de la septième que de la première hypothèse. « En effet, note Damascius, la matière n'est rien en tant que *même pas un* [οὐδέν][40] . » Mais, précise-t-il, il faut entendre ce « même pas un » de deux façons : comme « nom

38. *Ibid.*, 7, 19-20.

39. Voir *supra*, chap. II, *La force de l'un*, p 120.

40. Joseph Combès, « Notice », *in* Damascius, *Commentaire du Parménide de Platon*, IV, *op. cit.*, p. XXX.

et réalité vides [τὸ κενὸν ὄνομα καὶ πρᾶγμα][41] », en quelque sorte le néant absolu, ce qui renverrait la matière de la cinquième à la septième hypothèse ; mais on peut aussi concevoir le *même pas un* « comme un tout dernier écho du principe absolument premier [ὡς ἔσχατον ἀπήχημα τοῦ πρωτίστου][42] ». Pour saisir le sens de ce singulier écho (*apēchēma*) qui n'est en rien participation de la matière à l'un, et comprendre la fonction de cette ombre de l'un, qui n'est plus complètement trace et qui plane sur la matière pour la retenir de tomber dans le néant absolu, de sorte que la matière finit par jouer un rôle fondamental dans l'odyssée métaphysique de l'un, il nous faut revenir sur ce que Proclus entend, au livre I de son *Commentaire sur le Parménide*, par cette similitude de l'un et de la matière : « Or ce qui est privé de tout par sa non-participation à l'un [à savoir la matière] est d'une certaine façon semblable à ce qui est soustrait de tout par sa non-participation à l'être [à savoir l'un][43]. » On peut goûter ici le paradoxe poussé à son extrême qui met en lumière le sens ambigu et la valeur incertaine que la participation peut prendre chez Proclus : c'est précisément parce que la matière ne participe pas de l'un[44] qu'elle est semblable à l'un qui ne participe pas de l'être, tandis que l'être de la seconde hypothèse, celui de l'unitotalité absolue, devient le contraire de l'un dès le moment où il participe de celui-ci. Mais tentons d'expliquer ce paradoxe, cette proximité de la matière à l'un en raison même de sa non-participation à l'un. De fait, si la matière participait de l'un, elle serait en voie de formation, en phase d'unitotalisation, et participerait donc pleinement au plan de la substance et de sa procession, non à celui de l'un et de son odyssée. La matière est non seulement le point d'épuisement de la procession, elle est aussi, en tant que telle, le point de rupture de l'unitotalisation

41. Damascius, *In Parm.* § 428 IV, 72.6-7 CW ; trad. J. Combès.

42. *Ibid.*, 72.5-6 ; v. aussi § 438, 97.11-12 CW (τοῦ ἑνὸς [...] προαπήκημα). Voir encore, sur la notion d'écho comme mode de présence absente de l'un dans le monde corruptible du devenir, Damascius, *De princ.* § 34 I, 103.5-11 CW.

43. Τὸ γὰρ ἐστερημένον πάντων διὰ τὸ μὴ μετέχειν τοῦ ἑνὸς ὅμοιόν πώς ἐστι τῷ ἐξῃρημένῳ πάντων διὰ τὸ μὴ μετέχειν τοῦ ὄντος (Proclus, *In Parm.* I 639.3-5 Steel).

44. Damascius, *In Parm.* § 424 IV, 64.12 CW.

engagée par la substance dès la seconde hypothèse. La matière est certes encore unitotalité, et c'est en quoi elle appartient toujours au premier groupe des hypothèses, mais au point où elle se dissout pour accéder au multiple pur dont le second groupe fait l'hypothèse. Or, ce point de rupture pointe aussi bien vers l'un pur de la première hypothèse que vers la multiplicité pure du second groupe d'hypothèses, considéré dans sa version relative (selon le second sens de son « même pas un », c'est-à-dire l'écho ou l'ombre de l'un que la matière porte jusqu'aux hypothèses 6 et 8) comme dans sa version absolue (selon le premier sens de son « même pas un », sa vacuité de nom et de réalité que la matière porte jusqu'aux hypothèses 7 et 9). La matière est donc bien le point pivot qui fait basculer le premier groupe des hypothèses vers le second, et qui mieux encore assure la parfaite continuité de la première à la neuvième hypothèse sans laquelle l'un ne s'engagerait pas dans son odyssée métaphysique, mais resterait à Ithaque, dans son ermitage, sans jamais pouvoir parcourir les mondes vastes et divers dont il rend pourtant la constitution possible.

Il reste que le point de rupture que la matière introduit dans l'unitotalité de la substance ne fait pas encore monde de son côté. Il est certes en possibilité de monde, en puissance de spécification[45] (au contraire de l'hypothèse 7 de la pure impossibilité), possibilités que concrétisent les hypothèses 6 et 8, mais la matière ne fait pas monde non seulement en elle-même, mais aussi dans son rapport spéculaire à l'un, en tant précisément que ce rapport n'est qu'un écho, une ombre, c'est-à-dire une non-participation, qui est la condition même de leur similitude. En tant qu'elle n'a pas relation au concept de monde, pas même de façon négative comme la neuvième hypothèse, la matière et son hypothèse ne peuvent être qu'une étape intermédiaire et non un terme en soi : une transition qui conduit aussi bien au devenir des hypothèses 6 et 8 qu'au néant des hypothèses 7 et 9[46], mais qui en soi n'est

45. *Ibid.*, § 427 IV, 71.20 CW.

46. D'où le statut ambigu du mal qui affecte la matière, tantôt relatif tantôt absolu et radical, dont témoigne le traité 51 de Plotin, *Quels sont les maux et d'où viennent-ils ?*

ni devenir ni néant. Pour que la matière échappe au néant et finisse par ouvrir un monde, ne serait-ce que celui du devenir, l'un doit continuer à poursuivre son odyssée vers les dernières hypothèses.

Pour exprimer cette déroutante proximité de l'un et de la matière, Damascius ne trouve pas d'autre modèle explicatif que l'émanation : « La matière est sortie du premier[47]. » Mais il ajoute à cette explication trois précisions plus intéressantes. Il précise d'abord que cette sortie est incompréhensible (διὰ τὴν ἄληπτον)[48]. Effectivement, si l'on réduit cette relation singulière de la matière et de l'un à un processus d'émanation ou encore de flux[49], et par conséquent de simple dépendance, on n'y comprend rien. Damascius dit aussi, et cette seconde précision est importante, que la matière sort non de l'un mais plus exactement de son *hyperbolḗ* (ἀπὸ τῆς τοῦ πρώτου ὑπερβολῆς ὑφιζήσασαν)[50], tant il est vrai que l'existence de la matière, le fait que, malgré sa totale indigence, elle ne soit pas sans consistance ni soubassement et qu'elle tienne dans son *même pas un*, exprime l'absolue supériorité de l'un non seulement sur l'être mais même sur le bien qu'il manifeste lui-même à travers l'être. Enfin, Proclus conclut sa définition de la matière en affirmant qu'à ce titre celle-ci est sinon le fondement du moins l'assise de toutes choses (τῶν πάντων ἔκβασις)[51].

Cette triple mise au point fait de la sortie de la matière à partir de l'un tout autre chose qu'une simple émanation. De fait, « sortir », *huphízein* (ὑφίζειν), ne veut pas dire que l'un produirait la matière, comme le démiurge produit les formes ; *huphízein* signifie simplement « former un dépôt » ou « se sédimenter » ; l'un n'engage pas la matière dans un processus de différenciation, mais au contraire la tient dans son indifférenciation, en deçà de l'unifié et du multiple, tandis que l'un, lui, s'en tient au-delà.

47. Damascius, *In Parm.* § 438 IV, 95.1-2 CW.
48. *Ibid.*, 95.4-5 CW.
49. *Ibid.*, § 426 IV, 68.3 CW
50. *Ibid.*, § 438 IV, 95.5 CW.
51. *Ibid.*, 95.6 CW.

Dire alors que la matière sort de l'un et de son *hyperbolḗ* signifie que la matière fait partie du plan de l'un, qu'elle en est à la fois son dépôt et sa projection, et j'entends par projection non pas son image, mais bien plutôt ce par quoi l'un lui-même se projette dans le monde et poursuit son odyssée jusque dans le monde sensible.

La projection de l'un n'est pas la procession de l'être. Elle a une longueur de coup bien plus grande que cette dernière : la procession de l'être s'arrête à la cinquième hypothèse. Au-delà, l'être laisse place au devenir, et sa consistance aux fictions et aux fantasmes de l'âme. C'est pourquoi, du point de vue du « véritablement être », Proclus a raison de considérer l'ensemble des quatre dernières hypothèses comme impossibles et incapables de faire monde. L'un de son côté parcourt les neuf hypothèses, et ne s'épuise qu'à la septième et à la neuvième qui sont ainsi à l'un ce que la cinquième hypothèse est à l'être : son non-lieu. J'ai parlé, en introduction, de la *prónoia* de l'un, de cette façon pour l'un d'avoir un coup d'avance sur l'être intelligible, c'est-à-dire un coup qui non seulement part d'avant l'être et le déploiement de la substance intelligible, mais qui, davantage encore, va plus avant, plus loin, *metà tȇn ousían*[52]. La *prónoia* de l'un, sa providence traduit-on habituellement, signifie d'abord sa puissance de projection. Par sa *prónoia*, l'un déborde l'être, touche le non-être, voire le non-un et le passe.

En se projetant ainsi à travers les huit autres hypothèses, l'un va au-delà de la procession de la substance pour mieux surmonter la dissémination et l'entropie de celle-ci, en particulier jusque dans le monde sensible du devenir. En tant que telle, la projection de l'un est l'antidote de la procession de l'être, ce qui la garde de sa perte. Il en est ainsi parce que la projection est le mode par lequel l'un transit le reste du réel sans procéder, c'est-à-dire tout en ne cessant de se maintenir dans sa constance, sa solitude et sa singularité imparticipable. La projection de l'un est comme *une procession sans entropie*. La septième ou la neuvième hypothèse ne signifie pas l'entropie de l'un ou son épuisement, mais à l'inverse

52. Voir *supra*, chap. I, *Unité, totalité, multiplicité*, p. 13.

l'épuisement du reste de la réalité, une fois celle-ci absolument privée de l'un. Ce n'est pas le cas de la matière de la cinquième hypothèse qui continue à exister malgré l'épuisement radical qu'y éprouve l'être. Si l'un abdique toute prétention à revendiquer pour lui la force de l'être, s'il organise son retrait par rapport à l'acte et à la puissance ontologiques, c'est en réalité pour mieux se projeter et passer outre la butée de la matière en résistant à l'épuisement de l'être ; de cette façon, l'un peut accéder à la multiplicité pure du monde sensible et de son devenir dans une logique néguentropique.

Nous avons dit, au début de ce chapitre, que la plénitude de l'être intelligible formulée par la seconde hypothèse semblait rendre inutile et redondant l'un. Ici, à l'inverse, il revient à la projection de l'un, outrepassant la procession de l'être pour la sauver de son entropie, de redoubler cette dernière, de marcher dans ses pas, si bien qu'elle semble, à tous ceux qui font preuve de *megalopsychía*, de vastitude de pensée et de conception (qu'on assimile par simplification aux mystiques), pouvoir s'y substituer.

L'UN ET LE DEVENIR

La matière n'est donc pas le devenir sensible. Elle est simplement ce à partir de quoi l'un peut accéder directement, sans la médiation de l'intelligible, au monde sensible et au devenir. Le devenir sensible est à la fois réalité et non-réalité. Non-réalité en tant que l'*ousía* et sa procession s'y défont, réalité parce que l'un continue, malgré ou mieux encore en raison de cette défaite de l'être intelligible, à y entretenir une relation, ne serait-ce que sur le mode de l'absence *relative*, relative voulant dire que cette absence, par son absence même, continue à *relier* ce monde sensible à l'ensemble de la cosmologie.

Le retrait de l'être dont témoigne négativement la matière dans la cinquième hypothèse se fait, dans la sixième, affirmativement monde, c'est-à-dire accède à la fois à la visibilité et à l'activité ; l'unitotalité, dont la matière signifiait le point de rupture, a enfin cédé pour laisser *libre* cours à la multiplicité pure comme dynamisme, vie, sensation. Le trou noir de la matière, ce point de non-retour vers l'un, est vaincu : le devenir sensible rend à nouveau possible l'*epistrophé*, le retour à l'un, même si celui-ci s'éprouve de façon tragique, exposé à la dispersion générale du réel (hypothèse 8), au risque de sa perte radicale de sens (hypothèse 9), voire du néant absolu (hypothèse 7).

La quatrième hypothèse du *Parménide* a pour objet les formes matérielles, notions ou *lógoi* qui ne sont pas les individus existant ici et maintenant, mais les causes de l'organisation sublunaire, et qui, à ce titre, sont encore des principes[53]. Les formes de la quatrième hypothèse demeurent dans la présence de l'être, tandis que celles de la huitième hypothèse naissent et meurent sans cesse. Dans la quatrième hypothèse, les formes ne sont pas encore mêlées à la matière, mais sont seulement considérées dans leur acte, en tant qu'elles ont l'un par participation, mais l'un incomposé. Dans la cinquième hypothèse, la matière est constituée en réceptacle de l'être des formes et des manifestations à venir. *Lógoi* et matière sont enfin réunis dans le composé de la sixième hypothèse qui forme le monde sensible constitué par les choses sublunaires individuelles et composées, naissant et périssant, et, en tant que telles, soumises au devenir. Voici donc comment l'on passe, chez Damascius, du premier groupe d'hypothèses « l'un est » au second groupe « l'un n'est pas », c'est-à-dire du monde de l'être à celui du devenir et de sa disparition. Une lecture un peu rapide de la procession de l'être et de sa logique se contenterait de voir dans cette succession d'hypothèses et de mondes le mouvement inexorable de dégradation et d'abaissement du réel. Mais Damascius prend le contre-pied d'une telle interprétation en affirmant, *contre toute idée de l'antériorité et de la supériorité du simple qui semble pourtant caractériser le reste du néoplatonisme*[54], que « le composé est toujours meilleur

53. Joseph Combès, « Notice », *in* Damascius, *Commentaire du Parménide de Platon, op. cit.*, p. XXV).

54. Sur le principe d'antériorité du simple selon lequel « tout ce qui est formé de parties, toute chose composée, dépend et découle de quelque manière de ce qui n'est pas composé, de ce qui est simple », voir Dominic O' Meara, *Plotin,*

que ses propres éléments[55] », en ce que « la composition ramène l'un de la matière à l'être en acte et le modifie pour le rendre plus fort[56] » ; autrement dit que le devenir est non seulement plus noble que la matière totalement inerte et inconsistante de la cinquième hypothèse, mais plus fort aussi que les *lógoi*, principes et raisons des réalités infralunaires de la quatrième hypothèse, comme si, à travers l'expérience du devenir sensible, « l'un n'est pas » pouvait apparaître supérieur au monde rationnel de l'un qui est. S'il est vrai que l'épuisement de l'être est arrivé à son terme, à son point de non-retour vers l'un dès la cinquième hypothèse, les hypothèses suivantes ne peuvent alors qu'offrir une possibilité de relève de la réalité sous la forme du devenir. À cette différence près que cette possibilité est ici purement contingente, pouvant conduire aussi bien vers un certain ordre de réalité que vers le néant, tandis que le premier groupe d'hypothèses est placé sous le signe de la nécessité : la nécessité qu'apporte à l'être son unitotalité, mais aussi la nécessité de son épuisement par la procession.

Avec la sixième hypothèse commence donc la série des quatre hypothèses : « si l'un n'est pas ». « L'un n'est pas » signifie que l'un n'unitotalise pas, autrement dit que l'un est dans les autres : non pas dans l'identité de l'être que fixe l'unitotalité, mais dans l'altérité de soi à soi de l'être. La sixième hypothèse pose ainsi la question de l'unité dans le sensible, l'unité non totalisante de l'un phénoménal (τὸ φαινόμενον ἕν)[57]. *Tò phainómenon hén* signifie deux choses : l'unité du sensible (*hén*), mais aussi l'apparence ou la semblance de l'un (*phainómenon*). De cette seconde signification, il est aisé de basculer vers les hypothèses 7 et 9 qui rendent tout monde impossible. Il reste qu'en tant qu'unité du monde sensible, l'un de la sixième hypothèse est bien un mode de l'unité dont la dissemblance par rapport aux autres modes est

une introduction aux Énnéades, Éditions universitaires/Cerf, Fribourg/Paris, 1992, p. 59 *sq.*). Voir aussi Damascius, *De princ.* § 21 I, 54.19-20 CW.

55. Damascius, *In Parm.* § 435 IV, 85.10-11 CW ; trad. J. Combès.

56. *Ibid.*, § 438 IV, 96.3-4 CW ; trad. J. Combès modifiée.

57. *Ibid.*, § 434 IV, 83.17 CW.

plus *apparente* que réelle. De fait, si le mode d'unité du monde sensible n'assure plus l'unitotalité, il continue à assurer la *sōtēría*, à tenir et à maintenir la réalité, à lui donner ce minimum de détermination, de consistance et de stabilité sans lequel aucun monde n'est possible, et cela par sa propre manence non plus dans l'être comme le formule le premier groupe d'hypothèses, mais dans le devenir. Le devenir « demeure » entre l'intelligible et le néant, il se fixe dans cet entre-deux, et devient ainsi proprement le devenir : « se maintenant fermement dans le devenir et n'étant pas en mesure de sortir du devenir, il ne peut tomber dans le néant absolu [μηδαμῶς ὂν], mais non plus revenir à l'être plénier [ὄντως ὂν][58] ». C'est en quoi le devenir est semblable à lui-même ; en tant que tel, il porte la forme de l'un : il est, dit Damascius, *henoeidés* (ἑνοειδές)[59]. Cette manence est d'autant plus souveraine ou « hyperbolique » que, dans le devenir, l'un tient sans rassembler ni organiser le réel dans un tout, privé de tout autre soutien (être, intellect, âme, *lógoi*) que lui-même, à l'épreuve de l'épuisement de l'être et de l'amenuisement de la raison des choses. Le devenir ne connaît d'autre forme ou d'autre idée que l'un (*henoeidés*), aussi estompée soit ici sa ressemblance avec celui-ci. C'est la raison pour laquelle il existe un lien privilégié entre le devenir et l'un.

« L'un n'est pas » signifie donc que l'un n'unitotalise pas. On est en droit de se demander ce que signifie « l'un n'unitotalise pas » du point de vue à la fois de l'un et du reste de la réalité. Que s'ensuit-il pour l'un ? C'est la question de la sixième hypothèse. Que s'ensuit-il pour les autres choses ? C'est la question de la huitième hypothèse. Nous commencerons par cette dernière.

Que l'un n'unitotalise pas signifie que le reste de la réalité se présente comme multiplicité pure. La multiplicité pure revêt deux traits : elle se présente comme un monde de masses instables en permanente agrégation et désagrégation faute d'unitotalisation, mais aussi comme un monde fantomatique, fait de fictions, de

58. *Ibid.*, § 439 IV, 100.8-11 CW ; trad. J. Combès modifiée.
59. *Ibid.*, § 439 IV, 99.20 CW.

rêves et d'illusions. Or, le premier trait n'entraîne pas nécessairement l'autre.

Les corps ici sont des masses, à la fois contiguës et séparées, qui ne connaissent pas l'union puisque « l'un n'est pas » signifie non seulement que l'un n'unitotalise pas, mais aussi que les autres choses ne participent pas de l'un, qu'elles ne peuvent faire l'expérience de l'un à travers leur union. L'union, quelle qu'en soit la nature et quel qu'en soit le degré de cohérence, est ce par quoi les autres choses participent de l'un. S'il est vrai que l'unitotalisation de la réalité par l'un est ce qui permet aux autres choses de participer de l'un, qu'unitotalisation et participation se coappartiennent de façon essentielle, alors « l'un n'est pas » signifie, à la fois et en même temps, la fin de la totalité du côté de l'un et celle de l'union et de la participation du côté des autres choses, non-participation qui par ailleurs vérifie l'imparticipabilité de l'un au reste de la réalité, et la vérifie au sens propre du terme, c'est-à-dire « la rend vraie ». Il y a donc deux imparticipabilités, celle de l'un de la première hypothèse, par laquelle l'union n'est que l'*effet* de l'un qui en lui-même reste libre et extérieur par rapport à l'union qu'il favorise, et c'est la raison pour laquelle aucune unitotalité n'est autosubsistante ; et l'imparticipabilité inverse, celle de cette part de la réalité, que l'on appelle devenir et qui se refuse à toute union au profit de simples processus d'agrégation (et de désagrégation). Ce qui ne veut pas dire, nous le verrons, qu'il n'existe aucun rapport entre le devenir et l'un. Simplement, ce rapport n'est pas de l'ordre de la participation et du rassemblement des choses dans une *koinōnía*. Ces deux imparticipabilités se répondent de façon spéculaire au point d'aller jusqu'au bout de la vérité de l'autre : il y a du multiple pur parce que l'un est imparticipable, sinon tout le réel serait soumis à l'unitotalité de l'être ; et il y a de l'un pur, définitivement désaffecté de tout rapport à l'être, parce qu'il y a du devenir, là où la puissance de l'être doit nécessairement laisser place à l'exclusive souveraineté de l'un, aussi absent soit-il.

Les masses ne s'unifient donc pas : telle est la formule du devenir. Elles ne s'organisent pas avec ordre et harmonie, mais se coagrègent par l'agglomération d'autres masses infimes, « invisibles en raison de leur petitesse », ces corps ne passant pas les uns à travers les autres comme les réalités immatérielles, mais se chassant mutuellement de place par leur impénétrabilité (ce qu'on appelle l'antitypie).

« Ces masses sont en apparence en mouvement, en tant qu'elles s'écoulent toujours, mais elles sont aussi bien en repos, en tant qu'elles demeurent dans ce flux[60]. » Elles ne cessent de naître et de périr [mouvement], mais en même temps ne naissent ni ne périssent[61] (repos), en une sorte d'éternité du devenir. Vues de loin, ces masses apparaîtront cohérentes et unifiées (repos), mais elles ne cessent de se défaire en de nouvelles masses plurielles (mouvement). Damascius affirme que le devenir est à la fois plus grand et plus petit que les éléments qui le constituent, à savoir les composés individuels : plus grand parce que, grâce à sa ressemblance à l'un, il est en mesure de rassembler et d'envelopper les autres qui le composent, mais plus petit aussi parce que ce rassemblement et cet enveloppement sont instables, de sorte que le devenir est toujours susceptible d'être avalé (καταπινόμενον) par ses autres au point même de devenir un autre[62]. Si les choses se coagrègent, c'est qu'elles témoignent encore de l'existence d'une force unifiante, sans former pour autant la moindre communauté (*koinōnía*) et continuité (*synécheia*) pouvant attester de la plénitude de l'être : une unification dans la discontinuité et dans les vides que la coagrégation engendre nécessairement. Mais, parce que cette coagrégation est sans cesse remise en question, l'un, qui reste ainsi de l'ordre de l'apparence, autrement dit de ce qui disparaît en même temps qu'il apparaît, est qualifié de « phénoménal ».

Au demeurant, s'il est vrai, comme nous l'avons vu au précédent chapitre[63], que dans le néoplatonisme les corps sont des

60. Joseph Combès, « Notice », in Damascius, *Commentaire du Parménide de Platon, op. cit.*, p. LI.

61. Platon, *Parménide*, 165d7.

62. Damascius, *In Parm.* § 440 IV, 112.19-22 CW.

63. Voir *supra*, chap. II, *La force de l'un*, p. 39.

étants multiples, complexes, instables, sans unité *a priori*, totalement étrangers aux formes substantielles, alors d'une certaine façon l'agrégation est la vérité du multiple dont l'union n'est qu'une surdétermination, participant de ce surétayage métaphysique que pratique le plus souvent le néoplatonisme. C'est pourquoi il est nécessaire, en tant que le monde est d'abord agrégation, d'user des « beaux liens semblables à de l'or », qu'évoque Plotin à la fin du *Traité 51*[64], pour conjurer la *skédasis* et empêcher le réel d'être aspiré dans le trou noir de la matière. L'union n'a dès lors ici plus rien d'organique, mais est le résultat d'une contrainte extérieure qui maintient le tout ensemble comme si l'on ficelait un paquet dont le nœud se serre sous la contrainte de l'un, auquel il se trouve accroché et suspendu. Or, la huitième hypothèse fait précisément l'hypothèse d'une coagrégation sans ces « liens d'or » qui en réalité ne font que signifier l'impossible autosubsistance de toute unitotalité.

Il revient ainsi aux quatre dernières hypothèses de questionner la possibilité ou l'impossibilité de cette expérience radicale qui consiste à penser l'absence de lien comme condition de la tenue du réel, ce qu'on est en droit d'appeler le devenir pur.

Platon et le néoplatonisme ont assimilé cette apparence, faite de disparition aussi bien que d'apparition, au rêve et à l'illusion. Platon écrit dans le *Parménide* : « Comme si on était en train de rêver en dormant, au lieu de l'unité qu'il semblait former, cet amas apparaît être multiple [πολλά], et alors qu'il devrait être une chose très petite, il apparaît infiniment grand [παμμέγεθες] par la suite de l'émiettement qui en découle [πρὸς τὰ κερματιζόμενα ἐξ αὐτοῦ][65] », signifiant ainsi la convertibilité totale de l'un et du multiple pur, une convertibilité directe sans la médiation de l'unitotalité, mais non moins totale que si elle était opérée à travers l'unitotalité comme c'est le cas dans la seconde hypothèse.

64. Plotin, *Traité 51* [I, 8] (*Quels sont les maux et d'où viennent-ils ?*), 15, 25.

65. Platon, *Parménide*, 164d ; trad. L. Brisson modifiée, *in* Platon, *Œuvres complètes*, sous la direction de L. Brisson, Paris, Flammarion, 2008, p. 1167.

De son côté, Damascius, citant dans son *Commentaire au Parménide* les *Oracles chaldaïques*, assimile ce monde phénoménal à « un monde au sombre reflet, sous lequel s'étend un abîme éternellement sans forme ni figure, entouré de ténèbres, source de souillure, ami des fantômes, vain, plein de précipices et de voies tortueuse, entraînant dans un tourbillon sans fin sa profondeur impuissante, toujours en train d'épouser un corps évanescent, sans activité et sans souffle[66] ».

Il est alors aisé de comprendre comment, une fois passé de l'apparence à l'illusion, il ne reste plus à l'un qu'à sombrer dans l'inexistence de la septième et de la neuvième hypothèses. Mais cette conséquence n'est pas inexorable. Il est aussi possible de penser que le jeu d'apparition et de disparition phénoménale de l'un, la convertibilité de l'un et du multiple sans la médiation de l'être, le repos du devenir dans l'un et de l'un dans le devenir, l'existence maintenue du devenir sans que l'un ait besoin de recourir aux « liens d'or » de l'ordre et de l'harmonie, expriment non pas l'inexistence de l'un, mais sa possibilité la plus radicale, sa plus haute souveraineté, que traduit la plus extrême minimalité dont fait ici preuve la force de l'un, associée à la plus grande amplitude de la projection de l'un, porté sans médiation jusqu'à son terme opposé le plus éloigné : la multiplicité pure, comme si était enfin surmontée l'impossibilité, signifiée par Proclus, d'un lien direct entre l'un pur et le multiple pur.

Même si l'un du devenir n'unitotalise pas, il reste finalement, note Damascius, une modalité de « l'un qui est », un « quasi un » (οἷον ἕν)[67], autrement dit l'un qui n'unitotalise pas garde son pouvoir de stabilisation et de soubassement, d'*hypóstasis* et d'*hýparxis* : « De même que l'être s'est abaissé jusqu'au non-être sans pourtant avoir encore perdu entièrement la propriété d'être [...], de même aussi la procession de l'un-qui-est s'est abaissée jusqu'à l'un-qui-n'est-pas, lequel n'est pas encore "absolument

66. Damascius, *In Parm.* § 453 IV, 126.5-9 CW (trad. J. Combès) qui renvoie aux *Oracles chaldaïques*, in *De oraculis chaldaicis*, frag. 163, éd. G. Kroll, Koebner, Breslau, 1894, p. 62.

67. *Ibid.*, § 435 IV, 85.15 CW.

privé de l'un-qui-est", mais qui a la propriété d'être l'un-qui-est sur le mode du *n'être pas un*[68] », autrement dit, qui garde la propriété, même s'il n'est plus unitotalisateur, d'être encore fondateur et stabilisateur, ne serait-ce que sur un mode mineur. En tant que tel, l'un continue à pouvoir faire monde. Il est vrai qu'en tant que le devenir ne participe pas de l'un, l'unité n'est plus le substrat (ὑποκείμενον) du multiple, selon le terme de Plotin[69]. Le multiple n'est plus déterminé nécessairement par l'un comme dans le cas des hypothèses 2 à 4. La multiplicité existe sans qu'existe une unité d'où le multiple dériverait ou dans lequel il serait. En tant que telle, la multiplicité est parfaitement pure. L'un n'est plus qu'une ombre, un écho, une semblance : *hèn phainómenon*. Damascius parle alors du « tout dernier reflet [ἡ ἔσχατη ἔμφασις][70] ». L'un ainsi s'absente. L'absence, plus que l'inexistence, est la modalité du non-être de l'un. Absent, l'un se retire et se laisse oublier. Mais c'est sans doute dans l'oubli que sa latence est la plus profonde. Comme écho et semblance, sans participation, jamais l'un n'est plus un, sans la concurrence de la plénitude de l'être qui participe à l'un de l'unitotalité. Le devenir offre à l'un la possibilité d'accéder à son opérativité la plus pure et la plus radicale sans la redondance de l'être. L'un s'y révèle dans sa possibilité de tenir l'intenable, ce qui se refuse à toute union et à toute participation, alors que les instances intelligibles, psychiques et mentales que décrit le premier groupe d'hypothèses, l'intellect, l'âme ou les *lógoi*, sont par définition tenables, c'est-à-dire appelées par leur nature à se tourner vers l'un et à en participer. Tenir l'intenable, ce qui se refuse à toute union et participation, tenir sans unir ni rassembler est le summum de la souveraineté de l'un et de sa force.

Les septième et neuvième hypothèses supposent que « l'un n'est pas » absolument, c'est-à-dire non seulement que l'un n'unitotalise pas, ne sert de référence à aucune union, mais davantage

68. *Ibid.*, § 435 IV, 84.18 – 85.1 CW ; trad. J. Combès.

69. Plotin, *Traité 24* [V, 6] (*Sur le fait que l'au-delà de l'être ne pense pas ; qui est le pensant de premier rang, et qui celui de second rang*), 3, 2.

70. Damascius, *In Parm.* § 432 IV, 81.18-19 CW.

qu'il est sans la moindre réalité, sans aucun effet sur le monde, ne procurant la moindre assise à quoi que ce soit de la réalité. La sixième hypothèse nie l'un de la seconde hypothèse, l'un de l'être plénier, mais non pas l'un pur de la première hypothèse ; la septième hypothèse, quant à elle, nie autant et plus l'un pur que l'un de l'être. Une lecture superficielle laisserait penser qu'avec les septième et neuvième hypothèses, nous accédons au règne absolu et sans partage de la multitude pure. C'est en tout cas ce à quoi conduit l'oubli de l'un qui caractérise les philosophies actuelles de la multiplicité et du devenir. Mais ce n'est certes pas l'interprétation qu'en donne le néoplatonisme. Si l'un n'est pas, alors la multitude elle-même, aussi radicale et pure soit-elle, disparaît à son tour. Si l'un n'est pas, rien n'est. Certes, les autres ne peuvent plus être un ; ils sont totalement désidentifiés, non seulement sans aucune référence à l'autre, mais aussi sans repère par rapport à soi-même. Mais ils ne seront pas davantage plusieurs. Faute d'être autres par rapport à l'un, les choses seront donc autres par rapport aux autres choses, mais elles ne seront en réalité ni mêmes (en l'absence de tous critères d'identité et d'altérité) ni autres (en l'absence de tout principe de différenciation et de séparation), dans une confusion et une indétermination qui nécessairement ramèneraient le réel à une sorte d'un originaire où « la nuit tous les chats sont gris » ; mais puisque l'un, par définition ici, n'existe pas, la multitude vire alors à l'absurde. Sans tenue et maintien, sans limite, indéfinies, sans substance, les choses non seulement n'ont plus d'être, mais elles sont aussi privées de devenir.

La huitième hypothèse suppose l'un incoordonné et constitue ainsi l'antithèse de la deuxième hypothèse, de la parfaite convertibilité de l'un et de l'être en vue de l'unitotalité. La septième hypothèse qui suppose l'inexistence de l'un, son absence absolue, constitue de son côté l'antithèse de la première hypothèse, celle de l'un imparticipable. De même que la première hypothèse est le contraire de la deuxième[71], de même de façon inversée la neuvième est le contraire de la huitième : de même que le néant d'être (hypothèse 1) est le contraire de la plénitude de l'être (hypothèse 2),

71. Voir *supra*, chap. II, *La force de l'un*, p. 92, note 200.

de même le néant d'un est le contraire de l'un phénoménal et de l'*èschatē émphasis* du devenir ou encore du reflet le plus faible de l'un (διαπεφορημένη τοῦ ἑνὸς ἔμφασις)[72], faisant ainsi de la négation du devenir et du multiple l'expression achevée du néant le plus radical. La neuvième hypothèse nie d'abord la huitième, et la septième la sixième.[73] Autrement dit, le néant éprouve d'abord le statut du devenir, remettant en cause sa *monḗ*, sa capacité à maintenir sa forme une, aussi phénoménale soit-elle. C'est par l'incapacité du devenir à se maintenir dans sa *monḗ* que le monde intelligible, puis l'un principe, sont à leur tour menacés[74], comme une remontée du néant vers l'un, menace inévitable à partir du moment où le néoplatonisme se refuse à la solution gnostique de la séparation radicale entre le sensible et l'intelligible. Il reste que si la septième hypothèse nie, à partir de sa négation du devenir, l'ensemble de l'être, elle ne peut atteindre l'un pur de la première hypothèse[75] que protège son imparticipabilité, son « retranchement » par rapport à l'opposition de l'être et du non-être. C'est précisément parce que la septième hypothèse ne peut nier la première que celle-ci est absolue, et mieux encore, qu'elle s'affirme l'unique garante de la conservation des apparences comme de la réalité plénière, que le néant menace de disparition.

La dernière hypothèse par laquelle se clôt le *Parménide* prouve *a contrario* que la multitude est nécessairement en relation avec l'un quand bien même l'un n'unifierait pas, et qu'il existe donc un rapport fondamental de l'un au réel qui ne passe pas par l'unification, ce qu'il faut appeler précisément devenir. Sans relation du multiple à autre que lui-même – cet autre en tant

72. Damascius, *In Parm.* § 432 IV, 81.10-11 CW.

73. « C'est pourquoi ce néant nie en tout premier lieu la sixième hypothèse » (*ibid.*, § 445 IV, 120.1 CW ; trad. J. Combès). « Par ses conclusions, la septième s'oppose surtout et primordialement à la sixième » (*ibid.*, § 446 IV, 120.20-21 CW ; trad. J. Combès). Voir aussi *ibid.*, § 447 IV, 121.1-2 CW.

74. « De ce point de vue, la septième hypothèse combat aussi contre la première [...] » (*ibid.*, § 446 IV, 120.15-16 CW ; trad. J. Combès).

75. « Car ces conclusions [de la septième hypothèse] n'ont pas la force de supprimer la première hypothèse » (*ibid.*, § 446 IV, 120.17-18 CW ; trad. J. Combès).

qu'autre du multiple étant nécessairement un –, il n'y a rien, et donc pas même de multiplicité[76]. On peut certes indéfiniment *différer* le rapport du multiple à son autre sans lequel il ne serait pas le multiple pur, en une régression à l'infini du multiple par rapport à lui-même, multiplier les multiplicités antérieures au multiple dans une mise en abyme infinie de l'infini, selon ce que le néoplatonisme appelle un « infiniment infini » (τὸ ἀπειράκις ἄπειρον ou τὰ ἀπειράκις ἄπειρα)[77]. On ne ferait en réalité que reculer le problème de l'un, autrement dit que signifier, de façon de plus en plus surdéterminée, l'indépassable supériorité par rapport à tout infini de l'un imparticipable et incoordonnable de la première hypothèse, de sorte que les apories de la septième et de la neuvième hypothèses nous reconduisent à la première hypothèse, la seule capable de surmonter le néant absolu de ces deux hypothèses, comme si le *Parménide* et ses hypothèses formaient ainsi un cercle.

Il eût été plus simple, mais sans doute moins satisfaisant, que Damascius s'en tienne aux positions de Proclus et se contente de considérer toutes les hypothèses de « l'un-n'est-pas » comme des impossibilités et des absurdités. Certes, le néoplatonisme est une métaphysique qui prétend englober l'ensemble des manifestations du réel sous le couvert de l'unité pour faire pièce au dualisme gnostique. Le néoplatonisme ne saurait donc se contenter d'une division radicale entre l'intelligible et le sensible, le premier constituant les mondes, le second au contraire les détruisant. C'est la raison pour laquelle Proclus intègre aux hypothèses positives la matière. On est en droit de s'étonner de cette intégration, alors que la matière est précisément le lieu et le moment de la procession où

76. « Ce qui est merveilleux, c'est comment la multiplicité de la vie est sortie du non-multiple, et comment la multiplicité n'aurait pas existé, s'il n'y avait pas eu, avant la multiplicité, ce qui n'est pas multiple » (Plotin, *Traité 30* [III, 8] (*Sur la contemplation*), 10, 14-17 ; trad. J.-F. Pradeau modifiée *in* Plotin, *Traités 30-37*, éd. L. Brisson, J.-F. Pradeau, GF-Flammarion, Paris, 2006, p. 47).

77. Proclus, *Théol. plat.* II 1, 5.8-9 SW ; II 1, 6.1 SW ; *id., Elem. Theol.*, § 1, p. 1.10-11 Dodds ; *id., In Parm.* VI 1100.20 Steel ; VII 1171.22 Steel ; Damascius, *De princ.* § 21 I, 54.8-9 CW.

la dissémination atteint son point de non-retour. Mais la matière sert en quelque sorte de réceptacle aux *lógoi* de la quatrième hypothèse, ce par quoi l'intelligible accède au plus bas degré de réalité, sans avoir à en passer par le devenir et son chaos, puisque la matière, comme l'un ou l'intellect, est insensible, incorporelle et éternelle. La matière de la cinquième hypothèse permet ainsi de faire l'économie des hypothèses suivantes, même si, à cette fin, il faut la ficeler avec les liens d'or de l'ordre et de l'harmonie intelligibles, c'est-à-dire l'intégrer à la procession, *mais de façon extérieure et inorganique,* au risque qu'elle ne cesse jamais de menacer la cohérence du tout. Passer le mur de la cinquième hypothèse, accéder au monde du devenir, en penser la liaison sans union ni participation est une façon de surmonter les apories et les dangers de la matière inorganique, non substratique, telle que le néoplatonisme la comprend, comme une sorte de liquide ou de fluide, d'excipient de la réalité qui la dissout en même temps qu'il la diffuse.

L'hypothèse hénologique du devenir, autrement dit l'existence d'un lien non participatif entre l'un et le devenir, remet en cause la conception à la fois fixiste et isomorphique de la cosmologie proclusienne : fixiste parce que chaque totalité contient un nombre plénier prédéterminé d'éléments, et isomorphique, parce que chaque degré de l'être entretient un rapport analogique avec le degré supérieur, sans solution de continuité d'un degré d'être à un autre. Si l'un ouvre un monde à travers le devenir, ce qui concerne au premier chef notre temps, c'est parce qu'il est capable non seulement de circonscrire le devenir, mais d'abord de l'*ouvrir,* c'est-à-dire de l'affranchir des contraintes à la fois quantitatives du fixisme et qualitatives de l'isomorphie. À l'épreuve du devenir, l'un découvre sa capacité d'ouverture au-delà de la limite que lui-même circonscrit. Le devenir modifie ainsi la polarité des quatre hypothèses cosmologiques (et non pas métaphysiques comme les hypothèses du *Parménide*) qu'évoque Proclus dans sa *Théologie platonicienne*[78]. Rappelons-les :

78. *Théol. plat.* II 3, 26.7-14 SW. Voir *supra,* chap. II, *La force de l'un,* p. 78, n. 157.

– première hypothèse : les causes des êtres mais aussi leurs effets s'étendent à l'infini : il n'existe ni premier ni dernier. La réalité s'étend infiniment à l'infini, *tò apeirákis ápeiron* ;

– deuxième hypothèse : il n'y a pas de premier, les causes sont infinies, mais il y a un dernier, car leurs effets sont finis ;

– troisième hypothèse : il y a un premier déterminé, mais les effets sont infinis ;

– quatrième hypothèse : il y a un premier et un dernier, c'est-à-dire une limite à chacun des deux termes de la cosmologie.

Dans le cadre de la liaison privilégiée qu'organise le néoplatonisme entre l'un, l'être et l'intelligible, en quelque sorte l'un sans devenir, c'est évidemment la quatrième hypothèse qui prime, comme au demeurant le conçoit Proclus lui-même[79]. Dans le cadre d'un devenir sans hénologie, la première hypothèse prévaut. L'hénologie du devenir correspond quant à elle à la troisième hypothèse, supposant un principe fixe qui laisse cependant libre cours au reste de la réalité, comme si l'entrelibération métaphysique, que nous avons thématisée au chapitre précédent[80], constituait la condition métaphysique de la possibilité du devenir. De fait, si, comme nous l'avons précédemment noté, l'un libère le dieu enchaîné[81], l'intellect, de sa nécessité, *il libère aussi et par là même le devenir phénoménal de la nécessité du monde intelligible.* On objectera que cette hypothèse nous reconduit au Dieu des grandes religions monothéistes ; à cette différence qu'il n'y a pas ici de création, pas d'acte ni de puissance infinis du principe qui produirait à l'infini l'infini de la réalité ; ici, l'infinitisation du réel, que promet le devenir sous le couvert de l'un, est le fait même du devenir et non de l'un, du dieu ou du principe.

79. *Ibid.*, II 3, 28.14-15 SW.
80. Voir *supra*, chap. II, *La force de l'un*, p. 141-150.
81. *Ibid.*, p. 147.

L'ÊTRE ET LE DEVENIR

Assumer le devenir du point de vue de l'un, concevoir l'un en dehors de la hiérarchie des êtres intelligibles, de leur ordre et de leur harmonie, dans la discontinuité, la dysmorphie et l'émiettement, ne vise pas simplement à adapter l'hénologie aux problématiques de notre temps placé sous le signe de la multiplicité, de la crise de l'intelligibilité et du chaos. Car cette possibilité est latente dès l'origine de l'hénologie néoplatonicienne, même si elle est le plus souvent inassumée et déniée par ses auteurs. Elle est la conséquence de l'*imparticipabilité* et de l'*acausalité* du principe telles que les formule la première hypothèse. Il s'agit donc moins ici d'adapter une métaphysique de la plénitude à la situation ontologique contemporaine que de mettre en valeur ce en quoi le néoplatonisme permet, dès l'origine, de penser ladite situation.

Il importe de rappeler les conséquences de l'imparticipabilité et de l'incommunicabilité de l'un, ce paradoxe constitutif du néoplatonisme qui essaie de concilier d'une part la supériorité absolue (au sens premier du terme : *ab-solutus*, affranchi et délié de tout) et la séparation radicale du principe, et d'autre part la nécessité de penser une liaison du principe avec le reste de la réalité. De fait, comme le note Damascius dans son *Traité des premiers principes*, « si l'un ne communique rien aux choses qui ont été conduites à partir de lui, comment a-t-il pu même les conduire, elles qui ainsi se comportent à son égard sans la moindre familiarité au point qu'elles ne retirent aucun profit de sa nature ? Comment peut-il être leur cause selon sa propre nature, alors qu'il ne la leur communique pas ? Comment ces choses peuvent-elles se convertir vers lui, et comment peuvent-elles le désirer, alors qu'elles sont incapables d'en participer, lui qui est de toute façon imparticipable [ἀμέτοχον][82] ? » De même Proclus avait-il lui aussi, dans son *Commentaire au Parménide*, signifié la difficulté de l'imparticipabilité du principe, l'impossibilité

82. Damascius, *De princ.* § 34 I, 99.3-10 CW ; trad. J. Combès modifiée.

de penser et de produire de l'existence et de l'ordre à partir d'un principe imparticipable : « Si le principe ne donne rien aux choses qui viennent après lui, il sera infécond [ἄγονος] et sans communauté [ἀκοινώτητος] avec toutes les autres choses, nous ne saurions même pas qu'il est, puisque nous n'aurions aucune communauté avec lui[83]. »

Nous connaissons la solution que le néoplatonisme donne, dès sa naissance, sous la plume de Plotin, à cette aporie fondamentale de sa doctrine : « L'un donne ce qu'il n'a pas[84]. » L'un opère par son absence d'opération, selon une opérativité sans effectivité, ou encore par son imparticipabilité et son acausalité. Dans ces conditions, se fait jour une égalité de condition, par rapport à l'un, de l'être et du devenir, du sensible et de l'intelligible ; ils sont, du moins du point de vue de l'un, sur un plan d'égalité ; l'un ne se comporte pas autrement à l'égard de l'être que du devenir ; l'un et l'autre reçoivent même part en tant que l'un et l'autre ne reçoivent rien directement de l'un. Mais il est vrai aussi que l'être se comporte tout autrement que le devenir à l'égard de l'un, ce qui explique la différence de nature ontologique entre les divers plans de la réalité. Ce que l'un ne fait pas, l'intellect lui le fait, en se retournant vers l'un en une sorte d'*epistrophē* première et fondatrice à partir de laquelle la substance se totalise pour mieux procéder et se déployer. Le devenir, quant à lui, et c'est sa grande différence d'avec l'être intelligible, ne se retourne pas, ou du moins, s'il se retourne, ce *retour n'est pas orienté vers quelque chose qui en serait comme son origine*, d'où l'absence, à son niveau, de totalisation, d'ordre et d'harmonie.

On comprend mieux dès lors le sens des expressions « l'un est » et « l'un n'est pas » : « l'un est » signifie que l'être vient en renfort de l'un pour faire monde, « l'un n'est pas », que l'être fait défaut à l'un pour faire monde. Que l'être fasse défaut à l'un pour faire monde est à son tour susceptible d'une double interprétation : soit l'on considère, à l'exemple de Proclus, qu'aucun monde n'est possible sans le soutien de l'être intelligible ; soit,

83. Proclus, *In Parm.* VII 1144.6-8 Steel.

84. Voir *supra*, chap. II, *La force de l'un*, p. 52.

comme Damascius, on pense qu'un monde où « l'un n'est pas », parce que sans soutien de l'être intelligible, est possible : tel est le statut du devenir. Ce qui signifie ultimement que le devenir est un monde que l'un, et l'un seul, rend possible, et cela par la nature même de son imparticipabilité et de son acausalité, comme si le monde phénoménal de la sixième et de la huitième hypothèses était le pendant nécessaire de la première hypothèse.

Nous avons vu, au chapitre précédent, que la causalité du principe était dénuée de consistance et n'était qu'une analogie servant à « indiquer » la force indicible de l'un[85]. Il suffit de détendre l'analogie, d'en éloigner les termes et d'en affaiblir la portée pour passer du régime de l'être à celui du devenir, comme si – que l'on me permette ce geste spinoziste – la différence entre l'être et le devenir, le monde intelligible et le monde sensible, était finalement une affaire de degré plus que de nature. Davantage encore, le statut ambigu de la causalité de l'un dans le néoplatonisme nous conduit à un nouveau paradoxe : au renversement de l'apparence et de la vérité entre l'être et le devenir ; car s'il est vrai que la causalité n'est ici qu'indicative et analogique, alors l'être véritablement être, l'*óntōs ón*, se trouve soumis à la *vraisemblance* de la causalité, tandis que le devenir, en prenant ses distances d'avec cette vraisemblance, finit par exprimer la vérité de l'un, laissé à lui-même dans sa plus haute solitude, *même si détendre l'analogie de la causalité finale a pour risque l'oubli de l'un, et que l'affaiblissement de la cause exemplaire et formelle conduit à la dysmorphie*. Ce que j'appelle le nihilisme de l'un, qui affecte l'un à l'épreuve du devenir.

L'OUBLI DE L'UN

L'un est donc le principe sans essence ni forme qui assure cohésion et unité à toutes choses, unifiant les êtres par la trace qu'il laisse en eux et par l'attraction qu'il exerce sur eux. Mais cette attraction n'a rien d'une finalité et d'un accomplissement. Elle se contente de manifester la résistance du monde à l'entropie de la

85. *Ibid.*, p. 117.

procession. Ce par quoi prend fin la dissémination, et se trouvent garanties la cohérence et la solidité du monde. Elle assure ainsi la tenue et le maintien préjudiciels à tout accomplissement, aussi libre soit-il par rapport à toute finalité du principe. Cette attraction néguentropique se traduit par l'*epistrophḗ*, le retour, la *redditio* de chaque chose à l'un. Encore faut-il savoir ce qu'on entend par cette attraction et ce retour.

Pour Proclus, il existe ainsi en chaque chose un désir naturel de l'un qui la tourne et l'oriente spontanément vers son principe : « *Toutes choses éprouvent le désir du bien* et sont tournées vers lui, les unes plus, les autres moins [...][86]. « De par notre nature même [αὐτοφυῶς], nous recherchons tous l'un, nous tendons tous vers lui, en nous élevant[87]. » L'*epistrophḗ* manifeste ici le primat de la cause finale dont Proclus avait souligné l'importance comme *index* du principe[88]. Ce désir marque l'originarité de l'un, le fait que toutes choses en proviennent : « Nous n'aurions aucun contact [τὸ συνάψον] avec lui si rien ne provenait de lui[89]. »

L'*epistrophḗ* naturelle et spontanée vers l'un revêt ainsi deux caractéristiques fondamentales.

– Elle est retour à l'origine, le point d'arrivée est le même que le point de départ : « Tout être qui se convertit par nature oriente sa conversion vers le principe auquel il doit la procession de sa propre existence[90]. » Le système se boucle : on ne se convertit que vers ce dont on provient. Ce qui implique « un accord de nature et une affinité d'essence [συμπαθὲς ἐκεινῳ κατὰ φύσιν, ὡς τῇ οὐσίᾳ συγγενές][91] » entre ce qui se convertit et ce vers quoi on se convertit. Ce type d'interprétation de l'*epistrophḗ* implique que l'un est un principe « actif » (selon l'*enérgeia*) qui dispense son unité par l'influx de sa *dýnamis*. Or, cette interprétation implique nécessairement la convertibilité de l'être

86. *Théol. plat.* I 22, 101.27 – 102.1 SW ; trad. H. D. Saffrey.

87. Proclus, *In Parm.* VII 1144.8-9 Steel.

88. Voir *supra*, chap. II, *La force de l'un*, p. 120.

89. Proclus, *In Parm.* VII 1144.9-10 Steel.

90. *Elem. Theol.* § 34, p. 36.20-22 Dodds ; trad. J. Trouillard modifiée *in* Proclos, *Éléments de Théologie*, *op. cit.*, p. 84.

91. *Ibid.*, p. 36.27 Dodds.

et de l'un. Cependant, il faut être attentif à la formulation de Proclus : celui-ci nous dit que l'être se convertit non pas vers l'un, mais « vers le principe auquel il doit la procession de sa propre existence [πρόοδος τῆς οἰκείας ὑποστάσεως] »[92] et non pas la stabilisation de sa propre procession. Or le principe qui procède n'est pas l'un mais la substance. Le terme de la conversion est ici l'intellect (*noûs*) plus que l'un. « Le monde entier, affirme Proclus dans cette même proposition 34, tient du *noûs* son *ousía* [ἀπὸ νοῦ τὴν οὐσίαν][93]. » Cette ambiguïté entre l'un et le *noûs* traverse au demeurant l'ensemble des *Éléments de Théologie*, de sorte que, dans ce texte, l'on prête trop souvent à l'un ce que Proclus en réalité réserve à l'intellect comme principe de la procession. Cette ambiguïté nous rappelle que la cause finale, réelle lorsqu'elle correspond au *noûs*, ne peut être qu'une indication, qu'une analogie plus ou moins justifiée lorsqu'elle s'applique à l'un.

– L'accord de nature et l'affinité d'essence entre ce qui se convertit et ce vers quoi il se convertit entraînent un parallélisme des formes entre le retour et la procession. Les choses rebroussent chemin et remontent à l'un par les étapes mêmes de leur procession : « Tout être se convertit comme il procède : les mesures [τὰ μέτρα] de la conversion sont définies par celles de la procession[94]. » « Toute conversion passe par les mêmes intermédiaires que la procession[95]. »

Sous le couvert de cette double caractéristique – 1) le retour comme retour au point de départ 2) selon un véritable parallélisme des formes de la conversion par rapport à la procession –, l'univers forme un cercle. La circularité de la procession et de la conversion boucle le système, assure à l'être sa plénitude, et fait de la réalité un ordre héno-ontologique fermé conformément à la quatrième hypothèse cosmologique de Proclus.

92. *Ibid.*, p. 36.21-22 Dodds.

93. *Ibid.*, p. 38.4 Dodds.

94. *Ibid.*, § 39, p. 42.1-3 Dodds ; trad. J. Trouillard modifiée *in* Proclos, *Éléments de Théologie, op. cit.*, p. 87.

95. *Ibid.*, § 38, p. 40.18-19 Dodds ; trad. J. Trouillard p. 86.

Mais cette circularité est impossible. Nous sommes des enfants perdus condamnés à l'oubli de l'un. Les êtres méconnaissent nécessairement leur origine : « Car les choses [en procédant] fuient hors de lui ou plutôt hors d'elles-mêmes. Elles ne peuvent donc saisir celui qu'elles ont fui ni, s'étant perdues, en chercher un autre, pas plus qu'un enfant que la folie aura mis hors de lui ne pourra reconnaître son père[96]. » L'oubli de l'un n'est pas simplement la rançon du monde sensible et du devenir ; il est originaire, débutant dès le moment où il y a procession, et plus exactement dès l'étape de l'altérité première (πρώτη ἑτερότης) qui nous fait sortir de l'identité du même au même : « Mais alors qu'est-ce qui a fait que les âmes ont oublié le dieu qui est leur père [...] L'origine du mal pour elles, c'est bien l'audace, le devenir [γένεσις], l'altérité première[97] » ; ou plus exactement le devenir commence dès l'altérité première, bien en deçà donc du passage de la frontière entre l'intelligible et le sensible, devenir qu'accompagne l'oubli de l'un. Mais qu'en est-il de cette audace qui préside à la naissance du devenir et, avec celui-ci, à l'oubli de l'un ? L'audace ici est « le fait, dit Plotin, de vouloir s'appartenir à soi-même[98] », de sorte que « chaque fois que les âmes croient jouir de leur indépendance, elles se servent du mouvement considérable qui leur est propre, elles se mettent à courir dans la direction contraire et se portent au plus loin de là-bas, *en allant jusqu'à ignorer qu'elles en proviennent elles aussi*[99] ». Ainsi, à partir du moment où l'hénologie est l'entrelibération du principe et des étants, et conçoit l'être des étants comme autoconstitution, l'oubli de l'un est inévitable. Il est la condition de cette libération et de cette autoconstitution ; c'est dans l'oubli de ce qui les constitue que les choses s'*auto*constituent, en même temps que l'un lui-même se laisse oublier. L'un, dit Plotin, doit être

96. Plotin, *Traité 9* [VI, 9] (*Sur le Bien ou l'Un*), 7, 29-33 ; trad. F. Fronterotta, *in* Plotin, *Traités 7-21*, *op. cit.*, p. 89.

97. *Id.*, *Traité 10* [V, 1] (*Sur les trois hypostases qui ont rang de principes*), 1, 1-4 ; trad. F. Fronterotta modifiée *in* Plotin, *Traités 7-21*, *op. cit.*, p. 153.

98. *Ibid.*, 1, 5.

99. *Ibid.*, 1, 5-9 (je souligne) ; trad. F. Fronterotta, p. 153.

délaissé, laissé à lui-même et à sa solitude[100]. Mais si on laisse l'un dans l'oubli, comment penser l'autoconstitution de l'étant qui n'est possible précisément que sous le couvert de l'un ? C'est pourquoi Plotin en appelle à la fusion de l'âme avec l'un, qui signifie la dissolution de l'âme dans le principe, au prix, s'il le faut, de la totale destruction du reste de la réalité : « Même si les autres choses autour d'elle [l'âme] devaient être détruites, elle y consentirait volontiers, afin de rester auprès de l'un seul à seul, si grand est le bien-être [ἐυπάθεια] atteint[101]. » L'aporie et la contradiction entre le monde et le principe apparaissent dès lors insolubles.

La suite du néoplatonisme ne fait qu'accentuer l'oubli de l'un. La possibilité d'une réminiscence de l'un repose chez Plotin sur le fait que, pour lui, les âmes appartiennent initialement à l'unité originaire de toutes choses que Plotin qualifie au *Traité 23* d'*arkhaîa phýsis* (ἀρχαῖα φύσις)[102], « l'antique nature » qui signale, si j'ose dire, notre provenance archaïque ; davantage, une partie de notre âme est restée là-haut de sorte que, par sa *syngéneia*, sa parenté, avec la partie déchue, elle l'appelle et l'attire en suscitant en cette dernière la nostalgie de la « vieille » patrie. Or, pour le néoplatonisme postérieur, dès Jamblique, l'âme tout entière a chu dans le sensible de sorte qu'il ne reste plus rien de l'antique nature ; c'est pourquoi le rite se substitue à l'expérience mystique, l'approche à la fusion : « Au sujet de la chute radicale de l'âme chez les néoplatoniciens tardifs, dont Damaskios est un fervent défenseur, il faut en déduire que la meilleure partie de l'âme n'est plus, comme chez Plotin, restée là-haut, constituant une entrave insoluble à une remontée efficace et crédible de l'âme vers son origine[103]. » Même si cela n'implique pas nécessairement une totale absence de l'un en

100. Plotin, *Traité 32* [V, 5] (*Sur l'intellect et que les intelligibles ne sont pas hors de l'intellect, et sur le Bien*), 13, 13 ; Voir *supra*, chap. II, *La force de l'un*, p. 74 et 143.

101. *Id.*, *Traité 38* [VI, 7] (*Comment la multiplicité des idées s'est établie et sur le Bien*), 34, 36-38 ; trad. F. Fronterotta modifiée *in* Plotin, *Traités 38-41*, *op. cit.*, p. 97.

102. *Id.*, *Traité 23* [VI, 5] (*Sur la raison pour laquelle l'Être, un et identique, est partout tout entier* II), 1, 16.

103. Carole Tresson-Métry, *L'Aporie…*, *op. cit.*, p. 184, n. 195.

nous, même si l'on peut considérer que le divin nous a suivis et accompagnés au cours de notre chute dans la génération et le devenir, pour laisser en nous sinon une trace du moins une ombre de l'un, il reste que la disparition de l'*arkhaîa phýsis* entraîne nécessairement l'oubli de l'un et l'ignorance de notre provenance[104].

Si l'oubli de l'un est originaire, s'il définit la nature de l'âme (à partir de Jamblique), s'il est non seulement la conséquence mais plus encore la condition de la procession et de la constitution de l'être, alors le devenir est la vérité de notre rapport à l'un, en tant que ce rapport est fait d'oubli et d'ignorance. La trace de l'un dans les choses est de la nature de l'écho, du reflet ou de l'ombre, non du type et de l'empreinte. C'est en quoi l'un est ici phénoménal. Comment au demeurant cette trace pourrait-elle s'imprimer et informer les choses puisque l'un est *àmorphon kaì aneídeon*, sans figure ni forme ? L'hénologie n'est pas une ontypologie, elle ne conduit pas à des formations de souveraineté (*Herrschaftgebild*), et c'est pourquoi l'unitotalité héno-ontologique, qui manifeste la capture de l'un par l'intellect, ne saurait exprimer ce que peut l'un. Le fait que la trace de l'un soit écho, ombre ou reflet, ne signifie pas qu'elle soit totalement absente ; davantage, la phénoménalité de cette trace ne rend pas nécessairement le retour, l'*epistrophḗ* impossible. Mais il est vrai que dans ces conditions « phénoménales », celles où « l'un n'est pas » tout en n'étant pas pur néant, le retour se présente de façon différente de l'héno-ontologie traditionnelle, dans le cadre de l'un-qui-est, c'est-à-dire de l'un corrélé à l'être comme plénitude, ordre et harmonie. En effet, 1) on ne retourne pas vers l'un comme vers son origine, le rapport de la chose à son principe de stabilisation et d'autoconstitution n'est plus celui du fils au père ; il en est ainsi parce que le monde de l'un-qui-n'est-pas a son assise, son fondement stable

104. « Cette part divine est, nous semble-t-il, ce fameux *un-en-nous*, cette *trace* de l'origine au plus profond de nous-mêmes, cette présence *salutaire*. Néanmoins, notre chute nous a souillés de telle manière que nous ne sommes plus assez purs ou transparents pour la voir. Cette opacité correspond à cet oubli ou cette ignorance qui nous entrave et dont parlent les Oracles » (*ibid.*).

(σταθερῶς ἱδρυμένον) non dans l'un comme les mondes de l'un-qui-est[105], mais dans la matière ; 2) le retour ne remonte pas nécessairement par les mêmes étapes de la procession. Le parallélisme des formes n'y est plus requis. Quand « l'un n'est pas », l'*epistrophḗ* se libère de ses présupposés. Cette libération est la condition de l'autoconstitution des choses sous le couvert de l'un.

1) Se retourner est ici plus important que se retourner vers l'origine. Il suffit, au demeurant, de se retourner pour limiter l'entropie ; il n'est pas nécessaire à cette fin de régresser jusque dans l'œuf originaire. Autrement dit, il n'est pas nécessaire de provenir d'une unité plus haute ou de participer d'une unitotalité plus large pour avoir le goût de l'un et de sa tenue. Le geste est plus important que son terme. L'un qui n'est pas désarme toute référence à la paternité et à la provenance, et c'est précisément en quoi l'un ici n'est pas. L'un n'est plus originaire, parce qu'il est indicible, insaisissable de sorte que la fusion en lui devient impossible : « Les êtres demeurent privés de sa réalité inconnaissable et indicible sans pouvoir embrasser et serrer contre eux le désirable[106]. » Rappelons que non seulement la cause finale, mais même la cause *perì autó*, le principe comme référence sans autre action causale que celle de polariser le reste du réel autour de lui, restent néanmoins, aussi proches soient-elles de la réalité de l'un, une approximation, un indice de celui-ci. L'oubli de l'un est l'antithèse de la fusion de l'un. À partir du moment où la fusion apparaît impossible, non seulement il y a oubli, mais l'oubli devient l'expérience fondamentale à partir de laquelle il est possible d'accéder à l'un. L'oubli de l'un signifie l'oubli de l'un comme origine. L'oubli de l'origine est une « désorientation », littéralement la perte de l'orient, du point d'où naissent les choses. Telle est la signification de l'oubli de l'un. Or, l'oubli nous permet de connaître une expérience de l'un non fusionnelle, la fusion empêchant le processus d'entrelibération. Or,

105. Damascius, *In Parm.* § 438 IV, 96.10 CW.
106. *Théol. plat.* I 22, 102.20-22 ; trad. J. Combès.

oublier l'un, et en l'oubliant le laisser et le délaisser, passe par l'expérience du devenir et de son « émiettement ».

2) Penser l'un comme non originaire, non paternel, loin d'affaiblir la simplicité et la solitude de l'un, au contraire les renforce. De fait, cette expérience permet de résoudre l'aporie de la provenance que signale Damascius dans son *Traité des premiers principes*[107]. Si rien ne peut se convertir vers l'un sans en procéder, alors ce qui procède lui-même se distingue de ce dont il procède ; or ce qui est distingué, en se distinguant, distingue en retour ce dont il se distingue. L'un serait lui-même distingué de ce qui se convertirait vers lui, et il ne serait plus un seulement. Pour éviter cette aporie, il faut en réalité que rien ne procède à partir de l'un, que rien ne distingue l'un en se distinguant de lui. Autrement dit, la convertibilité non originaire du devenir maintient l'un dans la pureté de son improcession et de son imparticipabilité.

3) Le fait que l'un ne soit plus nécessairement originaire, ou en tout cas que sa dimension originaire se perde sans pour autant que s'éteigne le goût de l'un, rend inutile le parallélisme des formes, puisque la provenance n'est plus ici constitutive : il n'est donc plus nécessaire de rebrousser chemin par les mêmes étapes que la procession. Le retour se libère de l'ordre hiérarchique et scalaire de la réalité. Il en est ainsi parce que le retour n'est plus nécessairement une *complicatio* ou *sunélixis* (συνέλιξις), c'est-à-dire l'enroulement de ce qui a été déroulé ; il est plutôt la continuation de l'*explicatio* ou *exélixis* (ἐξέλιξις), du déroulement, du maintien du devenir, par d'autres moyens, en dehors de l'entropie. En se libérant du parallélisme des formes, le retour, comme la trace de l'un en nous qui l'occasionne, reste dans l'ombre et dans l'oubli, sans plus servir la gloire de l'harmonie propre au monde intelligible.

Pour Plotin, cette expérience de l'un, affranchie de l'origine et de la provenance, que nous permet le devenir n'a pas de sens, car « si ce que l'âme cherche lui est étranger, à quoi bon

107. Damascius, *De princ.* § 27 I, 74.7 – 75.16 CW.

[chercher] ? [εἰ μὲν γὰρ ἀλλότρια, τί δεῖ][108] ». Dans les philosophies antiques de la plénitude et de la parenté (*syngéneia*), l'âme ne peut s'ajuster qu'à ce qui lui est de même nature. Le semblable connaît le semblable, et la connaissance se fait donc par la ressemblance ou par l'identité de termes apparentés. L'âme se tourne vers l'un parce qu'elle est originairement unifiée, qu'elle a originairement rapport à l'un, même si ce rapport est équivoque, fondé sur la différence, sur le fait que l'unification de l'être ou de l'âme n'est pas de même nature que l'un. *A contrario,* si le devenir nous offre une expérience de l'un, alors cette expérience est celle de l'un comme étrangeté et non comme origine, et du monde comme dysmorphie et non comme unitotalité.

Mais, à partir du moment où l'on considère, comme le fait toute la tradition néoplatonicienne, que l'un est d'abord le fruit de nos conceptions, « l'aveu de nos propres états [πάθη] à son égard[109] », ou encore « nos conventions [ὁμολογήματα] envers lui qui fuit totalement nos conceptions et nos conjectures[110] », et que « sans nous en rendre compte, c'est nous-même et non pas lui que nous disons[111] », il est impossible de faire la différence entre le fait simplement de se retourner et le fait de faire retour à l'origine, comme si l'un "originaire" avait de toute façon, qu'il soit ou qu'il ne soit pas, qu'il relève de la plénitude de l'être intelligible ou bien de la phénoménalité du devenir, même statut : celui d'être une origine *ex post* ; or, plus l'un est imparticipable et insaisissable, plus il est le fruit de nos conceptions ; et plus il est le fruit de nos conceptions, plus il est non en arrière de nous, mais devant nous, tel que la *prónoia* le projette pour nous au-delà de nous[112]. Dans ces conditions, il n'est plus besoin d'isomorphie, d'ordre et d'harmonie, ou en tout cas l'ordre et l'harmonie se construisent dans le mouvement même du retournement.

108. Plotin, *Traité 10* [V, 1] (*Sur les trois hypostases qui ont rang de principes*), 1, 34 ; trad. F. Fronterotta modifiée *in* Plotin, *Traités 7-21, op. cit.*, p. 154.

109. Damascius, *De princ.* § 4 I, 8.17 CW ; § 6 I, 12.19-21 CW ; § 7 I, 16.7-8 CW.

110. *Ibid.*, § 6 I, 14.14-16 CW ; trad. J. Combès.

111. Proclus, *In Parm.* VI 1073.23 Steel.

112. Voir *supra*, chap. I, *Unité, totalité, multiplicité*, p. 13.

Dire que l'un est d'abord le fruit de nos conceptions ne signifie pas que l'un ne serait qu'un pur fantasme, une simple construction de l'esprit. Si tel était le cas, l'un serait, comme l'en accusent ses détracteurs, *anypóstaton*, et *anýparkton*, sans réalité ni soubassement. Cela signifie bien plutôt que l'un ne découvre son opérativité qu'à la suite de nos recherches et de nos gestations, dans le mouvement même d'autoconstitution de la réalité par l'entrelibération du principe et de ce dont il est le principe, et non par une soumission préalable à l'originaire ; et c'est précisément parce que l'un se découvre à travers l'expérience de la liberté que la conversion est non pas régressive, mais proversive, qu'elle nous oriente vers l'avant.

Il y a de l'*epistrophḗ* non parce qu'il y a de l'origine, mais parce que, en raison de son statut *quoad nos*, du fait qu'il est d'abord le fruit de nos conceptions, l'un engendre en nous des apories favorisant de douloureuses gestations mentales (ὠδῖνεις), un des termes favoris de Damascius, qui témoignent seules de la trace de l'un en nous : traces s'insinuant en nous à partir non de la paternité de l'un et de son pouvoir originaire, mais des apories qu'il suscite (d'où le caractère douloureux de la gestation que signifie bien le terme *ōdís* [ὠδίς] et que s'efforce de cerner notre étude). Ces gestations mentales à leur tour expriment le travail de l'*epistrophḗ* dans sa réalité la plus essentielle : « C'est nous qui, en tournant, pour ainsi dire, autour de lui de l'extérieur, souhaitons exprimer ce que nous éprouvons lorsque nous nous approchons parfois de lui ou que parfois nous nous en éloignons *à cause des apories qui surgissent à son propos*[113]. »

113. Plotin, *Traité 9* [VI, 9] (*Sur le Bien ou l'Un*), 3, 50-54 ; trad. F. Fronterotta *in* Plotin, *Traités 7-21, op. cit.*, p. 81.

HÉNOLOGIE DE LA DISHARMONIE

La cosmologie néoplatonicienne se présente sous une forme ordonnée, hiérarchique et harmonique[114]. Elle est structurée par des mesures (τὰ μέτρα), jalonnant le chemin de la conversion aussi bien que de la procession, qui entretiennent entre elles des rapports de proportion. Elle offre ainsi une image rassurante et apaisée du monde, tandis que l'Empire romain est constamment sous la menace de l'ennemi depuis le règne de Marc Aurèle. L'harmonie cosmologique néoplatonicienne repose sur une parfaite isomorphie entre les différents degrés d'être. Chaque monde est l'image dégradée du monde qui lui est immédiatement supérieur. La procession et la succession des causes ne doivent pas être envisagées comme un engrenage, mais comme un système pluridimensionnel qui repose sur l'analogie et l'imitation définissant la nature de la participation et en garantissant la possibilité. Dans ce cadre, la causalité première est la causalité exemplaire et non la cause efficiente. Le néoplatonisme repose en définitive sur l'imitation et donc sur l'exemple[115], non sur la puissance et sa dispensation.

L'isomorphie à son tour favorise une parfaite continuité (*synokhế* ou *synécheia*) entre les différents degrés d'être. La continuité est une façon de lutter contre l'entropie, de faire pièce au vide, facteur de désagrégation, qui gagne la substance à mesure que celle-ci procède. Elle est la condition de la plénitude de l'être, qui elle-même semble la garante de notre relation à l'un : « C'est l'intrusion du vide [ἡ γὰρ τοῦ κενοῦ παρέμπτωσις] qui empêche la continuité [συνέχεια], et c'est la destruction [ἀναίρεσις] de la continuité qui ruine la sympathie [συμπάθεια] entre les corps[116] », tandis que la participation

114. Voir particulièrement sur ce point Proclus, *In Parm.* III 790.5-791.20 Steel.

115. Jean-François Pradeau, *L'Imitation du principe. Plotin et la participation*, Vrin, Paris, 2003.

116. *Théol. plat.*, IV 20, 59.23-25 SW ; trad. H. D. Saffrey modifiée.

à la *synécheia* rend indivisible la communauté entre les corps (ἀμέριστος κοινωνία)[117] ; c'est aussi parce qu'ils participent, même faiblement à la *synokhḗ*, que « les corps [...] demeurent maintenus ensemble, ne se dissolvent pas, étant dispersés [σκιδνάμενα], ni ne subissent les conséquences de la division et de l'affaiblissement [ἀσθένεια][118] ». Les corps ici ne sont en relation avec l'un que pour participer de la *koinōnía* que favorise leur harmonie. L'ordre apparaît ainsi plus important que le principe, la *koinōnía* l'emporte sur l'un, au prix de la redondance.

Or les quatre dernières hypothèses du *Parménide* remettent en cause cette cosmologie de l'harmonie, de l'isomorphie, de la continuité et de la plénitude ontologique. La ressemblance du devenir à l'être est anomique[119], sans *nomós*, c'est-à-dire totalement étranger à la loi métaphysique de l'être intelligible qui « distingue la classe des êtres, sépare les classes intellectives et répartit toutes les formes selon la procession bien ordonnée, et qui fait briller sur tous les êtres la mesure de l'existence, maintient l'ordre entre eux, et conserve immuables les termes de la divine répartition[120] ». C'est leur absence de *nomós* qui conduit Proclus à juger ces hypothèses impossibles. Car, comme le redoute déjà Jamblique tel que le cite Damascius, comment envisager le retour au principe dans un monde privé de *sýntaxis* et de *koinōnía* ? « La remontée vers l'un [ἡ πρὸς ἐκεῖνο (l'un) ἀναγωγή] n'est accessible à aucune chose en particulier si elle ne se coordonne avec toutes, et si elle ne fait avec toutes retour au principe commun de toutes[121]. » Car, « si toutes les choses ensemble ont une aptitude à tendre vers l'un, aucune en elle-même n'a en soi et par soi cette aptitude séparément des autres[122] ». C'est précisément tout le mérite de la sixième et

117. *Ibid.*, 59.26 SW.

118. *Ibid.*, 60.6-8 SW ; trad. J. Combès modifiée.

119. Voir *supra*, « Du rapport spéculaire de l'un et de la matière », p. 168-176.

120. *Théol. plat.* V 9, 32.10-15 SW ; trad. H. D. Saffrey.

121. Jamblique cité par Damascius, *De princ.* § 38 I, 119.19-22 CW ; trad. J. Combès.

122. *Ibid.*, 119.22 – 120.2 CW ; trad. J. Combès modifiée.

de la huitième hypothèses que de permettre de penser l'accès à l'un sans passer par la *koinōnía* unitotalisante. Les dernières hypothèses démontrent l'impossibilité de la seconde hypothèse, c'est-à-dire de l'unitotalité, au point que la première hypothèse, l'hypothèse même de l'impossible pour Platon, semble ici moins impossible que la seconde. Mieux encore, la possibilité de la première hypothèse se nourrit de l'impossibilité de la deuxième, l'impossibilité de l'unitotalité, que signifient clairement les dernières hypothèses.

Il est vrai que la causalité formelle ou exemplaire ne fait pas partie des indices qui caractérisent l'opérativité du principe. Elle exprime la causalité de l'intellect et non pas de l'un *ámorphon* et *aneídeon*, sans figure et sans forme, qui, en tant que tel, ne saurait configurer des mondes, mais simplement en garantir la cohérence ou la tenue, en dehors même, s'il le faut, des échafaudages de l'harmonie.

Il nous appartient alors de réfléchir à d'autres modalités d'action cosmologique de l'un que l'harmonie, à des processus d'unification qui font l'économie de la communion, de l'unitotalité et du principe d'identité ou d'analogie, et où la tenue importe plus encore que le rassemblement. Il s'agit alors de penser ce que signifie l'un qui tient sans que ce qui tient forme unitotalité, ou encore penser l'un qui tient sans que cela signifie « l'un qui tient ensemble les étants ». Bref, penser l'un qui tient non dans la convergence et le rassemblement de l'unitotalité, mais, au contraire, dans la divergence et la disjonction, entendues non seulement comme multiplicité pure, comme existence de parties sans totalité, mais, de façon plus décisive encore, comme suspens de tout système et de tout procès.

TENIR

Dans le néoplatonisme, la conversion vers l'un passe par le tout, comme le rappelle Jamblique. L'expérience de l'un à l'épreuve du devenir ne peut de son côté s'accomplir qu'à travers l'émiettement, le chaos et l'ouvert, autrement dit à travers l'impossibilité du tout. Le devenir nous conduit à penser la possibilité d'une conversion à partir de la dissimilitude absolue et de la non-participation, ne pas participer signifiant alors ne pas être une part d'une totalité unifiée par l'un. Autrement dit, le devenir nous conduit à penser une expérience de l'un qui ne requiert aucune coordination à quelque totalité qui soit ni aucune médiation par l'unification de celle-ci. À notre tour, nous faisons l'épreuve d'une certaine incoordination avec le réel qui nous entoure. Or, affirme Damascius, ici-bas, dans le monde du devenir « ce qui est sans relation [ἄσχετον] est plus digne d'estime [τιμιώτερον] que ce qui est en relation [ἐν σχέσει], et le non-coordonné [τὸ ἀσύντακτον] que le coordonné [τὸ συντεταγμένον][123] ». Plotin dira plus radicalement : *áphele pánta* (ἄφελε πάντα), « retranche tout[124] ». Ce qui signifie aussi : « libère-toi de toute totalité et de toute *koinōnía* ». Or, non seulement Damascius met en valeur notre disjonction et notre inorganicité à l'égard du monde, mais davantage il fait de cette condition l'analogue même de l'imparticipabilité de l'un pur, et par là même, il nous relie directement à lui, nous qui sommes ainsi « comme l'un [qui], ayant dépassé toutes choses, est censé n'entretenir aucune coordination ni aucune relation[125] ».

En réalité, les processus de totalisation n'ont lieu que parce que l'un rend possible une opération qui conditionne toute mise en monde ou *diakósmēsis* (διακόσμησις) : ce que j'appelle la diastématisation (de *diástēma* [διάστημα] : l'intervalle), le ménagement des distances dans l'être, la mise en intervalle du réel que règlent les proportions (τὰ μέτρα), processus préalable sans lequel l'ensemble du réel serait absorbé dans le trou noir soit

123. Damascius, *De princ.* § 3 I, 6.16-17 CW ; trad. J. Combès modifiée.

124. Plotin, *Traité 49* [V 3] (*Sur les hypostases qui ont la faculté de connaître et ce qui est au-delà*), 17, 38.

125. Damascius, *De princ.* § 3 I, 6.21-22 CW ; trad. J. Combès modifiée. Ce qui correspond aussi chez Damascius à l'un-pur-qui-est-en-nous (τὸ ἁπλῶς τὸ παρ'ἡμῖν), à partir duquel il est possible de faire des conjectures sur l'un antérieur au tout (τὸ πρὸ πάντων) (*ibid.*, § 5 I, 11.13-14 CW).

de l'ineffable, soit de la matière. Il n'est rien d'existant qui ne prenne distance d'avec l'origine. La diastématisation, la mise à distance mutuelle des différents degrés de l'être, est à la fois l'expression de l'entropie et ce qui la limite et la contient. L'un assure la diastématisation du réel de même que l'être en assure la procession et la dispensation. En tant que dispensation, l'être est par essence théologique ; l'ontologie de la substance et de la procession, quelles que soient leurs modalités, est nécessairement une onto-théologie. L'un en tant que régulation de la procession par la diastématisation est quant à lui *hypértheos* (ὑπέρθεος), au-delà des dieux.

Il importe de s'arrêter un moment sur le *dia-* qui fait monde dans le verbe *diakosméō* (διακοσμέω). Jean-Luc Nancy, s'appuyant sur un passage du *Cratyle* de Platon[126], comprend la *diakósmēsis* comme le fait de « traverser l'étant pour le former en monde[127] », se référant sans doute au verbe *okheîn* (ὀχεῖν), « véhiculer », qui définit ici, pour Platon, la fonction de l'âme. Or, dans le passage du *Cratyle* auquel Jean-Luc Nancy se réfère, le verbe *okheîn* est précédé d'un autre verbe que nous connaissons bien désormais, le verbe *ékhein*, qui est en quelque sorte le pendant du verbe « être », et qui ne signifie « avoir » que parce qu'il manifeste d'abord le soutien et le maintien de l'être. La *diakósmēsis* n'est donc pas la transience de l'être au risque de l'entropie, mais la maîtrise de sa diffusion et de sa dispensation par l'espacement de l'être : la médiation et la distance conditionnant ici la transience de la procession. L'« eksister », avant d'être une transitivité, est d'abord une tenue.

C'est la mise à distance, et non la totalisation, qui dans le néoplatonisme est la condition du rapport à l'un : « Si, d'observateur lointain, nous commençons à marcher vers lui, en vue de réduire l'écart et de le rejoindre, alors il nous échappera totalement. Vouloir abolir la distance qui nous sépare de lui, c'est en

126. « Qu'est-ce qui selon toi maintient (*ékhein*) et véhicule (*okheîn*) la nature du corps tout entier pour le faire vivre et se mouvoir ? » (Platon, *Cratyle*, 400a3-4 ; trad. fr. C. Dalimier in *id.*, *Œuvres complètes*, *op. cit.*, p. 214).

127. Jean-Luc Nancy, *La Pensée dérobée*, Galilée, Paris, 2001, p. 138.

même temps ôter l'écart entre le connaissant et le connaissable qui fonde toute connaissance. Et abolir l'écart revient à anéantir la connaissance elle-même. Et notre propre connaissance s'écoulera alors dans une ignorance complète. La proximité de l'Un dissout la connaissance[128]. » De même, pour Plotin, la conformité au bien (*agathoeidḗs*) de l'intellect marque bien plus l'écart incommensurable de l'être par rapport à l'un que son identité : l'intellect a la forme du bien précisément parce qu'il n'est pas l'un[129] : l'*homoíōsis* est elle aussi une manifestation de la distance. La diacosmie, la cosmologie comme distance, intervalle et espacement, ne se limite pas au *mediomondo* ou monde moyen entre le monde inaccessible des archétypes et le chaos de la nature comme l'interprète la Renaissance, mais en réalité concerne l'ensemble du cosmos dès la première dénivellation entre le principe et l'intellect. Il y a cependant une différence entre la *diakósmēsis* de l'intelligible et celle du devenir. Dans le devenir se défait l'échafaudage mathématique et le jeu des proportions qui règlent la procession de l'être et la hiérarchie des mondes intelligibles. Il n'y a plus de *métra*, plus d'échelon, et donc plus de possibilité de remonter à l'un jusqu'à s'y fondre. Nous reste seulement la nécessité de s'installer dans les intervalles délaissés par la plénitude de l'être : autrement dit, habiter le vide. La diastématisation du devenir nous libère de la totalisation ; simplement, la fusion étant impossible, on ne monte pas, on reste sur place. La tenue se substitue alors à la fusion, l'ascèse à la mystique. Ce faisant, le processus d'entrelibération du principe et de ce dont il est le principe est définitivement accompli.

Au demeurant, la participation n'est pas la seule voie d'accès à l'un. Proclus distingue ainsi deux types de relation à l'un : par participation (à une totalité qui fait médiation vers l'un par son unification), mais aussi, plus directement, par *hýparxis*, par le fond où chaque chose trouve son assise et qui contient

128. Carole Tresson-Métry, *L'Aporie…*, *op. cit.*, p. 346

129. Plotin, *Traité* 24 [V, 6] (*Sur le fait que l'au-delà de l'être ne pense pas ; qui est le pensant de premier rang, et qui celui de second rang.*), 4, 5.

la trace de l'un, ne serait-ce que sous la forme d'un écho ou d'une ombre[130]. Avec toujours ce même esprit de redondance, le néoplatonisme en réalité ne dissocie jamais réellement ces deux voies de l'unification : on ne peut participer à la totalité sans *hýparxis*[131], et l'on ne peut vraiment être assuré de son *hýparxis* en dehors de la totalité où l'on s'inscrit. La modernité nous prouve cependant que les totalités complexes, les champs d'immanence, les communautés de notre temps, ne requièrent aucune *hýparxis*, soubassement ou assise, qui au contraire ne pourrait que faire obstacle à leur dynamisme et à la souplesse d'adaptation que réclame nécessairement la mobilisation totale du monde actuel. Le devenir contemporain est une participation sans *hýparxis*, tandis que le chaos et les spectres de la huitième hypothèse nous offrent au contraire l'occasion d'éprouver notre *hýparxis* sans participation.

Il s'agit donc, pour expérimenter l'un à l'épreuve du devenir, de tenir dans le suspens plutôt que de se fondre dans le principe : les stoïciens parlent pour ce genre d'expérience de *tenacitas unitatis*, c'est-à-dire du rassemblement tenace de sa propre multiplicité que l'on éprouve quand on assume les choses dans leur émiettement, dans leur pure extériorité, dans leur vraisemblance, dans l'ignorance de leur finalité qui caractérisent la morale stoïcienne des *kathḗkonta* (τὰ καθήκοντα) en grec ou des *officia* en latin, c'est-à-dire des actions que l'on doit faire précisément lorsqu'on n'est pas en mesure, faute d'intelligibilité du réel, d'accomplir l'action droite, celle qui, dans le néoplatonisme, nous assimilerait immédiatement au principe.

Proclus dit à cette fin une chose essentielle : « que ceux qui cherchent à se conjoindre au bien n'ont plus besoin de connaissance ni d'*enérgeia*, mais d'assiette [ἵδρυσις], de constitution stable [μόνιμος κατάστασις] et de sérénité [ἠρεμία][132] ». Notons la dimension morale de ce passage fortement teinté de stoïcisme

130. Proclus, *In Parm.* VI 1101.11 Steel. Voir aussi, sur cette distinction, Damascius, *De princ.* § 36 I, 111.1-2 CW.

131. « Ce qui est selon la participation a besoin de ce qui est selon le soubassement » (Damascius, *De princ.* § 20 I, 53.20-21 CW).

132. *Théol. plat.* I 25, 109.25 – 110.1 SW ; trad. H. D. Saffrey modifiée.

impérial. Il faut ainsi, pour tenir, faire d'abord preuve d'assise et de constance, ce qui vaut pour l'ensemble des mondes, aussi bien sensible qu'intelligible mais selon deux finalités distinctes : dans le cadre des totalités intelligibles, assiette et constance sont nécessaires pour empêcher que ce retour à l'un ne se paie au prix de la dévoration des étants par l'intellect Kronos ; mais ils sont plus nécessaires encore face à l'émiettement du devenir où il s'agit au contraire, pour assurer notre conversion vers l'un, de résister non à l'attraction dévorante du *noûs*, mais au flot de la *skédasis*, et au trou noir de la matière, sans pouvoir participer à quelque *koinōnía* que ce soit. Nous avons donc affaire à une même vertu pour affronter deux situations opposées.

Cette tenue face à l'émiettement du devenir accomplit au demeurant parfaitement le programme platonicien : tout abandonner, se retrancher de tout. Le couple stoïcien *abstine-sustine* – s'abstenir pour soutenir, prendre de la distance pour mieux s'installer dans le vide de l'intervalle, pour s'y soutenir et par là même le soutenir, c'est-à-dire pour en assurer l'espacement et en empêcher la réduction, ou encore refuser l'activisme, la *polypragmosýnē* pour mieux tenir le réel émietté dans son émiettement[133] – se substitue au couple de l'acte et de la puissance. Le couple de l'*abstine et sustine* est la condition de la *tenacitas unitatis* : il conditionne l'expérience de l'un à l'épreuve du devenir, comme l'acte et la puissance nous ouvrent à l'expérience de l'être.

J'ai dit que l'un à l'épreuve du devenir s'expérimente sans totalité ; il faudrait préciser « sans totalité cosmologique », sans monde unifié ; car il est néanmoins nécessaire, pour accéder à l'un dans les conditions, propres au devenir, d'émiettement du réel, de procéder néanmoins sinon à une totalisation, du moins à un rassemblement préalable : celui de soi ou plus exactement celui du « nous » (*hēmeîs*) que je suis[134].

133. Comme nous en avertit la métaphore plotinienne du jardinier qui prend soin des racines de l'arbre, partie la plus soumise à la putréfaction au risque de s'en trouver à son tour contaminé (Plotin, *Traité 27* [IV, 3] (*Sur les difficultés relatives à l'âme* I), 4, 26-37).

134. Voir *supra*, chap. II, *La force de l'un*, p. 39-40.

L'entrelibération du principe et de ce dont il est le principe qui conditionne notre rapport à l'un absolument séparé implique nécessairement pour l'homme la connaissance de soi. Pouvoir se connaître est le signe que l'on se tient dans l'intervalle, à la bonne distance que ménage précisément l'entrelibération. Mais la connaissance de soi dans le néoplatonisme, et en particulier chez Plotin, passe non moins nécessairement par un *collige ipsum te*[135], par l'effort de ramasser et de centrer en soi la diversité des dimensions qui nous constituent : « Car le "Connais-toi toi-même" s'adresse à ceux qui, en raison de leur multiplicité, ont besoin de se dénombrer et d'apprendre que, malgré leurs qualités et quantités, ils ne savent pas complètement, ou même qu'ils ne savent pas du tout, combien ils sont, ce qui les conduit et en vertu de quoi ils sont eux-mêmes[136]. » Ce qui permet de coïncider à l'un, c'est l'unité intérieure qui règne en nous, même et surtout quand l'organicité du monde est de son côté remise en cause : on ne peut saisir l'un qu'en étant soi-même un. Il n'y a de conversion à l'un que dans un rapport de un à un.

Par cette unification que favorise notre relation à l'un, nous accédons au soi par le fait même de nous rendre un. Nous faisons la connaissance de nous-mêmes tout en nous rendant un[137]. Se forme ainsi un cercle vertueux où l'unification favorise la connaissance de soi en même temps que la connaissance de soi favorise notre rapport à l'un.

Le cercle vertueux de l'unité et du soi ne signifie pas pour autant que nous accédons, par l'expérience de l'un, à la subjectivité, ni même à l'identité de soi à soi. La connaissance de soi est d'abord la conscience de notre multiplicité (« combien ils sont ») et l'intelligence de notre rapport au réel, ce qui, au-delà ou en deçà de toute subjectivité, détermine le soi (« ce qui les conduit et en vertu de quoi ils sont eux-mêmes »). Nous restons

135. Leon Battista Alberti, *Momo o Del principe*, III, a cura di R. Consolo, Costa & Nolan, Gènes, 1986, p. 220.

136. Plotin, *Traité 38* [VI, 7] (*Comment la multiplicité des idées s'est établie et sur le Bien*), 41, 22-25 ; trad. F. Fronterotta *in* Plotin, *Traités 38-41, op. cit.*, p. 109.

137. *Id.*, *Traité 31* [V, 8] (*Sur la beauté intelligible*), 11, 1-5 et 10-12.

ici toujours dans le champ de l'un et du multiple, non de l'être et du non-être : il suffit de tenir et de soutenir, non de s'accomplir selon une quelconque égalité de soi à soi, pour être rassemblé et pour garantir sa *tenacitas unitatis*. Ou encore, notre égalité n'est pas une identité mais une stabilité ; notre connaissance de soi n'est pas une réflexivité, mais une stabilisation des dimensions qui nous constituent et des flux qui nous traversent au risque de nous disséminer, bref une *aequanimitas animi*, une égalité et une tranquillité d'âme, ce que Proclus appelle aussi l'*ēremía* (ἠρεμία) : la paix et la sérénité.

Il s'agit donc de se tenir dans la différence et non dans l'identité. Se convertir à l'épreuve de la différence et non de l'identité est le signe même que le retour est asymétrique, que l'on ne revient jamais à l'origine, *à moins que son origine soit elle-même la différence, en l'occurrence la différence hénologique*. Mais si l'identité de l'identité est identité, l'identité de la différence est la différence ; autrement dit, lorsqu'on se tient dans l'écart de la différence, on ne revient jamais au même point, même et surtout lorsqu'on reste fidèle à soi-même.

NÉGATIVITÉ DE L'UN, NÉGATIVITÉ DE L'ÊTRE

Le néoplatonisme est obsédé par la négativité, et cette obsession est d'autant plus frappante pour l'observateur qu'elle s'inscrit, de façon contrastée, au cœur de la plénitude de l'être qui caractérise la tradition antique de l'ontologie et que le néoplatonisme continue à manifester à travers les thèmes fondamentaux de la totalité, de la *sympátheia* ou de la *sýmpnoia*, ou encore de la vie et de son bouillonnement. Cette négativité dépasse largement en complexité la négativité de la dialectique hégélienne ; elle n'est pas simplement au service de la machine ontologique et du déploiement de son procès : il ne s'agit pas simplement de rendre compte du mouvement de l'être et de sa dynamique. Elle est plus complexe parce qu'elle est double, concernant autant l'un que l'être. Nous avons affaire, dans le néoplatonisme, à la fois à la négativité de l'un et à la négativité de l'être, selon à chaque fois des modalités et des conséquences différentes qui concernent autant l'intelligible que le sensible.

Nous entendons par négativité, et en particulier par négativité de l'un, non pas l'inexistence de l'un, le fait qu'il soit *anypóstaton* et *anýparkton*, sans la moindre réalité, mais bien plutôt le fait que sa présence se fasse sur le mode de l'absentement et de l'oubli, présent comme n'étant pas là, selon la formule de Damascius[138].

Au demeurant, pour rendre encore plus compliquée la dialectique de l'un et de l'être, chacune de ces deux négativités prend des formes elles-mêmes diverses. La négativité de l'un se traduit d'abord par l'imparticipabilité radicale de la première hypothèse qui conduit Damascius à séparer de l'un tout d'avant le tout l'un pur et simple pour le reléguer dans une pure indicibilité et nescience originaire, véritable trou noir capable d'absorber l'ensemble de la réalité, y compris l'un lui-même ; elle se traduit aussi par l'impuissance de l'un à totaliser, dont témoignent les dernières hypothèses, ou encore par l'oubli de l'un qui en découle. La négativité de l'être, quant à elle, se traduit par la *skédasis*, l'épuisement de l'être, sa dispersion jusque dans sa totale dissolution dans la matière, ou encore par son devenir fantomatique, son incapacité à faire retour ne serait-ce qu'à son intelligibilité ; mais elle se traduit aussi, au niveau même de l'intelligibilité, par la métaphore plotinienne de l'Intellect Kronos dévorant ses enfants, c'est-à-dire vivant de l'absorption même de ses pensées, par quoi se signifie la multiplicité essentielle de l'être intelligible[139]. La dévoration du monde, que ce soit par l'un (indifférenciation), par l'intellect (multiplicité) ou par la matière (dissolution), est une menace lancinante, plaçant le néoplatonisme à l'antithèse des théologies de la création qui, au même moment, s'imposent dans le monde antique. Or, la question de la dévoration concerne au plus haut point notre devenir contemporain, et

138. Voir *supra*, p. 183.

139. Plotin, *Traité 10* [V, 1] (*Sur les trois hypostases qui ont rang de principes*), 7, 30-35.

c'est en quoi le néoplatonisme est une philosophie de notre temps.

Une première lecture du néoplatonisme nous conduit naturellement à comprendre la dialectique de l'être et de l'un sous une forme simple de complémentarité. La positivité de l'un nous garde de la négativité de l'être, la force de cohésion hénologique remédiant à la dispersion ontologique. C'est assurément le point de départ du néoplatonisme, son intuition initiale, ce qui justifie la différence hénologique au service de la *sōtēría* platonicienne. Inversement, la positivité de l'ordre intelligible nous garde aussi de la négativité de l'un, l'être comme totalité intelligible ordonnée et harmonieuse empêchant la puissance obscure de l'un indicible de tout absorber dans l'indifférenciation originelle. Mais cette forme simple de dialectique de l'un et de l'être conduit nécessairement à leur convertibilité réciproque, et par là même à la réduction de la dialectique à l'identité.

Il me semble pour ma part que ce n'est pas la dialectique du positif et du négatif, du positif propre à chacune des deux instances nous gardant du négatif de l'autre, qui importe ici, mais celle de la double négativité de l'un et de l'être. La première hypothèse, celle de l'imparticipabilité de l'un, pense moins l'un au-delà de l'être que la négativité de l'un au-delà de la négativité de l'être, la négativité de l'imparticipabilité suspendant l'entropie de l'être et de sa multiplicité infinie. Mais cette imparticipabilité, en raison du retrait et de la soustraction de l'un qu'elle implique, de son absentement constitutif, conduit à l'aporie fondamentale de l'un que formule Damascius dans son *Traité des premiers principes* et que nous avons examinée au chapitre précédent : comment ce qui ne participe pas peut être principe de quoi que ce soit[140] ? Cette aporie ne fait que reconduire de façon latente la présence absente de l'un à tous les degrés d'être jusqu'à arriver aux dernières hypothèses qui formulent et thématisent explicitement cette absence, sous la forme de l'hypothèse « si l'un n'est pas... », tantôt comme l'impossibilité du réel (le néant), tantôt

140. Voir *supra*, chap. II, *La force de l'un*, p. 49.

comme sa possibilité la plus libre et la plus ouverte (le devenir). Nous sommes alors conduit à reformuler la dialectique de la double négativité sous la forme de la dialectique non plus de l'imparticipabilité (de l'un) et de l'entropie (de l'être), mais de l'oubli de l'un et de la spectralisation de l'être que thématise le monde sensible en devenir de la huitième hypothèse ; autrement dit, c'est l'oubli de l'un, l'expérience désorientée de l'un comme non originaire, qui apparaît comme le meilleur remède à l'entropie de l'être que porte à son extrême le chaos de la huitième hypothèse, expérience qui nous conduit à tenir et à maintenir l'être *dans l'absence de toute totalisation* et de toute fusion, signifiant ainsi la diastématisation de l'un pur dans la transience de l'être, et cela sans la médiation de la totalité, mais seulement par le « connais-toi toi-même » de l'homme. Et c'est en quoi le monde sensible en son devenir – où convergent les deux nihilismes : l'oubli de l'un et la dissolution de l'être dans l'apparence – constitue le terrain de jeu privilégié pour expérimenter l'un dans sa différence radicale d'avec l'être.

L'oubli et le chaos de la huitième hypothèse surmontent ainsi l'aporie qui affecte originairement la première hypothèse, en créant les conditions d'une expérience de l'un que l'oubli rend plus séparé encore, et qui opère par son absence sans avoir besoin de recourir à la médiation de la totalité, c'est-à-dire sans en repasser par la modalité de la participation de l'un à l'être et de la convertibilité de l'être et de l'un. Si l'un « oublié » ne risque plus d'être absorbé par le tout, celui-ci étant réduit à l'état de chaos, il peut cependant disparaître dans le néant dont menace le chaos : non dans l'être de la deuxième hypothèse, mais dans le non-être de la septième hypothèse. D'où l'importance du « connais-toi toi-même » qui conduit à la fois à découvrir l'un non originaire, et par cette découverte à mieux soutenir le chaos. Car l'un aime le chaos qui, dans la cosmologie néoplatonicienne ou dans la cosmogonie des *Oracles chaldaïques*, vient immédiatement à sa suite comme multiplicité pure ; si le chaos ne se tenait pas dans la proximité de l'un, l'être, autosubsistant, n'aurait pas besoin de l'un. Le chaos justifie l'un. Il sépare l'un de l'être, séparation qui est elle-même la condition à la fois de l'imparticipabilité de l'un et de son *hýparxis*. Sans le chaos, l'un se réduirait à n'être que l'expression de la belle totalité de l'être intelligible. Il y aurait une évidence de l'être qui interdirait tout questionnement sur les conditions de sa tenue et de son maintien. C'est du rapport de l'un et du chaos, de la limite et de l'illimité, de l'unité et de la multiplicité pure que découlent le reste de la réalité et les mondes qu'elle déroule. Le devenir, et l'épreuve de l'un à laquelle il soumet chacun à travers la connaissance de soi, offrent assurément un écho fidèle de cette dialectique primordiale.

Chapitre IV

D'un état meilleur que la puissance

Il reste à savoir en quoi l'un, que nous avons dit plus fort que la puissance[1], est aussi, à ce titre, meilleur qu'elle, et donc en quoi l'un est le bien à travers la supériorité (*hyperokhḗ*) de sa force propre par rapport à toute puissance.

L'histoire de la métaphysique est marquée par la constitution d'instances universelles – Dieu, l'Esprit, la matière, l'État, l'Histoire, le peuple, aujourd'hui le marché – censées dispenser la puissance au monde. La métaphysique est affaire de puissance et la puissance de dispensation. Elle est la convertibilité de l'instance, de la puissance et de la dispensation. Cette convertibilité est le sens de l'être. Toutse ontologie se constitue à travers cette convertibilité et se définit en fonction de la structuration et du sens qu'elle lui donne. Ce qui se dispense par l'instance est par essence théologie en tant précisément que cela se donne et se dispense plus encore que parce que cette donation est le fait d'une instance universelle. En tant que la métaphysique dans son histoire règle la dispensation de la puissance par l'instance, elle se définit nécessairement comme théologie. En tant que ce qui se donne et se dispense est puissance, cette théologie est aussi une politique, ce que l'on est donc en droit de nommer

1. Voir *supra*, chap. II, *La force de l'un*, p. 99.

« théologico-politique ». Enfin, en tant que le théologico-politique repose sur la constitution ontologique que favorise la convertibilité de l'instance, de la puissance et de la dispensation, le théologico-politique est finalement une onto-théologico-politique.

Le néoplatonisme est la seule philosophie qui, parce qu'elle se pose justement la question de la différence entre l'un et l'être, nous permet de désarmer la cristallisation onto-théologico-politique, *à l'origine de toute domination*. Et c'est précisément en quoi cette force de l'un, plus forte que la puissance qui se dispense, peut être dite le bien.

Le néoplatonisme occupe assurément une place privilégiée dans la constitution métaphysique du théologico-politique. Sous la forme de la procession, il en est à l'origine, mais par la différence hénologique, en tant qu'improcession, il en est aussi le remède. Le néoplatonisme fait passer, pour la première fois dans l'histoire de la philosophie, le *nomós* de sa dimension politique à sa dimension métaphysique : c'est l'être et non la cité comme chez Platon qui se trouve ordonné et commandé par la loi. L'être s'exprime alors comme souveraineté et règne, comme dispensation de la puissance, procession (*próodos*), source (*pēgḗ*), effluence ou écoulement (*rhýsis*). Au livre V de la *Théologie platonicienne*, Proclus décrit l'opération de cette loi métaphysique de l'être qui à la fois organise la procession et distingue la classe des êtres, dans une même opération joignant émanation et distinction, puissance et ordre. « La loi [...] d'une part distingue la classe des êtres, sépare les classes intellectives et répartit toutes les formes selon la procession bien ordonnée [κατὰ τὴν εὔτακτον πρόοδον], et d'autre part fait briller sur tous les êtres la mesure de l'*hýparxis* [πᾶσι δὲ τὸ μέτρον τῆς ὑπάρξεως ἐπιλάμποντα], maintient l'ordre entre eux [συνέχοντα τὴν ἐν αὐτοις τάξιν], conserve immuable les limites de la divine répartition [τοὺς ὅρους τῆς θείας διανομῆς ἀκλινεις διαφυλὰττοντα][2] . » Cependant, nous le savons, dans le néoplatonisme, la dispensation de l'être est toujours menacée de dispersion et sa puissance d'épuisement,

2. *Théol. plat.* V 9, 32.12-15 SW ; trad. H. D. Saffrey modifiée.

ce que le néoplatonisme appelle la *skédasis*. Là est la limite de sa dimension théologico-politique, ce qui explique la nécessité de la différence hénologique qui, ainsi que nous le verrons dans ce dernier chapitre, finit par remettre en cause la souveraineté et le règne de la substance en sa procession. Cette menace explique en quoi la dispensation de la puissance s'achève dans le néoplatonisme en ontologie scalaire et en système hiérarchique. Se met en place un cercle vicieux : la hiérarchie morcelle et divise la puissance selon le principe d'analogie ; à son tour, la division de la puissance justifie, pour se maintenir, les prothèses de l'ordre ; la loi se transforme alors en commandement et l'ordre en soumission pour mieux pétrifier, au risque d'étouffer la puissance de l'être, ce qui tend à se défaire, à se dissoudre, à échapper au monde des formes et des idées : « Que convient-il en effet d'autre aux maîtres sinon de dominer [κρατεῖν] de toutes façons leurs esclaves et de faire tendre à leur propre bien tout ce qui appartient à ceux-ci ? Et quoi d'autre aux esclaves sinon d'être dominés par d'autres et de servir aux volontés de leurs maîtres [ὑπουργεῖν δὲ ταῖς τῶν δεσποτῶν βουλήσεσιν] ? Comment donc cette relation ne se trouverait-elle pas à bien plus forte raison dans les formes aussi, puisque les unes sont rangées sous les autres, et que les unes sont plus puissantes et se servent des formes intérieures, tandis que les autres sont soumises aux puissances des formes supérieures et collaborent avec elles ? La domination est donc une puissance d'utilisation [δύναμις οὖν ἐστιν ἡ δεσποτεία χρηστική] tandis que l'esclavage est une puissance de servitude [ἡ δουλεία δύναμις ὑπηρετική][3]. » Car, précise Proclus un peu plus loin, « il est nécessaire que les êtres plus élevés dominent toutes les choses que dominent les êtres moins élevés[4] ». Cet ordre pétrifié et hiérarchique de l'être apparaît comme le degré 0 du théologico-politique qui, en transformant immédiatement la puissance en ordre, rend finalement inutile toute dispensation.

3. Proclus, *In Parm.* IV 940.21-31 Steel ; trad. C. Luna, A.-P. Segonds, *in* Proclus, *Commentaire sur le Parménide de Platon*, IV, 1re partie, l. IV, éd. C. Luna, A.-P. Segonds, Les Belles Lettres, Paris, 2013, p. 161.

4. *Ibid.*, 943.23-24 Steel ; trad. p. 166.

Il s'agit en quelque sorte d'un théologico-politique avorté où la dimension purement métaphysique (comme conversion intégrale de l'être, de la puissance et de la dispensation) se perd et se dissout dans une dimension politique et institutionnelle que symbolise clairement le principe hiérarchique. Il faut parler ici de théologico-*Politique*. Il reste qu'il suffit de réunifier la puissance morcelée par la hiérarchie et par l'ontologie scalaire, et d'assimiler la puissance à l'instance pour renouer la conversion de l'être, de la puissance et de sa dispensation, et remettre en valeur la dimension proprement théologique du *Théologico*-politique.

La modernité métaphysique, de Spinoza à Heidegger ou à Deleuze, a ainsi essayé de briser ces hiérarchies pour réunifier la puissance et libérer sa dispensation de la surdétermination de l'ordre. Libérer la puissance de l'ordre pour mieux la réunifier ouvre de nouveau la voie à la dispensation et relance le processus théologico-politique. De la même façon que la division de la puissance suspend sa dispensation, sa réunification relance celle-ci et l'intensifie. Il faudrait montrer, mais ce n'est pas ici le lieu, en quoi cette relance du théologico-politique par la modernité politique est étroitement liée à l'émergence des nouvelles formes de la démocratie, des révolutions politiques du XXe siècle aux révolutions technologiques de notre siècle. Cependant, libérer l'être et sa puissance ne signifie pas pour autant affranchir les étants de leur domination. L'étant n'accède ici à la liberté que pour participer de cette libération de la dispensation, et non pour s'être affranchi de la domination qu'impose aux choses et aux hommes sa transience. L'étant n'est libre que de la liberté de la puissance qui le transit et à laquelle il participe, et non de sa liberté propre et suffisante. L'ordre disparaît, mais la domination reste. Le *nomós* n'en est que plus souverain.

Pour l'instant, nous avons cantonné la dimension théologico-politique du néoplatonisme au seul déploiement de l'être et de sa substance. Il importe alors de comprendre le rôle de l'un et de la différence hénologique dans cette double logique contradictoire de la dispensation de la puissance et de la hiérarchie des étants. Il peut sembler, de prime abord, que l'un a pour fonction précisément de suppléer la dispensation défaillante de la puissance pour mieux consolider la hiérarchie. La force de l'un se substituerait à celle de l'être ; elle s'installerait dans l'impossibilité même de la conversion de l'être, de la puissance et de la dispensation. L'un assurerait ainsi le passage de la dimension métaphysique du théologico-politique à sa dimension institutionnelle. Voilà ce qui serait, si j'ose dire, la lecture ontothéologique de la différence hénologique, un surcroît de puissance qui viendrait substituer sa loi et sa contrainte à la puissance défaillante de l'être. L'un serait précisément en tant que tel une *hyperbolḕ dunámeōs* (ὑπερβολὴ δυνάμεως), un dépassement de la puissance au nom duquel, comme le note Plotin, « l'un est lui-même pour les autres choses la nécessité [ἀνάγκη] et la loi [νομός][5] ». Ce dépassement ou ce débordement de la puissance, Proclus le conçoit non comme une *hyperbolḗ* de la puissance mais comme une « *hyperokhḗ* plus forte que la puissance[6] », autrement dit non comme une surpuissance de l'être, mais comme la force improcessible dépassant toute puissance entendue comme procession, et la dépassant incommensurablement en tant précisément qu'il n'existe aucune commune mesure entre les deux forces, celle de l'un et celle de l'être. Mais ce n'est qu'une partie de la question, partie qui ne saurait suffire, car on serait alors réduit à interpréter l'un comme une simple souveraineté supérieure, qui joue de son caractère inaccessible pour imposer une domination plus contraignante encore que celle de l'être, plus abstraite, car pouvoir aveugle, antérieur au *noûs*, délié de toute règle, de tout concept, de toute intelligence, ne donnant ainsi prise à la moindre maîtrise en retour[7] : de sorte que derrière l'ordre policé de la hiérarchie régnerait le pouvoir absolu de l'un dans sa plus grande nudité et sauvagerie, rendant dès lors caduque toute sa dimension libératoire. Mais ce type d'interprétation de la force de l'un minimise la dimension improcessive et imparticipable, c'est-à-dire sans dispensation, de cette force

5. Plotin, *Traité 39* [VI, 8] (*De la liberté et de la volonté de l'Un*), 10, 34-35 ; trad. L. Lavaud *in* Plotin, *Traités 38-41, op. cit.*, p. 222.

6. Voir *supra*, chap. II, *La force de l'un*, p. 64, n. 109.

7. Reiner Schürmann, *Des hégémonies brisées*, Trans-Europ-Repress, Mauvezin, 1996, p. 32-33.

et de sa loi ; l'imparticipabilité de l'un ne se résume pas à ce qu'on appelle sa « transcendance » ; elle ne se réduit pas aux seules valeurs de sa supériorité et de son inaccessibilité ; l'idée d'imparticipabilité dépasse en réalité largement la question de la transcendance ; là est son hyperbole. Car la substitution de l'*hyperokhḗ* à l'*hyperbolḗ* ne va jusqu'au bout de sa logique et ne prend tout son sens que si elle permet aussi d'affranchir, par le même geste, le monde de la nécessité et de la loi.

Dans ce même *Traité 39,* Plotin lui-même propose pour la force de l'un un certain nombre de définitions déroutantes mais dignes de méditation. Il est vrai que le *Traité 39* est, dans son ensemble, un texte déroutant, un lieu de tension extrême, où à la fois convergent et divergent les chemins de la pensée philosophique. Lieu de convergence en tant que Plotin essaie de concilier l'hénologie platonicienne et le primat aristotélicien de l'intellect, conciliation qui servira de socle à la suite de la métaphysique, mais aussi lieu de divergence en ce sens que l'on ne sait jamais finalement si l'un est toute-puissance ou impuissance, ou mieux encore ni l'un ni l'autre, ou au contraire à la fois toute-puissance et impuissance, ni si, d'une façon générale, le néoplatonisme est la matrice du théologico-politique ou inversement sa critique. Sur ce dernier point, nous sommes chez Plotin, comme chez Proclus, à la limite de l'indécidable ainsi qu'en témoignent deux des définitions plotiniennes les plus déroutantes sur la force de l'un.

L'un, dit Plotin, est un commandant (ἄρχων) sans commandé : « Il faut utiliser seulement l'expression commandant, dit Plotin au *Traité 39,* puisqu'il ne possède rien sur quoi exercer son commandement[8]. » Nous sommes ici aux antipodes de la métaphysique aristotélicienne qui assimile le principe au général en chef commandant ses armées[9]. Il n'y a donc pas de sujet de ce commandement, rien ne s'y trouve soumis. C'est ainsi un

8. Plotin, *Traité 39,* [VI, 8] (*De la liberté et de la volonté de l'Un*), 20, 28-29 ; trad. L. Lavaud *in* Plotin, *Traités 38-41, op. cit.*, p. 240.

9. Aristote, *Métaphysique,* Λ, 10, 1075a14-17. Pour Plotin, le général en chef n'est pas l'un mais l'intellect (*Traité 48* [III, 3] [*Sur la Providence* II], 2, 3-12).

commandant sans soumission. Nous verrons un peu plus loin qu'il s'agit aussi d'un commandant sans domination. L'un est un commandant sans commandé d'abord parce qu'il est sans commandement. Le commandement relie le maître et le serviteur, et par sa relation rend possible l'exercice de la puissance. L'un est sans commandement parce qu'il est antérieur au *noûs*, il ne possède ni forme, ni figure, ni concept et, par conséquent, il est en lui-même incapable de formuler un commandement, de structurer un ordre symbolique, de forger une formation de souveraineté, de configurer une conception du monde susceptibles d'imposer leur marque à l'âme et ainsi de la soumettre. L'un, comme le dieu de l'*Éthique à Eudème* d'Aristote qui commande sans prescrire (οὐ γὰρ ἐπιτακτικῶς ἄρχων ὁ θέος)[10], ne donne aucun ordre, aucune injonction, aucun commandement ne serait-ce que parce qu'il est parfaitement muet, antérieur à tout *lógos*. Cette définition reste cependant ambiguë, car l'on pourrait objecter que cette puissance muette, antérieure à tout ordre, absolument impersonnelle au point qu'elle ne s'adresse à personne, indifférente de sa destination, est au contraire l'expression la plus accomplie de la toute-puissance du principe, laissée à sa dispensation la plus libre et la plus sauvage, ignorante du monde et du destin de ses étants, celle qui correspond de la façon la plus radicale aux caractéristiques du théologico-politique : invisibilité, plasticité et suprapersonnalité.

Cette singulière définition de la force de l'un comme commandant sans commandement ni commandé (ou encore comme principiant sans principes ni principiés) est précédée par une autre définition qui la prépare dans la même ambiguïté. Plotin affirme ainsi au chapitre 12 du même *Traité 39* que dans l'un « il n'existe ni ce qui maîtrise ni ce qui est maîtrisé [οὔτε τὸ κύριον οὔτε τὸ κυριευόμενον][11] ». Cette définition semble de prime abord corroborer l'interprétation « sauvage » du principe qui se

10. Aristote, *Éthique à Eudème*, VIII, 3, 1249b15.

11. Plotin, *Traité 39* [VI, 8] (*De la liberté et de la volonté de l'Un*), 12, 27-28 ; trad. L. Lavaud *in* Plotin, *Traités 38-41*, *op. cit.*, p. 225.

dispenserait sans ordre ni maîtrise, sans principe ni règle, sans calcul ni objectif. Nous devrions alors rendre compte du violent paradoxe d'un principe, pas même doté, précise Plotin, de la maîtrise de soi (οὐδὲ τὸ "αὐτοῦ κύριος")[12], qui pourtant serait censé être le principe d'un monde harmonieux (Plotin), voire hiérarchique (Proclus). Mais les explications que donne Plotin de cette totale absence de maîtrise de l'un nous éloignent d'une telle interprétation. Plotin nous dit d'abord que si l'un est sans maîtrise, c'est qu'il n'a pas les moyens d'exercer sa puissance sur le reste de la réalité, et s'il n'a pas les moyens d'exercer sa puissance, c'est qu'il n'a pas produit ce sur quoi une telle puissance serait destinée à s'exercer : « La puissance [de l'un] ne s'exerce pas sur ce qu'il n'est pas maître de produire [ἐκεῖνο γοῦν οὐ δύναται, οὗ μὴ αὐτὸς κύριος εἰς τὸ ποιεῖν][13]. » Et il en est ainsi précisément parce que l'un est *anenérgēton,* sans activité et donc sans capacité d'imposer la moindre maîtrise aussi bien sur lui-même que sur les autres choses : « Si, de façon générale, nous refusons qu'un acte soit en lui [εἰ δ'ὅλως ἐνέργειαν οὐ δώσομεν ἐν αὐτῷ εἶναι], et si ce sont les autres choses qui assoient leur stabilité en agissant autour de lui [ἀλλὰ τἆλλα περὶ αὐτὸν ἐνεργοῦντα τὴν ὑπόστασιν ἴσχειν], c'est à plus juste titre qu'on affirmera qu'il n'existe là-bas ni ce qui maîtrise ni ce qui est maîtrisé [οὔτε τὸ κύριον οὔτε τὸ κυριευόμενον][14]. » L'absence de maîtrise signifie alors moins le refus des règles et de l'ordre que l'absence de toute domination aussi bien sur soi que sur les autres. L'un est innocent au sens étymologique du terme : *in-nocere,* il ne nuit pas, précisément parce qu'il n'est pas une instance de domination. Il ne produit pas l'être et par conséquent ne peut non plus le détruire ; il se contente de le stabiliser et de le préserver. On comprend mieux alors le paradoxe du commandant sans commandé, de la non-maîtrise ou plus exactement de la non-domination comme condition de l'ordre et de l'harmonie. La force de l'un n'a pas besoin de se référer à quelque commandé ou encore l'un n'a

12. *Ibid.*, 12, 28-29.
13. *Ibid.*, 20, 38-39 ; trad. L. Lavaud p. 241.
14. *Ibid.*, 12, 25-28 ; trad. L. Lavaud modifiée p. 225.

pas besoin de maîtriser et de dominer pour laisser à l'être la faveur de l'ordre et de l'harmonie parce qu'il ne produit rien, ne procède pas ni ne se dispense. Si *nomós* il y a ici, c'est la loi de l'ermitage. Or, ce pouvoir, chez Plotin comme chez Proclus, est jugé bien plus digne d'estime que la maîtrise, ne serait-elle que la maîtrise de soi, dignité au nom de laquelle l'un est dit le bien : « On n'appliquera même pas [à l'un] l'expression "maître de lui-même" [οὐδὲ τὸ "αὑτοῦ κύριος"], non parce que quelque chose serait maître de lui [...] mais parce que nous avons posé l'un à une place plus digne d'estime [τιμιωτέρῳ] que cela[15]. »

La *basileía* de l'un est semblable au roi du jeu d'échecs, qui, de toutes les pièces de l'échiquier, est parmi les moins capables d'action, moins parfois qu'un simple pion, mais qui est pourtant au centre du jeu, comme l'un est au centre du chœur, la pièce autour de laquelle toute partie se polarise. En tant que l'un ne produit rien et ne se dispense pas, il n'a pas besoin de beaucoup de force, assez seulement pour ne pas se trouver *anypóstaton, anýparkton,* sans existence ni fondement. L'un exprime la force minimale du principe. L'être, structuré par l'acte et la puissance pour produire la totalité du monde et lui dispenser sa force, en représente au contraire la force maximale, tant il est vrai que le destin de l'être dans l'histoire de la métaphysique consiste à opérer la conversion la plus parfaite entre la substance, la puissance et l'instance pour atteindre à la plus vaste dispensation.

Importe moins ici la différence de nature entre la force de l'un et celle de l'être, que leur différentiel d'énergie. Le mouvement de non-violence conduit par Ghandi a moins valu en tant que tel que par le contraste qu'il a formé avec la société indienne de son temps, habituée aux expressions extrêmes de la violence et de la domination. Sa force vint de son effet de rupture. De même, dans tout ce qui procède se tient l'un qui ne procède pas. Peu importe la relative faiblesse de l'un solitaire par rapport au déploiement infiniment multiple de la substance. Ce qui compte ici, c'est la différence radicale entre la force de l'un et la puissance de l'être.

15. *Ibid.*, 12, 28-31 ; trad. L. Lavaud modifiée p. 225-226.

C'est en définitive ni la toute-puissance de la substance, toujours menacée de dispersion, d'entropie et d'épuisement, qui assure la force du réel, ni à l'inverse la force « impuissante » de l'un mais leur différentiel. Moins l'un procède, plus sa force est minimale, plus la différence est maximale, et plus stables et solides sont la réalité, l'assise des étants et de leur procession. S'il est vrai que le vent souffle des hautes vers les basses pressions, il se produit un effet inverse lorsque les polarités se renversent des basses vers les hautes pressions. Se forme alors un phénomène d'aspiration (le « seul vers l'un seul », le dernier mot des *Ennéades* selon l'ordre de Porphyre) qui entraîne la kénose du monde (Ἄφελε πάντα : « Retranche toutes choses »[16]) par rapport à la domination de la substance et à la puissance de sa dispensation, une kénose propice à l'entrelibération du principe et de l'étant[17], en tant que cette libération ne saurait se déterminer à partir d'aucune puissance. Il ne s'agit donc plus pour l'homme de s'inscrire dans le déploiement de la substance et de participer à la dispensation de sa puissance, mais au contraire d'en remonter à contre-courant le flot pour s'en extraire : la soustraction se substitue à la donation ; le théologico-politique est désarmé *ab ovo*, dès l'origine de sa constitution.

16. *Id.*, *Traité* 49 [V, 3] (*Sur les hypostases qui ont la faculté de connaître et ce qui est au-delà*), 17, 38.

17. Voir *supra*, chap. II, *La force de l'un*, p. 141 *sq.*

Index locorum

Plutarque

Porphyre

Proclus

Sénèque

Remerciements

Cette étude a pris forme au sein de l'Atelier néoplatonicien que j'ai organisé, dans le cadre du Collège international de philosophie, de 2012 à 2015, en collaboration avec Philippe Hoffmann, Christian Jambet, Xavier Papaïs et Stéphane Toulouse, puis du Séminaire platonicien et néoplatonicien que j'anime depuis 2015 à l'ENS de la rue d'Ulm en collaboration avec Luc Brisson et Philippe Hoffmann. À tsous ceux qui y ont apporté leur contribution, ce livre est spécialement dédié. Je remercie tout particulièrement Luc Brisson et Giovanni Lombardo qui ont relu avec la plus grande attention ce texte ; je remercie aussi Gabrièle Wersinger, ainsi que Gwenaëlle Aubry, Michael Chase, Tiziano Dorandi, Lorenzo Ferroni, Julie Giovacchini, Frédérique Ildefonse, Michel Narcy et tous les membres du centre Jean-Pépin dont les travaux et les discussions ont été un puissant aiguillon pour ma propre recherche. Je remercie enfin, *last but not least*, Pierre Magnard qui m'a révélé, il y a bien longtemps déjà, la puissance spéculative de Plotin.

Je tiens aussi à exprimer toute ma reconnaissance à Simone Fattal pour son indéfectible fidélité et à Etel Adnan pour son infinie générosité.

Le schéma de la page 166 a été mis en forme par Catherine Flament, ingénieure au centre Jean-Pépin. Qu'elle en soit, elle aussi, remerciée.

Table des matières

COLLECTION « L'ÂNE D'OR »

POLYMNIA ATHANASSIADI
La Lutte pour l'orthodoxie dans le platonisme tardif de Numénius à Damascius.

LUCA BIANCHI
Censure et liberté intellectuelle à l'université de Paris (XIIIe – XIVe siècles).

PABLO A. BLITSTEIN
Les Fleurs du royaume. Savoirs lettrés et pouvoir impérial en Chine, V^e^ – VIe siècles.

REMO BODEI
Ordo amoris. Conflits terrestres et bonheurs célestes.

JEAN-YVES BORIAUD (éd.)
La Pensée scientifique de Cardan.

ALAIN BOUREAU
Théologie, science et censure au XIIIe siècle.

LUC BRISSON ET F. WALTER MEYERSTEIN
— Inventer l'univers.
— Puissance et limites de la raison.

LUCIANO CANFORA
La Bibliothèque du patriarche.

Jean CANTEINS
Arnau de Villeneuve I et II.

PIERRE CAYE
— Critique de la destruction créatrice. Production et humanisme.
— Comme un nouvel Atlas. D'un état meilleur que la puissance.

GIOVANNI CERRI
La Poétique de Platon.

CHRISTOPHE CHANDEZON ET JULIEN DU BOUCHET (éd.)
Artémidore de Daldis et l'interprétation des rêves. Quatorze études.

ERIC ROBINSON DODDS
Païens et chrétiens dans un âge d'angoisse.

LOUIS-ANDRÉ DORION
L'Autre Socrate. Études sur les écrits socratiques de Xénophon.

GERMANA ERNST
Tommaso Campanella.

JAMES EVANS
Histoire et pratique de l'astronomie ancienne.

BERNARD FORTHOMME
La Pensée franciscaine. Un seuil de la modernité.

GARTH FOWDEN
Hermès l'Égyptien.

Eugenio Garin
Le Zodiaque de la vie.

Miguel Ángel Granada et Édouard Mehl (éd.)
— Nouveau ciel. Nouvelle terre.
— Kepler. La physique céleste.

Pierre Hadot
— Études de philosophie ancienne.
— Plotin, Porphyre. Études néoplatoniciennes.
— Études de patristique et d'histoire des concepts.

Jean Irigoin
La Tradition des textes grecs.

Pierre Kerszberg
Kant et la nature.

Alexandre Koyré
La Révolution astronomique. Copernic – Kepler – Borelli.

Anne Kraatz
Mode et philosophie ou le néoplatonisme en silhouette 1470-1500.

Thomas S. Kuhn
La Révolution copernicienne.

Claude Langlois
Le Crime d'Onan.

Michel-Pierre Lerner
Le Monde des sphères (2 vol.), 2e éd. corrigée et augmentée.

Elsa Marmursztejn
Le Baptême forcé des enfants juifs.

Édouard Mehl et Nicolas Roudet (éd.)
Le Temps des astronomes. L'astronomie et le décompte du temps de Pierre d'Ailly à Newton.

Anne Merker
— Une morale pour les mortels. L'éthique de Platon et d'Aristote.
— Le Principe de l'action humaine selon Démosthène et Aristote.

Jean-Marc Narbonne
Hénologie, ontologie et *Ereignis*.

Nuccio Ordine
— Le Mystère de l'âne.
— Le Seuil de l'ombre.

Jackie Pigeaud
— Poétiques du corps.
— Folies et cures de la folie chez les médecins de l'Antiquité gréco-romaine.

Édouard Pommier
La Beauté et le paysage dans l'Italie de la Renaissance.

Theodore M. Porter
La Confiance dans les chiffres. La recherche de l'objectivité dans la science et dans la vie publique.

Francisco Rico
Le Rêve de l'Humanisme.

Denis Savoie
La Gnomonique, 2e éd. corrigée et augmentée.

Jean Seidengart (dir.)
Vérité scientifique et vérité philosophique dans l'œuvre d'Alexandre Koyré.

Philippe Sers
Totalitarisme et avant-gardes.

Élisabeth Soubrenie
L'Art de la conversion au siècle de la métaphysique anglaise.

Pierre Souffrin
Écrits d'histoire des sciences.

Erwin Schrödinger
La Nature et les Grecs *suivi de* La clôture de la représentation par Michel Bitbol.

Sebastiano Timpanaro
La Genèse de la méthode de Lachmann.

Stéphane Toussaint
Humanismes/Antihumanismes de Ficin à Heidegger.

Robert Turcan
Recherches mithriaques. Quarante ans de questions et d'investigations.

Maaike Van der Lugt
Le Ver, le démon et la vierge. Les théories médiévales de la génération extraordinaire.

Niger G. Wilson
De Byzance à l'Italie : l'enseignement du grec à la Renaissance.

—

Histoire de la littérature grecque chrétienne des origines à 451
(sous la direction de Bernard Pouderon et Enrico Norelli)

I. Introduction : problèmes et perspectives

II. De Paul de Tarse à Irénée de Lyon

III. De Clément d'Alexandrie à Eusèbe de Césarée

Composition et mise en pages
Nord Compo à Villeneuve-d'Ascq

Cet ouvrage,
le soixante-sixième
de la collection « L'Âne d'or »
publié aux Éditions Les Belles Lettres
a été achevé d'imprimer
en octobre 2017
sur les presses
par La Manufacture imprimeur
52200 Langres, France

N° d'éditeur : 8748
N° d'imprimeur : 171077
Dépôt légal : novembre 2017